JÖRG ZINK
Dornen können Rosen tragen

JÖRG ZINK

Dornen können Rosen tragen

Mystik –
die Zukunft des
Christentums

Kreuz Verlag

*Ich überreiche eine Blume
der Lektorin des Kreuz Verlags,
Hildegunde Wöller,
die das Entstehen meiner Bücher
seit fünfundzwanzig Jahren begleitet*

*Wege, die in die Zukunft führen,
liegen nie als Wege vor uns.
Sie werden zu Wegen erst dadurch,
dass man sie geht.*

Inhalt

Vorwort	11
Einen eigenen Weg gehen	13
Dem Meer zuschauen	14
Wie ein Hund trinken	22
Zweierlei Quellen aufsuchen	25
Der Stimme des Herzens folgen	32
Frei gehen durch offenes Land	37
Aus Erfahrungen leben	45
Seine Kindheit bewahren	46
Herausforderungen annehmen	56
Die Sinne wecken	62
Sich nach innen wenden	70
Sich einsammeln	72
Raum geben	78
Jesus und das innere Reich	89
Religiöse Suche	90
Die leichte Last	95
Die Sprache der Bilder	98
Das wunderbar Einfache	101
Das Reich Gottes in der Seele	105
Heitere Sorglosigkeit	111
Paulus und der innere Christus	117
Ein Schiff am Horizont	118
Christus in uns	119
Den Tod erleiden, die Auferstehung feiern	125
Der innere Mensch	129
Neuschöpfung	133
Wegbruder Christus	137
Macht Paulus krank?	143

Die dunkle Nacht der Seele 147
  Erfahrung des Schattens 148
  Wege durch die Nacht 159
  Der Sinn des Mitleidens 166
  Aufstehen 178
  Mut zum Widerstand 185

Nachdenken über Gott 191
  Was ist das – Wald? 192
  Gott, die Person – Gott, das Meer 194
  Gott, der Ferne – Gott, der Nahe 208
  Gott, die Fülle – Gott, das Nichts 215
  Gott in der Höhe – Gott in der Tiefe 219
  Gott, der Allmächtige – Gott, der Leidende 229
  Gott, das Licht – Gott, die Finsternis 235

Der Mensch ist größer als er weiß 245
  Vom Ursprung im Wasser 246
  Der schaffende Geist 257
  Johannes und die »Geburt aus Gott« 264
  Die Töchter und Söhne Gottes 268
  Inspiration und Stellvertretung 278

Die Welt ist Tanz 285
  Ich bin nicht der Herr über die Erde,
  sondern ein Pulsschlag ihres Herzens 286
  Der Kolosserbrief und der kosmische Christus .. 294
  Alles ist Klang, alles ist Tanz 300
  Schöpferische Energie 310
  Mitleiden mit der Schöpfung 317
  Himmlische Musik 321

Licht über der Zukunft 331
   Auferstehung. 332
   Weltvollendung. 338
   Das Ende der Hölle. 351
   Die Heimkehr des Bösen 353
   Am Ende wird alles einfach 357

Ruhen in Gott 367
   Alles ist gut 368
   Schweigen. 372
   Schauen. 378
   Der große Advent. 384
   Alles ist vergänglich, auch die Vergänglichkeit 388

Anhang 391
   Verzeichnis der zitierten Autorinnen und Autoren .. 392
   Quellennachweis 411
   Stichwortverzeichnis 412

Vorwort

Während ich über die ersten Seiten nachdenke, die ich schreiben will, sitze ich vor einer Holzhütte am Meerufer. Nach rechts und nach links dehnen sich die unendlichen Dünen der aquitanischen Küste. Vor mir spielt das unablässige Kommen und Gehen der Wellen. Über mir, in den Kronen der Kiefern, leiser Wind. Und ich sehe hinaus in die weite Bucht der Biskaya, in den Anfang des Atlantischen Ozeans. Sechstausend Kilometer weit, so stelle ich mir vor, umspannt er unsere Erdkugel nach Westen hin, bis irgendwo, in sehr großer Ferne, irgendeine Insel oder ein Land aus der Rundung der Wasser auftaucht. Aber das sehe ich nicht. Ist die Luft klar, reicht mein Blick zehn Seemeilen weit, ist sie diesig, bis zum nächsten Fischerboot.

Aber was heißt »sehen«? Ich sehe ein Segel, weit draußen. Ich sehe aber auch die ungeheure Weite dieses Meeres bis hin zu den Inseln Mittelamerikas. Es ist ja nicht dasselbe, ob ich meine Bank und meine Bretterhütte über dem Sand verbunden sehe mit der grenzenlosen Weite hinter dem verschwimmenden Horizont und mit der Sonne, die im Gewölk leuchtet, oder ob mir mit den zehn Meilen vor meiner Hütte genug ist. Im ersteren Fall bin ich mit meinem roten Hemd ein winziger Farbfleck in einer Weite, so groß wie der Weltraum, im letzteren bleibe ich nach allen Seiten von meinen Grenzen, von meiner Kurzsichtigkeit eingeschlossen.

Ich lehne mich an die Wand hinter mir und frage mich, wie die vielerlei Engigkeiten und Begrenzungen meiner kleinen Welt sich öffnen, wie sie aufbrechen könnten, und was ich dann wahrnähme. Ich frage mich zum Beispiel, wie sich die Enge dessen, was ich meinen christlichen Glauben nenne, in einen offenen Raum von Ahnung und Erfahrung hinaus weiten könnte. Es ist ja alles größer, tiefer und weiter, als mir sichtbar ist. Ich muss also versuchen, mitzusehen, was nicht sichtbar ist, mitzuhören, was ich nicht höre. Mir vorstellen, was sich meinen Vorstellungen entzieht. Finden, was als unauffindbar gilt. Denn ich will ja das weitere, das offenere, das lebendigere Leben, das ich am Ufer zwischen Nähe und Unendlichkeit zu finden hoffe.

Wenn Sie wollen – es ist noch Platz neben mir auf der Bank. Schauen Sie mit mir hinaus! Die Füße im Sand. Die Holzwand im Rücken. Und öffnen wir unsere Sinne für das Licht der Sonne dieses Nachmittags, für den leisen Wind, der in den Zweigen von der großen Welt erzählt, aus der er kommt, für den Duft der Kiefern und für die große Weite, die wir nicht sehen können, in die wir aber hinausschauen können mit der Aufmerksamkeit unseres Geistes und unseres Herzens. Vielleicht, so meine ich, wird uns dabei etwas begegnen von dem, was das neue Jahrhundert für uns bereithält.

Einen eigenen Weg gehen

Dem Meer zuschauen

Seit einigen Jahren schon wandere ich in meinen Ferien lange Strecken am breiten, sandigen Ufer der Biskaya entlang, immer das gleiche Bild vor Augen. Wellen auf Wellen kommen an von ihrer langen Reise, als liefen sie in einen Hafen ein. Manchmal sanft und weich, manchmal mit weißen Schaumkronen, und wenn der Sturm stark genug ist, dann kann es geschehen, dass eine viele Meter hohe Grundwelle sich aufbaut und mit Urgewalt an den Dünen zerbricht.

Mir will dabei immer wieder scheinen, die Geschichte einer Kultur, die Geschichte der Menschen überhaupt habe etwas an sich vom Wandern der Wellen, von ihrem Kommen und Anbranden, von ihrem Verrauschen und ihrem Zurückrinnen im Sand. Einige Jahrhunderte lang pflegen sich die Kulturen auf dieser Erde gleichmäßig und ruhig zu entfalten. Sie wandern über lange Strecken hin, ohne sich sehr zu verändern. Wenn aber das Ufer auf sie zukommt, die Grenze, die ihnen gesetzt ist, und das Wasser flacher wird, dann bauen sie sich auf, immer steiler, bis die Schaumkronen sich überschlagen. Da wird dann, was in langen Zeiträumen gegolten hat, plötzlich fraglich. Es zerbricht. Es verschäumt. Es verrinnt. Und neue Wellen kommen heran, neue Gedanken, neue Vorstellungen von der Welt und von der Weise, wie der Mensch sein Leben zu verstehen und zu führen habe.

Nun ist es längst kein Geheimnis mehr, dass wir in einer solchen Zeit leben, in der die Schaumkronen sich überschlagen, in der das geistige Wellenspiel sich schneller ändert, als unser Auge ihm folgen kann. Unmerklich hat es sich vor hundert Jahren angedeutet, um die Mitte unseres Jahrhunderts wurde es erkennbar, und an seinem Ende beginnt es, das Leben der Menschen und ihr Bewusstsein unaufhaltsam und auf erregende Weise neu zu bestimmen.

Solche Zeiten des Übergangs und der Neuanfänge zwingen immer auch zu einer Veränderung des religiösen Nachdenkens und Verhaltens. Was hat die Christenheit in den zweitausend Jahren ihrer Geschichte nicht schon an Umbrüchen erlebt! Was das Neue Testament und die Berichte der ersten Jahrhunderte uns von der ersten Kirche berichten, ist, dass die Christen in der Erwartung des Kommens des Christus und unter Verfolgungen durch den Staat leidend und hoffend gelebt haben. Die Kirche einer bedrängten Minderheit sehen wir in den ersten drei Jahrhunderten. Danach, in der Zeit zwischen römischer Antike und Völkerwanderungszeit, wurde die Christenheit plötzlich zur staatstragenden Macht. Es war die Zeit, in der das christliche Dogma entstand und die Kirche sich zu einer kulturellen Kraft entwickelte, die die nächsten tausend Jahre bestimmt hat. Ums Jahr tausend nach Christus bildete sich die mittelalterliche, römische Kirche und Kultur, für die der christliche Glaube als Mittel der Deutung für die Welt, die kosmische ebenso wie die geistige, diente. Und wieder fünfhundert Jahre später ereignete sich die Reformation, der Aufstand des Gewissens des einzelnen Menschen und seines eigenen persönlichen Glaubens. Aus diesem Aufstand ging schließlich das aufgeklärte, neuzeitliche Christentum hervor, das in unserem Jahrhundert zu Ende gegangen ist. Was nun kommt, ahnen wir. Wir sehen es nicht klar. Aber es zeichnet sich ab.

Wir werden nicht sagen können, die jeweils neu entdeckte Form des christlichen Glaubens sei wahrer gewesen als die vorige oder weniger wahr. Sie nahm jeweils die Färbung an, in der die veränderten Menschen einer veränderten Zeit ihren Glauben neu fassen und deutlicher praktizieren konnten. Er traf jeweils auf ein verändertes Bewusstseins- und Lebensgefühl und stellte sich ihm neu und anders dar. Etwas Neues musste jeweils entdeckt oder wiederentdeckt werden. Was in unserer Zeit wiederzufinden ist, das ist neben vielem anderen, das die Christenheit zu ihrem künftigen Leben braucht, die mystische Überlieferung der letzten drei Jahrtausende.

Wir leben ja in einer Zeit, in der das religiöse Interesse nicht etwa geringer, in der es vielmehr breiter, intensiver, variantenreicher und persönlicher wird. In alle Richtungen fä-

Das herrlichste und tiefste Gefühl,
das wir spüren können,
ist die mystische Empfindung.
Dort liegt der Keim jeder wahren Wissenschaft.
Derjenige, dem dieses Gefühl fremd ist,
der nicht mehr von Bewunderung ergriffen
oder von Ekstase hingerissen werden kann,
ist ein toter Mensch.
Zu wissen, dass das, was undurchdringlich ist,
dennoch existiert,
sich als höchste Weisheit und
strahlendste Schönheit manifestiert,
die unsere stumpfen Fähigkeiten
nur in äußerst primitiver Form
wahrnehmen können,
diese Gewissheit, dieses Gefühl
steht im Kern jedes wahrhaft religiösen Sinnes.

ALBERT EINSTEIN

chert es sich auseinander. Bisher wohlabgegrenzte religiöse Überlieferungen vermischen sich mit fremden Kulturen. Wo früher christliche Kirchen auf klare Abstände achten konnten, wo sie festlegen und kontrollieren konnten, was in den abendländischen Völkern geglaubt werden könne oder dürfe, da strömen heute die religiösen Einflüsse hin und her aus allen Himmelsrichtungen. Wo seither ein ordentlicher Gärtner das Unkraut, wenn es sich denn zeigte, ausreißen konnte, da breitet sich heute der Wildwuchs aus, und er verflicht sich allmählich zu einem Urwald voll dichtgedrängten religiösen Lebens.

Die Suche der Menschen von heute richtet sich auf irgendeine geistige Welt, die sie hinter der sichtbaren vermuten, die aber nicht mehr viel mit dem zu tun hat, was unter Christen Himmel oder Reich Gottes heißt. Sie richtet sich auf Wege, die in diese größere Welt führen sollen, auf Wege der Entspannung, der Einübung, der Meditation und am Ende der Kontemplation. Sie richtet sich auf fremde Religionen, indische, chinesische oder indianische. Sie richtet sich vor allem auf eigene Erfahrungen religiöser Art, die an der Grenze zwischen dieser und der anderen Welt zu machen sein könnten, mit oder ohne die Hilfe von Drogen, oder auch auf das Geschehen im Tode und danach. Und sie richtet sich vor allem auf die Frage, ob es nicht möglich sei, religiöse Erfahrungen so unmittelbar selbst zu machen, dass eine fremde Autorität nicht mehr vonnöten sei. In ungezählten Menschen regt sich heute die Vermutung, es müsse sich in ihnen selbst durch religiöse Übung oder übersinnliches Erfahren etwas zum Besseren wenden – hin zu mehr Klarheit, mehr Lebendigkeit, mehr innerer Kraft, zu mehr Glück auch. Engel spielen eine Rolle oder ganze Hierarchien geistiger Wesen. Ob der Mensch auf diese Erde wiederkehre oder nicht, wie der Enge der eigenen Individualität zu entrinnen sei, fragt man, und gesucht werden Antworten, denen man zutraut, dass sie wahr seien. Ahnungen, ungedeutet, gehen in den Menschen um wie Nebelstreifen, zuweilen auch Erfahrungen von bemerkenswerter

Du, Mensch,
schau dich in deinem Leben nie so an,
als wärst du ferne von Gott.
Und wenn du dich nicht so ansehen kannst,
dass du nah seist bei Gott,
so fasse doch den Gedanken,
dass Gott nahe bei dir ist.

MEISTER ECKHART

Deutlichkeit, die den Beteiligten nahelegen, es müsse »etwas dran« sein an dem, was man Religion nennt. Man schätzt heute, dass etwa fünfzehn Millionen Menschen in unserem Land sich noch an eine Kirche gebunden fühlen. Und man schätzt, dass etwa ebenso viele, nämlich fünfzehn Millionen, auf den vielen Wegen der religiösen Suche unterwegs sind.

Denn das ist offenkundig: Dieses religiöse Interesse geht an den Kirchen vorbei. In den Augen vieler und oft sehr ernsthaft bemühter Menschen eignen sich die Kirchen nicht mehr als Träger einer Hoffnung. Millionen religiös Interessierter empfinden die landauf, landab angebotene Auslegung des christlichen Glaubens nicht mehr als hilfreich. Sie beklagen, hier würden so gut wie keine Wege gezeigt, die ein heutiger Mensch wirklich gehen könne. Es werde so gut wie keine Hilfe angeboten zu seelischer oder geistlicher Wandlung. Berichtet aber ein heutiger Mensch einem Pfarrer dieser Kirchen von eigenen religiösen Erfahrungen, so hört er allzu oft und allzu leichthin, solche Erfahrungen führten in die Irre, und der christliche Glaube bedürfe ihrer nicht.

Aber auch uns Christen bedrängt die Frage: Was tun wir, um das Wort, das wir gehört haben, in eine veränderte Zeit hinein glaubwürdig neu zu sprechen? Was tun wir, um seine Tiefe und seine geistliche Lebendigkeit wiederzufinden? Was tun wir, um es vor rationaler Austrocknung zu schützen? Denn das ist sicher: Die Zeit, in der unser bisheriges Christentum so, wie wir es kennen, formuliert worden ist, ist vorüber, und es gilt, um der Wahrheit willen, die uns heilig ist, wach zu sein für die Zeichen dieser Zeit. Wollen wir künftig sagen können, was wir glauben, so werden wir über alles, was wir gelernt haben, hinaus auf unsere eigenen Erfahrungen hören müssen. Wir werden nicht Autoritäten oder Lehrämter fragen, was denn wahr sei, sondern werden unmittelbar und selbständig leben müssen, auch in den religiösen Dingen. Unmittelbar zu Gott, unmittelbar zu den Menschen, unmittelbar zu uns selbst und unmittelbar auch zu dem, was wir im Evangelium lesen, und wir werden aus dieser Selbständigkeit heraus neue Gemeinschaften religiöser Art suchen. Wir werden weitergehen von der alten rationalen Auslegung der Bibel und selbst mit allen Sinnen wahrnehmen, was sie sagt. Wir werden weitergehen von allem vorgeschriebenen religiösen Verhalten zur Freiheit eines persönlich verantworteten Stils. Wir werden weitergehen von aller überlieferten Sprache und Redeweise zu einer Rede von Gott, die ausdrückt, was wir selbst erfasst haben, oder besser, von wem wir erfasst sind. Wir werden den Geist Gottes, der in uns selbst am Werk ist, wiederfinden und auch das, was das Evangelium den Christus in uns oder den Gott in uns nennt. Denn Gott hält sich ja nicht nur in ungemessenen Fernen auf. Er ist ja auch dicht gegenwärtig in allem, was um uns her ist und auch in uns selbst. Der Mensch der Zukunft, so hat Karl Rahner, der große katholische Theologe, gesagt, wird ein Mystiker sein oder ein Heide. Dem habe ich nichts hinzuzufügen.

Was gewinnen wir denn, wenn wir die mystische Überlieferung, neu vielleicht und anders, aufnehmen? Wir gewinnen auf alle Fälle einen neuen Blick auf die lange Zeit verdrängte, tatsächlich aber in vielen Facetten vorliegende biblische Mystik, die Mystik der Propheten, die Mystik Jesu, die Mystik des Paulus, des Johannes oder des Kolosserbriefs. Aber wir gewinnen auch eine vertiefte Spiritualität, die vor allem uns Protestanten so sehr mangelt. Wir werden unser einseitig personhaftes Gottesbild erweitern in überpersönliche Dimensionen hinein. Wir werden uns von einem seit langem festgeschriebenen christlichen Dualismus verabschieden und eine Weltsicht gewinnen, in der alles mit allem zusammenhängt. Wir werden auch die sozialpolitische Energie wiederfinden, die von der Mystik von jeher ausgegangen ist. Wir können eine neue Sprache finden für die Auseinandersetzung mit der modernen Naturwissenschaft. Wir werden auch Material gewinnen für unseren Brückenbau zwischen den Konfessionen. Endlich könnten wir neuen Mut finden zum prophetischen Amt der Kirche. Denn Mystik und Prophetie sind ja keine Gegensätze, sie gehen vielmehr auseinander hervor.

*D*er Mensch soll sich nicht genügen lassen
an einem gedachten Gott;
denn wenn der Gedanke vergeht,
so vergeht auch der Gott.

MEISTER ECKHART

Matthew Fox, der amerikanische Mönch und Mystiker, hat gesagt, er hoffe auf eine Zeit, in der die rechte Gehirnhälfte der Theologen mehr sein werde als eine Trockenpflaume. Die rechte Gehirnhälfte, die für Erfahrungen und Empfindungen, für Gefühle und Phantasien, für Körperbewusstsein, für Ahnungen und für intuitives Schauen zuständige, müsse sich dessen annehmen, was bisher immer nur über den schmalen Verstand begriffen wurde. Und das, in der Tat, hoffe ich mit ihm.

Wie ein Hund trinken

Während ich mir all dies vor meiner Hütte durch den Kopf gehen lasse, sehe ich unter mir, am Strand, wo die Wellen verrinnen, einen einsamen Hund am Wasser entlang im nassen Sand seines Weges traben. Keine edle Rasse, eben einen Hund. Da fällt mir eine Geschichte ein. Sie steht im Alten Testament und schildert, was es hieße, »unmittelbar« zu leben. Es ist eine höchst originelle Geschichte.

Von einem Helden namens Gideon erzählt sie. Der lebte im 12. oder 11. Jahrhundert vor Christus, im Bergland des späteren Israel. Die Israeliten waren eben aus der Wüste ins Land eingedrungen und versuchten nun unter Entbehrungen und Bedrohungen zwischen den Ureinwohnern in dem ihnen versprochenen Land einzuwurzeln.

Da geschah es, dass ein Volksstamm aus der Wüste, die Midianiter, auf ihren schnellen Kamelen ins Land kamen, die Ernte von den Feldern raubten und wieder verschwanden, ehe die Bauern sich zur Abwehr sammeln konnten. Einmal aber waren sie zu fassen. In einer weiten Talebene bauten sie ihr Heerlager, und die Israeliten sammelten sich, 30 000 Mann, unter Führung eben dieses Gideon. Aber da kam eine Stimme von Gott zu ihm: »Du hast zu viele Leute bei dir, schau sie an, die meisten kannst du nicht brauchen. Lies die Tüchtigsten aus!« Vor dem Kampf führte Gideon sein kleiner gewordenes Heer an ein Wasser und ließ die Leute trinken. Da hörte er wieder eine Stimme: »Wer sich hinwirft und das Wasser mit der Zunge leckt wie ein Hund, den kannst du brauchen. Wer sich zum Trinken hinkniet und das Wasser mit der Hand zum Mund führt, den schick nach Hause.« Da tranken dreihundert »wie ein Hund«. Mit ihnen aber errang Gideon einen großen Sieg.

Warum, so frage ich mich, waren ausgerechnet sie brauchbar? Offenbar, weil sie die weniger Domestizierten waren, die vielleicht überhaupt nicht Domestizierbaren, vielleicht weil sie näher an den Ursprüngen lebten, weil sie durch Erziehung oder kulturelle Einbindung weniger geprägt waren, durch Sitte und Normalverhalten nicht gebunden. Offenbar weil sie dem Wasser aus der Quelle Gidona näher waren.

Nun scheint mir, es gebe unter uns Christen immer noch sehr viele, die sich unauffällig einfügen in das, was man so tut oder glaubt. Mir scheint, es herrsche bei uns immer noch zu viel Vertrauen in das, was man uns vermittelt, zu viel Glaube an irgendeine Autorität, und es fehlten allzusehr die, die sozusagen mit dem Gesicht ins Wasser gehen und für ihr Trinken aus der Quelle nicht einmal der eigenen Hand bedürfen. Es ist, scheint mir, unter uns Christen zu wenig Mut, unmittelbar zu sein. Die Zukunft aber, so meine ich, wird uns mehr davon abverlangen als unsere Gegenwart.

Was aber die Mystikerinnen und Mystiker der christlichen Geschichte immer ausgezeichnet hat, das war eben dieser heute fast verlorene Mut zur Unmittelbarkeit ihres Erfahrens und Tuns. Sie waren überzeugt, dass sie Gott nicht irgendwo in irgendeiner Ferne suchen müssten, dass er ihnen vielmehr immer schon unmittelbar nahe sei. Sie sagten so: Glaube nichts nur deshalb, weil es dir ein anderer sagt, sondern erfahre und denke selbst und lass dich überraschen von dem, was dir dabei widerfährt. Erwarte nichts von anderen, was du nur selbst finden kannst, stelle niemanden als Heiligenfigur in die Landschaft, sondern steh selbst. Sei selbst jetzt und hier

*In unserem tiefsten Innern,
da will Gott bei uns sein.
Wenn er uns nur daheim findet
und die Seele nicht ausgegangen ist
mit den fünf Sinnen.*

MEISTER ECKHART

und ganz und gar offen und bereit. Sei anwesend. Und sei überzeugt: Je selbstverständlicher du anwesend bist, desto dichter und näher wirst du das Geheimnis Gottes erfahren. Deine eigene Seele ist dir nicht so nah wie Gott.

Viele Lehrer, Prediger und Ausleger können dir hilfreich sein. Es ist schon gut, dass es die Seelenführer und Seelenkundigen gibt. Denn dieser kurze Weg, der von dir zu Gott führt, kann sehr lang sein und sehr mühsam, aber zuletzt wirst du ihn allein gehen müssen, zuletzt wirst du deine eigenen Augen auftun müssen, die eigenen Ohren und das eigene Herz. Du wirst vielleicht erst am Ende eines lebenslangen Weges wissen, wie nahe dir Gott ist. Dass nur das dein eigenes Leben war, was du selbst gelebt hast, und nur das Wahrheit ist, was dir selbst in hellen Augenblicken unterwegs aufgegangen ist.

Zweierlei Quellen aufsuchen

Unser ganzes Christentum scheint mir an einer bestimmten Mangelkrankheit zu leiden. Man sagt uns und hat gute Gründe dafür: Du musst auf das Wort der Heiligen Schrift hören. Von dort aus musst du das fassen, was du glauben kannst. In der Heiligen Schrift berichten Menschen von ihren Erfahrungen mit Gott. Mose und die Propheten, die Beter und die Liederdichter der Bibel haben die Stimme Gottes gehört. Wenn du glaubst, was sie gehört haben, dann hast du den rechten Glauben. Aber hat denn Gott nur zu den Zeiten des Mose und der Propheten geredet? Ist er stumm geworden? Die Menschen der Bibel haben in ihren Siegen und Niederlagen, in ihren Festen und in ihrem Leiden erfahren, wer Gott sei, was sie verpflichtet seien zu tun, oder wie sie das Dasein überhaupt verstehen und bewältigen sollten. Ist die Geschichte dieser Erfahrungen zu Ende? Kann sie uns nur noch als eine Erzählung aus ferner Vergangenheit vermittelt werden? Kennen wir die Augenblicke, in denen uns »etwas aufgeht«, nicht mehr?

Die Menschen der Bibel erkannten Gott in Träumen und Visionen. Haben wir keine Träume mehr? Ist uns unbekannt, was es heißt, etwas zu schauen, was über unsere sinnliche Wahrnehmung hinausgeht? Den Menschen der Bibel hat, wie wir sagen, Gott sich offenbart. Wie setzt sich denn diese Offenbarung Gottes heute, unter den Menschen unserer Zeit und bei uns selbst fort? Ist Gott nun zurückgetreten in die Verschlossenheit seines Himmels? Oder ist er gar gestorben? Und kennen wir also Offenbarung nur noch als Lehrstück aus grauer Vorzeit, als Gott noch lebte und redete und gegenwärtig war?

Unser landläufiges Christentum krankt an einem Mangel an gegenwärtiger Erfahrung, und nichts ist so dringend wie dies, dass wir die Quelle der eigenen religiösen Erfahrung finden und öffnen. Denn der christliche Glaube ist ja kein Lehrstoff, den einer auswendig lernt und den man dann abfragt. Er bildet sich vielmehr in vielen Erlebnissen, in Begegnungen mit vielen Menschen und ihren Schicksalen und im Horchen auf sehr viele Stimmen, auch in uns selbst. Erfahrung ist eine der stärksten Quellen unserer Kraft. Er-fahren heißt wörtlich: »durch Fahren gewinnen«, nämlich dadurch, dass man sich selbst auf die Reise begibt, auf die Suche nach Wahrheit und Sinn, auf die Suche nach Gott und seiner Nähe.

An den Grenzen unseres Erkennens, im Raum von Ahnung und Erwartung sprechen wir von religiöser Erfahrung. Sie spricht zu uns von einem Letzten, einem Gültigen, das sich uns mitteilen will als etwas sehr Zerbrechliches und Gefährdetes. Irgendwann, wenn es uns denn geschenkt werden soll, empfinden wir, es komme etwas bei uns an, das größer und dichter, wirklicher und wichtiger ist als wir selbst und das uns gleichwohl nicht bedroht. Und wahrscheinlich wären wir in großer Verlegenheit, wenn wir es anderen begreiflich machen müssten oder verpflichtet wären, vernünftig davon zu reden. Denn es spielt zwischen Gott und uns allein, und es ist andererseits so deutlich, dass wir niemanden brauchen, der es uns erklärt.

Nicht nur an dem Ort, wo du bist, ist Gott,
er ist auch ganz besonders in deinem Herzen
und in der Tiefe deiner Seele,
er belebt und beseelt dich
mit seiner göttlichen Gegenwart,
er ist da.

Franz von Sales

Jeder Tag ist voller Erfahrungen; die Frage ist nur, ob wir sie aufnehmen oder nicht, ob wir dabei unserem eigenen Leben näher kommen oder ferner rücken, ob es reicher wird oder langweiliger. Jeden Tag erfahren wir etwas, das uns übermächtig oder zart begegnen will, das farbig ist, das lebt, das atmet und das etwas sagt oder zeigt, das Musik in sich hat oder Schönheit ausstrahlt, das wahr ist oder falsch, das uns glücklich machen will oder uns bedroht.

Ob wir auf unsere Erfahrungen achten, davon hängt es ab, ob unsere Welt Farben hat; ob wir selbst uns wahrnehmen, davon hängt auch ab, wie kontrastreich das Bild sein wird, das uns das Leben der Menschen bietet, wie lebendig das Geschehen, das wir beobachten oder das in uns selbst spielt. Wie hell das hellste Licht ist, das uns erreicht, und wie dunkel der tiefste Schatten, oder wie einstufig grau unsere Welt. Es gilt wohl, die Erlebniskraft eines Kindes zu bewahren und die Erfahrungskraft eines erwachsenen Menschen hinzuzugewinnen und dabei immer sensibler, aufmerksamer, hörsamer und scharfsichtiger zu werden.

Alle wirklich eigene Erfahrung reicht in Erlebnisweisen, die wir gewöhnt sind, »mystisch« zu nennen, das heißt: Sie führt uns in Bereiche, die uns zunächst verschlossen sind und sich uns erst öffnen müssen. Diese Wege der mystischen Erfahrung sind gerade vielen evangelischen Christen verdächtig oder scheinen ihnen unerlaubt. Aber in dieser vorsichtigen Abwehr liegt auch ein gutes Stück unserer Armut begründet. Diese Wege sind immer gegangen worden, gerade von den Großen unserer Geschichte. Immer wieder aber sehe ich vor solche Wege Schilder gestellt mit der kirchlichen Warnung: »Kein Durchgang.« Auch und gerade angesichts solcher Verbote möchte ich dazu raten, schlicht und einfach weiterzugehen.

Wir sind freie Bürger des Reiches Gottes und könnten manche Angst, die uns noch anhängt, ablegen. Wir sind frei, mit unseren eigenen Sinnen zu schauen, zu horchen, zu tasten und mit unserem eigenen Kopf nachzudenken, und könnten

*D*as Leben kann nur rückwärts verstanden,
muss aber vorwärts gelebt werden.

SÖREN A. KIERKEGAARD

dabei ein volleres, stärkeres, lebendigeres Leben finden. Wir brauchen nicht in der Kolonne zu marschieren. Gottes Reich ist kein Exerzierplatz, und sein Wort ergeht nicht in Sprechchören. Wer in ihm lebt, lebt in großer Freiheit.

Freilich sind wir nicht die ersten Menschen, die Erfahrungen machen; vielmehr sind wir selbst geprägt durch uralte menschheitliche Erfahrung. Schon in der Steinzeit haben die Menschen in ihren Höhlen oder Savannen ihre Erfahrungen gemacht und haben sie in Bildern von Ahnen oder Göttern verdichtet, in Malereien, in heiligen Orten und Zeiten, später in Bildwerken, in Tempeln, in Kulten und heiligen Gesängen und Tänzen. Spätere Generationen haben sie in Schriftrollen und Büchern niedergelegt und in die immer weitergehenden und sich allmählich klärenden Gedanken ihrer religiösen Botschaften gefasst.

Zu meinen, Gott habe in der Bibel zum erstenmal zu Menschen geredet, dürfen wir getrost als naiv ansehen. Und zu meinen, die volle Erkenntnis Gottes sei in der Bibel von Anfang an schlagartig dagewesen, ebenfalls. Auch die Bibel zeigt einen Weg, einen langen und mühsamen, durch viele Irrtümer und Verstrickungen hindurch zu einer immer deutlicheren Erfahrung Gottes. Gott hat, seit es Menschen gibt, immer geredet, und die Menschen haben so viel von ihm vernommen, wie der Bewusstseinsstufe entsprach, auf der sie lebten. Wir alle sind, ob wir es wissen oder nicht, durch diese tiefe und breite jahrtausendealte Überlieferung bestimmt. Wir stehen nicht allein in der Welt, und die Welt ist nicht von uns erfunden worden, wir fließen vielmehr mit in dem großen Strom von Wassern und Wirbeln im breiten Flussbett einer geistigen Geschichte. C. G. Jung meinte gelegentlich, wenn wir etwas über uns selbst wissen wollten, sollten wir doch immer einmal wieder den hunderttausend Jahre alten Mann fragen, den wir in uns hätten; und ich würde hinzufügen: die hunderttausend Jahre alte Frau. Sie haben uns eine Menge zu sagen. Und es ist durchaus keine geistige Enge, in die wir geraten, wenn wir feststellen, auch der christliche Glaube komme zu uns

Es scheint also, dass das himmlische Wasser
jener Quelle,
wenn es der Tiefe unseres Wesens entquillt,
sich ausbreitet, unser ganzes Inneres ausweitet
und vielerlei Güter hervorbringt,
die sich nicht nennen lassen.
Nicht einmal die Seele kann verstehen,
was es ist, das ihr da geschenkt wird.
Sie gewahrt einen Duft –
so wollen wir einmal sagen –,
als befinde sich in jenem inneren Abgrund
ein Glutbecken,
auf das man wohlriechende Räucherstoffe
streute.
Man sieht nicht die Glut,
und man weiß auch nicht, wo sie ist;
doch die Wärme und der duftende Rauch
durchziehen die ganze Seele.
Wir mögen uns noch so sehr anstrengen,
so können wir es doch nicht erlangen.

TERESA VON AVILA

auf dem Wege einer alten Geschichte und also auf den Wegen des Erzählens, des Bezeugens und des Feierns sehr alter Rituale und Gedanken.

Erfahrung hat immer zwei Gestalten: unsere eigene einerseits, die menschheitliche Gesamterfahrung andererseits. Wir werden unser ganzes Leben lang zwischen beiden hin und her gehen, einmal der einen, einmal der anderen mehr vertrauend. Und wir werden dabei verstehen, warum die Bibel sagt, der Geist Gottes komme aus einer fernen Geschichte auf uns zu, und er spreche zugleich aus uns selbst zu uns. Christus sei eine Gestalt aus einer fremden Welt, und er sei zugleich in uns selbst.

Man mag das alles als ein Gedankenspiel ansehen. Mit Worten aus alter Zeit zu leben oder gar auf Worte zu warten, die uns selbst treffen, wird immer so nutzlos sein wie ein Spiel, ein Tanz, eine Musik, ein Bild oder wie die Spiegelung der Sonne auf einem Wasser. Es wird so nutzlos sein wie alle notwendigen und großen Dinge in unserem Leben.

Der Stimme des Herzens folgen

Es gilt also, nach zwei Seiten hin zu horchen: in die Überlieferung zurück, aus der wir kommen und von der wir bestimmt sind, und ins eigene Herz. Das ist gewagt, ich weiß. Gehen wir damit doch auf einen Weg, den uns niemand vorzeichnen kann, und auf ein Ziel zu, das wir mehr ahnen als wissen, und wir können niemandem erklären, was uns dazu bewegt. Denn unser Herz, in dessen Stimme in großen Augenblicken der spricht, der uns von innen führt, der uns unser Wesen und Geschick zugedacht und zugemessen hat, bestimmt uns, wenn wir es hören, ebenso zwingend wie unerklärlich und seltsam. Sind wir also verrückt?

O ja. Wir sind verrückt, wie Liebende verrückt sind. Liebende können, wenn es wirklich die Liebe ist, die sie umtreibt, mit keinem Wort erklären, warum es denn nun genau der Mensch sein muss, den sie erwählt haben, und doch sind sie überzeugt, dass sie ihr Leben verfehlten und ihre Seele verrieten, wenn sie sich an einen anderen oder eine andere bänden. Conrad Ferdinand Meyer schrieb einmal ein zauberhaftes Gedicht, das ich seit meinen jungen Jahren liebe, ein Gedicht über eine arabische Frau und ihre Verrücktheit. Ich denke mir, dass es in der Zeit der Kreuzzüge spielt:

Mit zwei Worten

Am Gestade Palästinas, auf und nieder, Tag um Tag.
»London?« frug die Sarazenin, wo ein Schiff vor Anker lag.
»London!« bat sie lang vergebens, nimmer müde, nimmer
zag,
bis zuletzt an Bord sie brachte eines Bootes Ruderschlag.

Sie betrat das Deck des Seglers, und ihr wurde nicht gewehrt.
Meer und Himmel. »London?« frug sie, von der Heimat
abgekehrt,
suchte, blickte, durch des Schiffers ausgestreckte Hand
belehrt,
nach den Küsten, wo die Sonne sich in Abendglut
verzehrt...

»Gilbert?« fragt die Sarazenin im Gedräng der großen Stadt,
und die Menge lacht und spottet, bis sie dann Erbarmen
hat.
»Tausend Gilbert gibts in London!« Doch sie sucht und
wird nicht matt.
»Labe dich mit Trank und Speise!« Doch sie wird von
Tränen satt.
»Gilbert!« »Nichts als Gilbert? Weißt du keine anderen
Worte? Nein?«
»Gilbert!« ... »Hört, das wird der weiland Pilger Gilbert
Becket sein,

den gebräunt in Sklavenketten glüher Wüste Sonnenschein –
dem die Bande heimlich löste eines Emirs Töchterlein.«

»Pilgrim Gilbert Becket« dröhnt es, braust es längs der
                                              Themse Strand.
Sieh, da kommt er ihr entgegen, von des Volkes Mund
                                                          genannt.
Über seine Schwelle führt er, die das Ziel der Reise fand.
Liebe wandert mit zwei Worten gläubig über Meer und
                                                                   Land.

Dieses Gedicht las ich zum ersten Mal, als ich als junger Soldat irgendwo im weiten, vom Krieg erfüllten Europa an das junge Mädchen dachte, das ich liebte und das zu sehen ich über vier Jahre hin keine Chance hatte. Es gab mir immer wieder den Mut zu denken, ich würde ihr vielleicht doch noch einmal begegnen.

Was wusste sie denn, die junge Sarazenin? Praktisch nichts. Einen fernen Ort. Einen Allerweltsnamen. Sie wusste nicht, ob sie die Stadt finden würde, nicht, ob sie willkommen sein würde, wenn sie den Geliebten fände. Aber sie suchte und ging, der Führung vertrauend, die ihre Liebe ihr zeigte. Und sie fand.

Und was wissen wir, wenn wir uns der mystischen Erfahrung anvertrauen? Praktisch nichts. Und wir wissen doch, dass unser ganzes Leben und sein Sinn, dass unser Heil hier und drüben daran hängen, dass wir den uns vorgezeichneten Weg gehen. Wenn wir von den großen Mystikern reden wollen: Mystiker sind Liebende. Wer an die Suchwege von Liebenden den Maßstab der Vernunft anlegt, der mag es gerne auch bei denen tun, die auf den Wegen der Mystik unterwegs sind. Mystik ist eine große, eine durch die Jahrtausende hin gehende Liebesgeschichte.

Ein Mystiker, eine Mystikerin ist jeder oder jede, der oder die ernsthaft fragt: Ist das alles, was ich in der Hand habe? Ist da sonst gar nichts mehr? Jeder ist es, der liebt und also in

Es ist richtig, bei dem Glauben zu bleiben,
dass alles wunderbar ist,
weit mehr als man begreifen kann;
denn das ist die Wahrheit,
und es ist gut,
feinfühlig und zart von Herzen zu sein,
es ist schön, voller Wissen zu sein
in den Dingen, die verborgen sind
vor den Weisen und Verständigen dieser Welt.
Es ist das Bedürfnis nach nichts Geringerem
als dem Unendlichen und Wunderbaren,
und der Mensch tut wohl daran,
wenn er nicht mit weniger zufrieden ist
und sich nicht zu Hause fühlt,
solange er das nicht errungen hat.

Das ist der Sinn,
den alle großen Männer
in ihren Werken ausgedrückt haben,
alle, die etwas mehr
gesucht und gearbeitet
und mehr geliebt haben
als die anderen,
alle, die auf die hohe See des Lebens
hinausgesteuert sind.

*Hinaussteuern auf das Meer,
das müssen wir auch tun,
wollen wir etwas fangen,
und wenn es manchmal geschieht,
dass wir die ganze Nacht
gearbeitet haben und nichts erreichen,
dann ist es gut, doch nicht aufzugeben,
sondern in der Morgenstunde
nochmals das Netz auszuwerfen.*

VINCENT VAN GOGH

dem, was er sieht, mehr sieht, als seine Augen sehen. Jeder, der ein Kind liebt oder einen Baum oder einen Stern. Denn alles, was der Liebende sieht, ist mehr, als er wissen oder festhalten kann.

Lassen wir uns also den Mut nicht nehmen von den Mutlosen. Lassen wir uns die Freude nicht nehmen von denen, die meinen, nur mit finsterem Gesicht Christen sein zu können. Lassen wir uns unsere Lebendigkeit nicht nehmen von den Schulmeistern. Und lassen wir uns die Vollmacht zu sagen, was unser Herz gehört hat, nicht von denen nehmen, die sich davor fürchten, ihrem Herzen zuzuhören und die Wege zu gehen, die ihr Herz ihnen zeigen will.

Frei gehen durch offenes Land

Die Wiederentdeckung einer mystischen Spiritualität ist ein Teil jener Umgestaltung, die mit dem christlichen Glauben im Übergang zum neuen Jahrhundert geschehen muß, will er sich in Zukunft nicht im Museum vergangener Religionen ausgestellt sehen. Wie sollen wir für die Menschen und für diese Erde Hoffnung bewahren können, wenn es das nicht geben soll: ein inspiriertes Nachdenken, eine von Gott selbst gegebene Erfahrung seiner Nähe, einen von Gott selbst dem wachen Menschen gezeigten Weg?

Solange einer freilich nur in den Reiseprospekten blättert, kann er nicht wissen, was ihm begegnete, wenn er eine Reise wirklich unter die Füße nähme. Wer nicht tatsächlich aufbricht, wird Neues und Großes nicht erfahren. Gehen, Reisen, Unterwegssein ist das, was wirklich zählt.

Nun gehört es zu den eigentümlichen Merkmalen des menschlichen Gehens, daß es nur dann gelingt, wenn der Gehende bereit ist, bei jedem Schritt sein Gleichgewicht aufs Spiel zu setzen. Alles Gehen geschieht so, daß er seinen Körper bei jedem Schritt auffängt, ehe er fällt. Wer je getanzt hat,

*Gott wird so viel verstanden,
als er geliebt wird.*

BERNHARD VON CLAIRVAUX

weiß es: Bei jedem Schritt riskieren wir unser Gleichgewicht, und das Wunderbare beim Tanzen ist, dass wir es dennoch nie verlieren.

Auch das Wort »Weg« deutet etwas eigentümlich Menschliches an. Es hängt ja mit dem Wort »Wagnis« zusammen. Man gibt eine Heimat auf und sucht einen neuen Ort, von dem man noch nicht weiß, ob man ihn erreicht. So sind innere Wege verbunden mit dem Wagnis, in das unbekannte Land der eigenen Seele einzutreten, dort aber nicht zu bleiben, sondern weiterzugehen über die eigene Seele hinaus. Wer seinen inneren Weg finden will, wird dorthin weitergehen, wo er eine Stimme hört, die anderswo herkommt als aus der eigenen Seele, und jeder Weg dieser Art wird in einem lebenslangen Weitergehen, Weitersuchen, Rufen und Horchen und Wagen bestehen.

Nun meinen viele, sie müssten sich, um ihren Weg zu finden, an einem Wegweiser orientieren, an einer Schulmeinung, einem Dogma, einer Lehre, die ihnen einmal nahegebracht worden ist. So, meinen sie, könnten sie die Richtung nicht verlieren. Wer aber einen Weg, einen offenen und unbekannten, wirklich geht und nicht nur bedenkt, lässt ihn und alle Wegweiser mit jedem Schritt weiter hinter sich.

Als Christen jedenfalls können wir wissen, dass der Weg zur Wahrheit und zum Leben nie ein für allemal gefunden und gegangen werden kann. Er wird immer von Unwissenheit zur Klarheit und danach wieder zu einem neuen Nichtwissen führen, vom Unglauben zum Glauben, vom Glauben zum Zweifel und zu einem neuen Vertrauen. Jeden Tag gehen wir als veränderte Menschen durch eine neue Umgebung, begreifen einmal das eine, einmal das andere und müssen uns mit dem begnügen, was uns jeweils zuwächst.

Nun sind wir keine Mystiker in dem Sinn, wie es Meister Eckhart oder Dag Hammarskjöld waren. Auch ich bin es nicht. Aber mir wie vielen anderen sind Erfahrungen gewährt worden, die sie auf mystische Wege gerufen haben. Ich rede hier auch nicht zu Mystikern, wohl aber zu Menschen, die

Gebet besteht nicht in dem Bemühen,
Gott zu erreichen,
sondern darin, unsere Augen zu öffnen
und zu erkennen,
dass wir schon bei ihm sind.

THOMAS MERTON

sich danach sehnen, nicht nur von Gott zu reden, sondern wirklich in ihm zu sein. Ich rede zudem in einer Kirche, von der ich meine, es sei in ihr so viel geistiger Raum und geistige Freiheit, dass mystische Erfahrungen in ihr möglich sind, ohne dass die Ketzerrichter und Rechthaber aller Couleur auf den Plan treten.

Was kann denn geschehen, wenn ein Christ anfängt, auf seine eigene Weise zu sehen, was um ihn her und in ihm selbst ist? Was kann geschehen, wenn er an den Geist Gottes glaubt und nicht nur an ein Dogma? Wenn er eine Zukunft ins Auge fasst und nicht nur eine Überlieferung? Wenn er nicht nur mit den Menschen seiner eigenen Kirche pfleglich umgeht, sondern auch mit denen aus anderen Konfessionen oder Religionen? Wenn er seinen Horizont so weit und so offen um sich her sieht, wie er in Wahrheit ist, und den Geist Gottes in allen Zeiten und an allen Orten wiederfindet, auch in sich selbst?

In einer so offenen Landschaft mit so unzähligen Wegen und Wegweisern wie der im Übergang zwischen diesem Jahrhundert und dem nächsten wünscht man sich sehnlich einen Propheten, der die Lage deutet und den Weg weiß, und man stellt doch zugleich fest, dass man ihn nicht hat. Aber wer sagt denn, dass wir ohne Rat bleiben müssten? Alle Prophetie, alles Wissen um Wege und Aufträge, ist eine Gabe des Geistes Gottes nicht nur an große Einzelne, sondern auch ein Angebot an die Gemeinschaft der Christen und wohl auch an Menschen aus anderen Kulturen. Wo Aufmerksamkeit ist, Wachheit für die Zeichen der Zeit, wo Menschen bereit sind, ein Wort aufzunehmen, das noch nicht hörbar ist, Bilder der Zukunft zu sehen, die noch keiner sieht, und wo sie der Müdigkeit und der Resignation, aber auch einem blinden Aktionismus absagen, da kann, so Gott will, durchaus etwas wie eine gemeinsame Prophetie entstehen: ein Wissen um Wege, ein Wissen um die Aufträge der neuen Epoche.

Denn unser Leben kann lebendiger sein, als wir meinen. Offener, freier. Mit weiterem Horizont können wir leben als in den Engräumen, die Staat oder Kirche, Arbeitswelt oder Familie und vor allem unsere eigene Ängstlichkeit abzäunen. Weiter sehen können wir. Aufbrechen. Beim Namen nennen, was geschieht. Bereit sein für neue Kräfte und Ideen. Und darauf vertrauen, dass die Welt für den, der sich ihr mit offenem Herzen und allen Sinnen zuwendet, ein freundlicher, ein zukunftsreicher Ort ist. Ich sage das alles, obwohl ich weiß, dass ich damit auf etwas hinzeige, das eigentlich nicht zu zeigen ist, etwas, das die Art eines Traums, einer Vision an sich hat.

Aber wo wollen wir beginnen? Am besten im Vordergrund, nahe bei uns selbst. An einer Stelle, an der es noch lange nicht um religiöse Erfahrungen geht, sondern erst einmal um die einfachen und anschaulichen Erfahrungen unseres Herzens und unserer Sinne.

Ich meine dort, wo wir persönlich reden können und noch nicht von großen, allgemeinen Wahrheiten. Dort vielleicht, wo zum Beispiel ich selbst einfach erzähle, was mir widerfahren ist von meiner Kindheit an und was mich bis in mein Alter begleitet. Vielleicht erkennt der eine oder die andere unter den Lesern eigene Erfahrungen aus dem eigenen Leben und Umkreis wieder. Andere werden vielleicht anderes erzählen oder meinem Angebot widersprechen. Das werde ich gerne hören und anerkennen, wenn es denn ihrem eigenen Erfahren Ausdruck gibt und nicht nur einem Schulwissen. Ich möchte jedenfalls meinen Schritt auf das Wasser setzen und weitergehen, wie man auf einer festen Straße geht.

*I*ch bekenne, dass auch zu mir das Wort gekommen ist.
Obwohl es öfter bei mir eingekehrt ist,
habe ich einige Male sein Eintreten gar nicht bemerkt.
Ich spürte, daß es da war.
Zuweilen konnte ich auch sein Kommen vorausspüren,
aber unmittelbar spüren konnte ich niemals
sein Kommen, auch nicht sein Weggehen.
Auf welchem Weg also ist es gekommen?
Oder ist es vielleicht gar nicht hereingekommen,
weil es nicht von draußen kommt,
denn es ist ja kein Ding außerhalb meiner selbst.
Aber es kann auch nicht aus meinem Innern
gekommen sein, weil es gut ist und weil ich weiß,
dass in mir nichts Gutes wohnt.
Ich bin in die höchsten Höhen meines Wesens
hinaufgestiegen –
und das Wort war oberhalb von allem.
Ich bin in die tiefsten Keller meines Wesens
hinabgestiegen
und es fand sich unterhalb von allem.
Wenn ich nach draußen schaute,
so erfuhr ich, dass es weiter außen war als alles,
was außerhalb von mir ist.
Wenn ich in mein Inneres schaute,
dass es weiter innen war als alles, was in mir ist.
Und ich erkannte, wie wahr es ist,
was ich gelesen habe:
»In ihm leben wir, bewegen wir uns und sind wir.«

BERNHARD VON CLAIRVAUX

Aus
Erfahrung
leben

Seine Kindheit bewahren

Aus meiner Kindheit will ich erzählen. Nicht von dem, was sich damals abgespielt hat, sondern von dem, was ich als Kind erfahren und empfunden habe. Denn diese Erfahrungen waren zugleich seltsam und selbstverständlich. Sie waren so, wie sie einem Kind begegnen und wie ein Kind sie aufnehmen kann.

Ich war wohl kaum mehr als drei Jahre alt, da saß ich unter den Bäumen vor dem Häuschen, das meine zweite Mutter und meine drei Brüder mit mir bewohnten, und brauchte nichts. Ich saß reglos unter den Zweigen und lebte mit allem, was um mich her war. Es genügte, dass da ein Grashalm war, ein Blatt, ein Käfer, ein wenig Wind, ein Sonnenstrahl zwischen den Ästen. Ich war eins von diesen Dingen, Grashalm oder Blatt, und war eins mit ihnen allen. Und wie man mir später erzählte, habe ich bei all meiner Abgewandtheit von der Welt der Erwachsenen oder der anderer Kinder den Eindruck eines glücklichen Kindes gemacht.

Ich glaube indessen, nach sehr vielem, was ich seither mit Kindern erlebt habe, dass viele Kinder so empfinden, dass sie es aber mit den Jahren vergessen oder verdrängen oder dass es ihnen von wohlmeinenden Erziehern ausgetrieben wird. Vielen Kindern sagt man: Du träumst! Und drückt damit aus, es komme wohl darauf an, das Träumen zu beenden. Ich meine aber umgekehrt, wir Erwachsenen müssten das Kind in uns wieder zum Leben rufen, das im Frieden lebte mit seiner Welt und mit wenigen Dingen auskam. Es komme darauf an, heute in großer Selbstverständlichkeit mit allem umzugehen, das uns begegnet, und dabei zu mehr Güte und Gelassenheit zu finden. Denn Wahrheit ist eine Art von Offenheit des Daseins, in die wir schauen und eintreten. Was wir uns nachträglich darüber zurechtdenken, ist Menschenkram.

Wenn ich mit acht oder zehn oder zwölf Jahren allein durch die Wälder meiner Heimat, der Schwäbischen Alb, stromerte, dann ging es sehr ähnlich zu wie unter den Apfelbäumen. Ich saß oft auf den weißen Kalkfelsen über irgendeinem abgelegenen Waldtal vor meinem Zelt und schaute in die untergehende Sonne. Und die ganze Landschaft veränderte sich. Die Bäume wurden durchscheinend wie Glas, die Felsen, die Berge und die verstreuten Häuser wurden durchsichtig, und es tat sich hinter ihnen eine Welt aus Licht auf, so, als sei hinter der Welt der Bäume und der Felsen eine zweite Welt, und ich hätte den unbegreiflichen Vorsprung vor allen anderen Menschen, dass ich sie schaute, dass ich ihr zugehörte. Ich wusste: Dort, in dieser Welt aus Licht, liegt mein Ursprung, dort komme ich her, und dort gehe ich wieder hin, wenn ich in ferner Zukunft einmal gestorben bin, und diese andere Welt ist das Einzige, das für mich zählt. In solchen Stunden empfand ich alles, was um mich her war, als eine einzige große Wärme, als eine umfassende und alles durchdringende Liebe. Und ich dachte mir, es sei wohl die Liebe dessen, den die Menschen um mich her als »Gott« bezeichnen. Wenn aber damals einer neben mir gesessen hätte und gesagt: Ich sehe nichts! Dann hätte ich nicht an dem gezweifelt, was ich sah, wohl aber am Wahrnehmungsvermögen dessen, der so sprach.

Es war alles in eine Erfahrung von Freude, von Frieden, von Glück getaucht, abgewandt von der Welt der Menschen mit ihren Schulen und ihrer Hitlerjugend. Ich hatte das Empfinden, alles sei irgendwie heilig, ohne dass ich hätte sagen können, was »heilig« eigentlich heiße, und in einer unendlich segensvollen Weise geweiht. Zu den Menschen aber davon zu reden habe keinen Sinn.

Ich empfand, ich gehörte einem Land zu, in dem viel Licht ist, und ich weiß heute von vielen Kindern, dass sie mit ihrer Seele in einem solchen Land leben. Später, wenn sie in der vordergründigen Welt der Erwachsenen stärker eingewurzelt sind, werden die Erinnerungen an jene frühen Erfahrungen blasser, verschwinden ganz und müssen, wenn sie wieder wach werden sollen, bewusst aufgesucht werden. Man wird verstehen, dass ich solche Erfahrungen von Kindern sehr ernst nehme. Ihnen öffnen sich oft Wirklichkeiten, die sie im guten Fall nach einem lebenslangen Weg durch die Fremde am Ende wiederfinden.

Vor einigen Jahren begegnete mir ein Gedicht des Indianers Blue Cloud, das genau diese Transparenzerfahrung wiederholt und das mich als Kind überhaupt nicht verwundert hätte:

Für ein Kind

Geh um den Berg, geh leise,
denn der Berg ist still und sanft.
Stell dir das weite Tal vor
auf der anderen Seite des Berges.
Denk dich durch den Berg
in das ungeschützte Tal,
in dem vielleicht Gefahr ist oder Schmerz.

Zieh einen Kreis aus Gedanken
um den sanften, stillen Berg,
und der Berg wird zu Kristall,
und du siehst das offene Tal
durch den kristallenen Berg,
und die ganze Wahrheit des Berges
und des Tals ist dein.

Geh um den Berg, geh behutsam,
und betritt das leise,
das friedvolle Tal,
wo das Herz des Kristallberges
schlägt.

Eugen Ionescu erzählt einmal, er habe als Kind und junger Mann die Welt als eine große Lichtgestalt erfahren, er sei aber aus ihr herausgefallen, habe die große Offenheit verspielt und seitdem auf den Himmel verzichtet. »Ich habe mich«, schreibt er, »immer tiefer ins Leben hineingestürzt, lüstern, gefräßig. Und alle die Begierden, die befriedigt werden wollten, sind wie Dinge, die das, was ich eines Tages verloren habe, ersetzen sollten.«

Wisset,
meine Seele ist so jung,
wie da sie geschaffen ward,
ja, noch viel jünger.
Und wisset,
es sollte mich nicht wundern,
wenn sie morgen noch jünger wäre
als heute.

MEISTER ECKHART

Mir selbst sind diese frühen Erfahrungen heute wichtiger, als sie es durch lange Zeiten meines Lebens gewesen sind. Und zwar darum, weil sie heute wieder als die große Offenheit aller Dinge erscheinen, die ich am Ende meines Lebens erreicht haben möchte. Ich weiß heute, dass sie wahr sind.

Von ähnlichen Erfahrungen spricht Thomas Merton (1915 bis 1968), der französisch-amerikanische Trappistenmönch, der seinen Weg in dem Buch »Der Berg der sieben Stufen« beschrieb: Er spricht von einem Grund, auf dem alles aufruhe, als von einem »Felsen«. Aber dieser Fels höre in unserer Erfahrung auf, Fels zu sein, und werde durchsichtig, ganz und gar Licht, denn ebenso, wie er die Eigenschaften von Härte und Unbeweglichkeit habe, sei er auch durchsichtig und transparent. Es sei, als wäre er beides: Fels und Luft, Erdboden und Atmosphäre. Er könne plötzlich von innen her wie in einem Blitzschlag lebendig werden. Solche Gedanken freilich kann einer erst dann äußern, wenn er sich ihrer so gewiss ist, dass er die Antworten, die zu erwarten sind, nicht mehr fürchtet. Ich hätte als Kind, hätte Merton mir das erzählt, wohl nur gesagt: Genauso ist es. Manchmal sah ich einen Baum und empfand, dieser Baum sei ich. Wenn ich in einen Bach sah, der kleine Fisch, der dort schwamm, sei ich. Und darin lag ein starkes und helles Glücksgefühl.

Auch Marcel Proust erzählt von einer solchen Kindheitserfahrung als von einem unerhörten Glücksgefühl, das ganz für sich selbst bestand und dessen Grund ihm unbekannt blieb: »Ich wurde mir meines eigenen Leicht-seins bewusst ... und dieses Bewusstsein war sehr süß. Die göttliche Unendlichkeit, in die ich versenkt war und die mich erfüllte, war aus derselben Süße. Ich spürte den Blick Gottes voller Zartheit und Zuneigung auf mir ruhen und dass er mir freundlich zulächelte. Ich schien in Gott versenkt zu sein.«

Das alles ist noch nicht eigentlich religiöse Erfahrung, obwohl es in religiöse Konsequenzen münden kann. Aber es hat

*Ich stelle mir vor,
dass wir unsere Kinder eines Tages
nicht mehr als manipulierbare Kreaturen
ansehen werden,
sondern als Boten aus einer Welt,
die uns einmal sehr vertraut war,
die wir aber längst vergessen haben,
und die uns mehr über die wahren Geheimnisse
des Lebens lehren können,
als unsere Eltern jemals konnten.*

ALICE MILLER

mich immer bereit gemacht, vom christlichen Glauben, den man mich lehrte, etwas zu erwarten. Ich habe es immer irgendwie bejaht, wenn mir jemand vom »Vater im Himmel« erzählte. Von der Auferstehung der Toten. Von der zwischen hier und dort spielenden Welt der Wunder, die Jesus getan habe. Es war mir alles leicht begreiflich. Und bei all dem habe ich immer versucht, die eigene Erfahrung, die ursprüngliche, nicht zu vergessen. Das aber scheint mir die eigentliche Gefahr für den, der solche Erfahrungen gemacht hat, dass ein langes Erwachsenenleben sie auslöscht. Und die geistige Leere unter alten Menschen besteht oft in ihrer Vergesslichkeit, besteht darin, dass ihr geistiger Umkreis sich eingrenzt.

Was ist mir geblieben aus jener frühen Zeit? Ein sicheres Vertrauen, ein nicht erschütterbares, dass hinter dieser Welt mit all ihren Dunkelheiten ein Licht ist. Dass irgendwo, geschaut und nicht nur geahnt, etwas ist wie ein Sinn. Dass es weitergehen wird nach diesem Leben. Dass in dieser Welt eine große, lenkende und dabei gütige Macht am Werk ist, die man nennen mag, wie man will, der man aber durchaus den Namen »Gott« geben mag. Was noch? Dass alle Dinge lebendiger sind, als sie scheinen. Dass auch die Steine leben und dass auch in den Steinen Licht ist. Und: Dass in jedem Menschen etwas wie Licht sein muss neben allem, was an tiefem Dunkel in ihm sein mag.

Von Lichterfahrungen sprechen viele Mystiker. Man hat ihnen schon vorgeworfen, damit griffen sie nach etwas, das außerhalb ihrer Reichweite liege. Aber wer einmal dieses Licht gesehen hat, sei es in der Trance, sei es in der Nahtoderfahrung, der hat es von da an in sich.

Ich bin überzeugt, dass sich in der Nahtoderfahrung die Wirklichkeit offenbart als das, was sie ist: als Wohnort Gottes, und zwar eines Gottes, der Liebe ist. Wir können sie so nah erfahren, und wir können uns selbst in ihr so nah kommen, dass wir nicht mehr unterscheiden, was in uns selbst geschieht und was uns gegenüber, was in uns selbst antwortet und was uns entgegenkommt.

*Wenn ich gestorben bin,
sagt dem süßen Königreich Erde,
dass ich es mehr geliebt habe,
als ich je auszusprechen wagte.*

GEORGES BERNANOS

Als ich von den Nahtoderfahrungen hörte, wie sie seit den sechziger Jahren von vielen Seiten berichtet werden, von den großen Erfahrungen jenes liebeerfüllten Lichts, in das die Sterbenden schauen, da war mir das alles vertraut und leicht zu begreifen. Ich denke heute, dass Kinder manchmal Blicke tun in die Welt, aus der sie kommen, und dass die Sterbenden eben dort wieder die Augen aufschlagen.

Es erstaunt mich nicht im geringsten, wenn von Kindern berichtet wird, die ihren Tod vorauswissen, während Ärzte und Eltern noch an Heilung glauben.

Wir sind, das weiß ich heute wie je, in dieser Welt zu Hause, weil es die Welt Gottes ist. Das Kind, das noch immer in uns lebt, weiß es, und zwar umso genauer, je weniger es den Weltdeutungen anderer Menschen gehorsam ist. Die Sorglosigkeit eines schauenden Kindes wiederzufinden in der Dankbarkeit für die Gnade, die unser Leben bedeutet, heißt reifen, heißt erwachsen werden. Versuchen Sie es also. Erinnern Sie sich. Vielleicht haben Sie Ähnliches erfahren, damals, als Kind! Suchen Sie es auf. Sie werden reicher sein, wenn Sie es gefunden haben. Spiegeln Sie, was Sie jetzt sind, in Ihren früheren Erfahrungen, und gerade dann, wenn sie ungewöhnlich waren. Öffnen Sie sich für sie, soweit Sie können. Vielleicht, nein: gewiss wird Ihr Leben lebendiger und zuversichtlicher; vielleicht gar finden Sie dabei die Anfänge einer Wahrheit, der zu vertrauen lohnt. Vielleicht auch fangen Sie an zu verstehen, was Jesus meinte, als er uns aufforderte, umzukehren und zu werden wie die Kinder.

*Man braucht sehr lange,
um jung zu werden.*

Pablo Picasso

*Instinktiv habe ich mich
immer dagegen gewehrt,
das zu werden, was man gewöhnlich
unter einem ›reifen‹ Menschen versteht.*

Albert Schweitzer

Herausforderungen annehmen

Erfahrungen mit der Durchsichtigkeit der Dinge, der Transparenz des Daseins, haben mich mein Leben lang begleitet. Sie machten mir manches ein wenig fremd, was in unserem Menschenleben als üblich und selbstverständlich gilt, und machten mir viel vertraut, was unserer täglichen Erfahrung fremd ist. Freilich, diese Erfahrungen waren nicht mehr die eines Kindes.

Wenn es für mich heute kaum ein stärkeres Erlebnis gibt als auf einer Klippe am Meer einem Sturm gegenüberzustehen, an irgendeiner felsigen Küste Irlands oder Frankreichs, dann geht das auf einen Tag im April 1944 zurück, im Krieg. Damals wurde ich als Flieger über dem Atlantik abgeschossen, stürzte im brennenden Flugzeug ins Meer, konnte mich unter Wasser aus der Maschine befreien und schwamm danach Stunden im stürmischen Meer, den kalten Tod vor Augen und ohne Aussicht, irgendjemand könne mich finden. Feuer, Wasser und Sturm begegneten mir an jenem Tag mit einer elementaren Übermacht, die später jede romantische Verklärung dieser Elemente verbot. Es war eine Art Initiation in das Elementare in ihrer tödlichsten Gestalt. Seither aber bin ich dem Meer, dem Sturm und dem Feuer leidenschaftlich verbunden, allem, was unsere Kräfte herausfordert, allem, was uns die Grenzen unserer Kraft und unseres Lebenswillens vor Augen stellt.

Zugleich erlebte ich damals das Wunder einer Rettung, für die es nicht die geringste Wahrscheinlichkeit gab, eine Bewahrung, die mit Gott in Verbindung zu bringen mir niemand wird ausreden können. Was religiöse Erfahrung ist, das wird sich immer am zwingendsten dort einstellen, wo wir an den Grenzen unseres Verstehens und unserer Lebenskraft ankommen und wo sie plötzlich unabweisbar da ist. Da werden wir, was uns bedroht, als Teil unser selbst, als Kraft in uns selbst erfahren. Wir werden selbst zu Feuer, Meer und Sturm und werden, wenn wir dabei Gott begegnen, auch ihn in solchen

*Aus dem Licht der Seele steigt oft
ein voller heller Schein und Klang,
das heißt eine Erkenntnis,
in der der Mensch oft mehr weiß und erkennt,
als ihn irgend jemand lehren kann.*

JOHANN ARNDT

Bildern verstehen. Wenn die Mystiker Gott als »Meer ohn Grund und Ende« beschreiben, als »Luft, die alles füllet« oder auch als brennendes Feuer, dann findet solche Erfahrung weit jenseits alles ästhetischen Erlebens statt. Und wir werden das, was Schleiermacher als das »Gefühl der schlechthinnigen Abhängigkeit« beschreibt, ohne jede romantische Verschönerung mit tiefem Schaudern empfinden.

Eines Flugs über dem Atlantik erinnere ich mich, an einem wolkenlosen Tag. Das Meer war tiefblau, der Himmel tiefblau. Kaum war es möglich zu sehen, wo der Horizont beide trennte. Die Welt war einfach eine blaue Kugel, und ich schaute wie in Trance dieses Bild der Vollkommenheit und wusste mich als einen Teil von ihr. Einmal auch sah ich jenen kreisrunden Regenbogen, den der Flieger sehen kann, wenn Regenwolken über ihm und unter ihm zugleich sind, und ich fand, dies sei ein Symbol für jene andere, lichtere Welt, und er gelte mir zum Zeichen des Heils angesichts von Gewalt und Krieg, von Leiden, Angst und Tod, die damals rund um mich her erlitten wurden. Von solchen und anderen Erfahrungen habe ich in meinen Lebenserinnerungen ausführlich erzählt und brauche mich hier nicht zu wiederholen.

Ich habe dann den Krieg überlebt als einer von dreien, die aus einem Geschwader von vierhundert Mann am Leben blieben. Die Erfahrungen dieser Zeit haben mich durch das hindurchgeführt, was die Mystiker die dunkle Nacht der Seele nennen. Durch Zonen, in denen alles in tiefe Nacht getaucht war, auch die Erfahrung eines Gottes, den ich zwar nicht angeklagt habe, der aber im tiefen Rätsel versank, bis er sich mit dem lichten Gott meiner Kindheit verbinden konnte. Und inzwischen habe ich in fünfzig Jahren Pfarrertätigkeit Zeit gehabt, vielen Menschen in ihren Erfahrungen und Gedanken nahe zu sein und meine eigenen dabei zu prüfen. Auch jene Erfahrungen, die bei ihnen wie bei mir oft weit ins Übersinnliche hinüberreichten.

Was ist mir davon geblieben? Das Bild einer Welt, die zugleich abgründig und schrecklich, zugleich aber in sich ganz und unverletzt ist, in der aber für den, der Augen hat, alles durchscheinend ist, alles von einer großen Liebe durchwirkt, so, dass auch das Finster-Gefährliche ein sehr unsentimentaler Ausdruck dieser Liebe ist. Und diese Liebe, so empfand ich und empfinde ich bis heute angesichts alles Schrecklichen, das ich täglich sehe, umfasst mich mit allen Menschen, ja allen Geschöpfen Gottes zusammen. In ihr bin ich zu Hause. Ich muss sie nicht anreden. Sie ist da. Sie ist anwesend, gegenwärtig. Und sie kennt mich. Sie weiß, was in mir ist, und ich selbst bin für sie transparent wie alles andere in der Welt.

Als ich mich gegen das Ende des Krieges fragte, wofür ich leben wolle, was denn lohnend sei in einem so geschenkten Leben, und als ich mich nach dem Ende des Schreckens fragte, worauf man denn nach dem großen Zusammenbruch alles dessen, was bisher gegolten hatte, eine Art Neuaufbau gründen könne, begegnete ich dem Wort, das für mich zu einer Art Berufung geworden ist: »Einen anderen Grund kann niemand legen als den, der gelegt ist, welcher ist Jesus Christus« (1. Korinther 3,11). Als mir dieses Wort klar wurde, hatte ich die Bestätigung für alle die ungenauen Erfahrungen jener Zeit.

Wie es zugeht, dass uns ein solches Wort trifft und prägt und führt, vermag ich nicht zu sagen. Jeder mache sich seinen eigenen Reim darauf. Jedenfalls verband sich meine kindheitliche und meine jugendliche Erfahrung einfach und gradlinig mit dem Gott, von dem Jesus sprach. Sie verband sich mit der unsichtbaren Welt, aus der Jesus kam und in die er auferstehend zurückging. Sie verband sich mühelos mit der eigenen Auferstehung, die ich heute wie je vor mir sehe. Fremd und unbegreiflich war mir damals, als ich nach der Heimkehr aus der Gefangenschaft anfing, Theologie zu studieren, nur die Leichtigkeit und Lässigkeit, mit der man damals unter unseren Lehrern alles Mystische am christlichen Glauben wegschob – wie man einen Tisch abwischt, zugleich das Geschirr über den Rand hinabwerfend –, auch alle persönliche Erfahrung, und fremd waren mir die zum Ersatz bereitgehaltenen intellektuellen Künste, die ich mir damals anzueignen hatte.

Die Hauptübung der mystischen Theologie
besteht darin,
im Grunde des Herzens mit Gott zu reden
und Gott reden zu hören.
Und weil diese vertrauliche Unterredung
durch sehr heimliche Regungen
und Eingebungen vor sich geht,
nennen wir sie das Zwiegespräch des
Schweigens;
das Auge spricht zum Auge,
das Herz zum Herzen,
und niemand versteht, was gesprochen wird,
außer die heiligen Liebenden,
die miteinander reden.

FRANZ VON SALES

Ich sehe ein, dass man Erfahrungen dieser Art weder erlernen kann wie ein Schulwissen, noch von einem Meister übernehmen, noch an einen Schüler wie einen Lehrstoff weitergeben. Man kann aus ihnen leben, man kann sie bezeugen und mit ihnen die Freiheit finden und den Grund für seine Gewissheit. Und man kann diese Freiheit und Gewissheit einem anderen so zeigen, dass er sie selbst findet.

Was man aber »übersinnliche Erfahrung« nennt, das begegnete mir selbst und das begegnete Menschen, die mit mir verbunden waren und deren Berichten ich trauen konnte, so oft, dass es mir seltsam scheint, wenn man sie leugnen oder diffamieren will.

Ich verstehe andererseits – wie sollte ich es nicht verstehen! –, dass man immer genug Gründe haben wird, nicht zu jedem davon zu reden und vieles im Verborgenen zu halten, das den Lärm des täglichen Umtriebs nicht erträgt. So spricht Thomas Merton einmal von dem »verborgenen inneren Ich«, das einem scheuen Tier der Wildnis gleiche, das sich niemals einem Fremden zeige. Das erst aus dem Wald komme, wenn alles im Frieden und im Schweigen liege. Es könne von niemandem herausgelockt werden, weil es nur der Verlockung der göttlichen Freiheit folge.

Aber dem, der auf seine Erfahrungen achtet, wird sich das Bild seiner Welt verändern. Und es war mir immer selbstverständlich, dass es in dieser Welt Zusammenhänge gebe von einem Ende des Universums zum anderen, aus denen nichts herausfallen könne. Es war mir immer unmöglich, mir meine Welt dualistisch vorzustellen, so, als sei, was wir das Diesseits und das Jenseits nennen, getrennt voneinander, oder Gott sei nur ein Aspekt der einen Hälfte der Welt, und er habe einen Gegenspieler von vergleichbarer Dauer und Mächtigkeit.

Wen freilich Erfahrungen solcher Art durch sein Leben hin begleiten, der wird immer wieder Anlass haben, an eine Großreinigung seiner von irgendeiner Vorschrift oder Lehre verdorbenen Bilder und Vorstellungen von Gott zu gehen. Er wird allen Festlegungen dogmatischer Art immer distanziert gegenüberstehen. Er wird auch gegen verbreitete Irrbilder von Gott nicht mit dem Ton des Besserwissers angehen, denn er wird wissen, dass er auch mit seinen Erfahrungen nur in Ausnahmesituationen über Ahnungen und dunkle Widersprüche hinausgelangt.

Aber ist das nun alles »religiöse Erfahrung«? Zunächst nicht. Zunächst ist es nur die Ernte an Bildern, die unsere Sinne einbringen. Zur religiösen Erfahrung aber wird es, wenn dabei Sinn aufleuchtet, wenn ein Vertrauen uns zu erfüllen beginnt und wenn es zu dem Gegenüber hinführt, zu dem zu sprechen, auf das sich zu verlassen möglich ist. Wem dies jedenfalls widerfahren ist, den wird auch der christliche Glaube – wieviel Klarheit oder Unklarheit er immer an sich tragen mag – zu mehr Erfüllung und zu mehr Dankbarkeit führen.

Die Sinne wecken

Es muss wohl gerade uns evangelischen Christen einmal deutlich geworden sein, wie sehr alle Erfahrung, alle Einsicht und alles Verstehen mit den Sinnen steht und fällt. Allzu sehr war unser Glaube in den letzten Jahrhunderten vom bloßen Verstand abhängig. Und allzu schmal war der Beitrag des sinnlichen Wahrnehmens zugelassen. Bilder haben wir in unseren Kirchen immer nur ungern gesehen, Weihrauch hat unseren Geruchssinn nie berührt. Die Bänke, auf denen wir saßen, waren hart und unbequem. Auf fünf ist die Zahl der Sinne eingeschrumpft. Dabei haben wir mindestens ein Dutzend. Sehen, hören, tasten, riechen, schmecken – und damit hat es sich schon. Aber wir empfinden doch Wärme, die Ausstrahlung der Sonne oder des Feuers. Unsere Fußsohlen empfinden den Druck des Gewichts, mit dem wir dastehen. Wir fühlen, ob wir im Gleichgewicht sind gegenüber der Anziehung der Erde, sonst könnten wir weder stehen noch gehen. Wir empfinden Schmerz, wenn wir uns verletzen. Wir fühlen

Müdigkeit und legen uns schlafen. Unser Magen meldet sich, wenn es Zeit ist, zu essen, der Mund, wenn es nötig ist, zu trinken. Und dazu hat die leibliche Liebe, das Erleben der Zweisamkeit, einen eigenen wunderbaren Sinn, der dann den ganzen Körper und mit ihm die Seele in die Ekstase treibt.

Wir wissen, was Raum ist; wir unterscheiden oben und unten. Wir leben in der Zeit und unterscheiden, was sich rasch und was sich langsam abspielt. Wir fürchten etwas, das auf uns zukommt, und empfinden Angst. Wir haben Ahnungen: Irgendein Unheil droht. Wir berühren die Hand eines anderen Menschen und vermitteln ihm Vertrauen, oder wir empfinden selbst: Dieser Mensch ist verlässlich.

Unzählige Wege zur Erfahrung unserer Welt stehen uns offen, wenn wir sie nur achtsam genug gehen. Gott hat uns mit den Sinnen geschaffen, mit einem unendlich feinen Netzwerk von Fühlen und Empfinden, von Denken, von Wissen und Erinnern, Aufnehmen und Antworten, von Sein und Werden, von Störung und Heilung, von Freude und Weinen, Liebe und Neugier, Spiel und Kampf und allen geistigen, leiblichen und seelischen Organen, die wir brauchen, aber wir tun so, als besäßen wir nichts als den kleinen, sehr kleinen Verstand, mit dem wir die Geheimnisse des Daseins nachrechnen möchten wie das kleine Einmaleins.

Wer sich einmal länger im Nahen Osten aufgehalten hat, kennt die Geruchskaskaden, die einen Soukh durchströmen. Und ihm fällt auf, wie schwach der Geruchssinn eines Abendländers ausgebildet ist, und wie schwach unsere Sprache ist, Gerüche zu beschreiben und zu identifizieren. Wie schwach unsere Lyrik von Gerüchen spricht, und wie stark in den Liedern der Bibel über den Geruch eines geliebten Menschen geredet wird. Da wird der Bräutigam gepriesen:

> Es duften deine Salben köstlich,
> du bist wie eine ausgeschüttete Salbe,
> darum lieben dich die Mädchen.
> (Hohes Lied 1,3)

Oder die Weisheit spricht von ihrem Duft:

> Wohlgeruch von Zimt und Akazien hauche ich aus,
> den Duft von feinster Myrrhe,
> von Balsam und anderen Düften,
> und alles wie den Weihrauch im Heiligtum.
> (Sirach 24,19)

Im Hebräerbrief lesen wir, es komme darauf an, die Kräfte der zukünftigen Welt zu »schmecken« (Hebräer 6,4.5).

Und Paulus schreibt:

> Ein Geruch geht von uns aus,
> ein lebenspendender Wohlgeruch,
> und so offenbart Gott den Geruch seiner Erkenntnis
> durch uns an allen Orten.
> (2. Korinther 2,14)

Es hat sich in den letzten Jahrhunderten in unserem christlichen Abendland die Meinung fest eingebürgert, es gelte, das Diesseits und das Jenseits, das Sinnliche und das Übersinnliche reinlich zu trennen, das Heilige und das Weltliche. Dabei wurde uns das Übersinnliche und das Heilige, das Göttliche und das Jenseitige gleichbedeutend mit dem Unwirklichen, und wir haben große Mühe, beides in einen stimmigen Zusammenhang zu bringen. Es ist nur logisch, dass das Schöne dieser Erde kaum je irgendwo zum Thema des christlichen Nachdenkens geworden ist, kaum je wird Schönheit zum Anlass für ein bewusstes geistliches Verhalten, so, als könne ein Christ keine Augen im Kopf haben. Aber das eine ist mir seit langer Zeit gewiss: Wir werden den Christus, in dem Gott auf diese Erde kam, nur noch verstehen, wenn uns der Gott des Himmels auch zu einem Gott der Erde geworden ist.

Wenn ich das Evangelium höre, dann sind meine Sinne an allem beteiligt. Ich höre Jesus von einem Acker reden, von

*M*ach nur die Augen auf,
und du wirst sehen:
Die Welt ist von Gott erfüllt.

Jakob Böhme

Bäumen und Blumen, von Meer und Quelle, von Sturm und Unwetter, vom Abend- und Morgenrot, von Licht und Feuer, von Brot und Wein, von den Schafherden in der Steppe, von den Fischen im See, von Vögeln auf den Bäumen und von den Menschen in den reichen und den armen Häusern und auf den staubigen Straßen seiner Heimat. Und wenn er vom Reich Gottes spricht, dann so, als wachse es wie Frucht aus der Erde. Für Jesus gehörten Erde und Himmel nahe zusammen, so nahe, dass das eine sich als Gleichnis für das andere eignete, so, als wolle er sagen: Wenn du das Unsichtbare begreifen willst, dann tu die Augen und die Ohren auf, schau und höre, was unmittelbar neben dir auf deiner Erde geschieht.

Ich kann mir kaum denken, dass ihn verstehen wird, wer seinen Empfindungen misstraut, seine Erfahrungen verdrängt, seine Sinne einzäunt und sich am Ende nur noch auf seinen klugen Kopf verlässt. Was sinnlich ist, nehmen wir mit den Sinnen auf. Was aber mehr ist als sinnlich oder anders, das lassen wir in uns eingehen mit seinem Geheimnis, mit seinem Geist und seiner Schönheit und wissen dabei, dass Traum und Ahnung, Intuition und Schau Fähigkeiten sind, die dem exakten Denken an Wirklichkeitserkenntnis keineswegs unterlegen sind.

Es ist wohl kaum nötig zu betonen, dass unsere Sinne, so viel sie uns auch zu erzählen haben, uns die Wahrheit nur in gebrochenen Schilderungen zeigen. Was sie uns sagen, ist nicht die Wirklichkeit, sondern die Weise, wie die Wirklichkeit sich in uns spiegelt. Wahrheit muss anderswo herkommen; aber für die Wahrheit empfänglich ist nur, wer wach ist für die Spiegelungen der Wahrheit, wie sie unseren Sinnen erscheinen. Auf dem Weg zur Wahrheit sind die Sinne unentbehrlich, und sie sind wunderbare Helfer.

Der Protestantismus hat allzu lange behauptet, Gott offenbare sich allein in seinem Wort. Dieses Wort werde durch Lehre vermittelt und mit dem Kopf aufgenommen. Wenn aber Gott uns so nahe ist, wie das Wort Jesu vom »Vater« uns sa-

*In diesem Licht hat mein Geist
alsbald durch alles hindurchgesehen
und an allen Kreaturen,
auch an Kraut und Gras,
Gott erkannt.*

JAKOB BÖHME

*Wenn die Seele wach wird,
erkennt sie durch Gott die Geschöpfe
und nicht durch die Geschöpfe Gott.*

JOHANNES VOM KREUZ

gen will, dann gibt es viele andere Wege, auf denen Vertrauen, Glaube, Zuversicht und Dankbarkeit entstehen können, Heiterkeit, Leichtigkeit, Lockerheit. Wenn eins der Ziele, die uns das Evangelium vor Augen stellt, ist, wir sollten leben wie die Kinder, dann müssen wir wohl dem Kind in uns, das zu schauen vermag, zu singen, zu tanzen und zu danken, Raum geben. Und es hat sich, Gott sei es gedankt, an dieser Stelle in unseren heutigen Kirchen in den vergangenen Jahren schon viel bewegt.

Will ich aber eine Stimme vernehmen, die nicht aus mir selbst kommt, sondern in der ein anderer, etwa Gott, zu mir spricht, dann muss ich lernen zu hören. Hinüberzuhorchen ins Nicht-Hörbare. Denn ein Wort von Gott ergeht kaum auf die Weise, wie Menschen sich einander vernehmbar machen. Es ergeht in der Lautlosigkeit. Ich muss mich also darin üben, lautlose Stimmen zu hören. Das ist dann etwa, als hörte ich, was ein Busch in einem Garten mir zuspricht. Als hörte ich es, wenn die Sonne scheint oder die Sterne ihre Bahn ziehen oder wenn ein Fels sich an fünf Milliarden Jahre erinnert. Mir ist manchmal, als hörte ich die Musik, die in einem Raum ist, in dem ein Bild von Paul Klee hängt. Oder ich hörte die vollkommene Stille in den Pfeilern einer romanischen Krypta. Es kommt in der Tat darauf an, dass etwas Nicht-Sichtbares Gestalt findet, dass etwas Unhörbares zur Sprache wird und etwas Unaussprechbares zum leisen, wichtigen Wort. Das könnte etwas vom Wichtigsten sein, das sich in unserem Leben zu lernen lohnte; und ich frage mich ernsthaft, warum uns das in unseren Kirchen kaum je gelehrt wird.

Das lateinische Wort für »taub« heißt »surdus«. Es heißt auch gefühllos, ohne Gehör oder Wahrnehmung. »Stumpf« also. Die Steigerung davon heißt »absurdus«. Wo das Absurde herrscht, da hören wir nichts, sehen nichts, begegnen niemandem. Oder umgekehrt, wo wir nichts hören, da versinkt die Welt ins »Absurde«, und das Absurde ist aus seiner banalen, leeren Lautlosigkeit nur zu wecken durch ein Horchen des Herzens.

Am Wegrand

Ein glänzender Stein am Wegrand.
So klein – und doch so schön.
Ich hob ihn auf. Er war so schön!
Ich legte ihn wieder zurück
und ging weiter.

DER INDIANER CALVIN O. JOHN

Sich nach innen wenden

Als Junge war ich von meiner Heimatstadt Ulm aus oft mit dem Fahrrad zum »Federsee« unterwegs. Drei Stunden brauchte man. Es war ein dunkler Moorsee, eingefasst von federnähnlichen Binsen wie von einem dichten Wald. Dort holte ich mir von einem Bauern für fünfzig Pfennige am Tag einen der langen Kähne, die man mit Stangen durch das Wasser schob, und verbrachte lange Ferientage zwischen den drei Meter hohen Binsen und mit den unzähligen Wasservögeln, manchmal bis tief in die Nacht hinein. Den Schlafplatz suchte ich mir in einer der vielen offenen Feldscheunen auf den Uferwiesen. In den Nächten war der See oft so glatt, dass ich die Sterne darin gespiegelt sah, und ich verbrachte die Zeit damit, herauszufinden, welcher Stern am Himmel in welchem Stern im Wasser gespiegelt war. Das kaum wahrnehmbare Leuchten im Seegrund faszinierte mich.

Hätte mich damals jemand gefragt: Warum? so hätte ich vermutlich keine Antwort geben können. Heute ist es mir deutlicher: Vielleicht war ich von den nächtlichen Bildern so gebannt, weil ich empfand, aus einer solchen dunklen Tiefe käme ich her. Hier sei ich nahe meinem Ursprung. Vielleicht auch, weil ich empfand, in mir selbst sei etwas wie dieser dunkle See, auf dessen Grund man nicht sehen, dessen Geheimnis man nicht erreichen, in dessen Wasser sich aber etwas spiegeln könne, das nicht von dieser Erde ist.

Was ist denn wichtiger, das Wasser oder der Stern? Oder besser gefragt: In welchem Sinn gehören sie zusammen? Hat es vielleicht überhaupt nur dann einen tieferen Sinn, in den Seegrund zu schauen, wenn sich darin etwas ganz anderes als das eigene Ich spiegelt? Hat man denn die Wahrheit, auch die über sich selbst, so, wie man einen Stein in der Hand hat, oder eher so, dass sie sich gleich einem Stern in unserer Seele spiegelt für kurze Stunden, ehe das Licht des Tages sie wieder löscht und wir wieder neu auf sie zu warten haben?

Meine Stärke,
meine einzige Stärke liegt darin,
Mystiker zu sein,
das heißt,
nur aus einer einzigen Idee zu leben.
Möge unser Herr mir das bewahren.

Teilhard de Chardin

Uns wird es heute wichtiger, auf eine angemessene Weise unsere eigene Tiefe zu betrachten. Natürlich wissen wir auch von den Zeiten, in denen unser Weg weit von uns selbst wegführen wird auf die harten Straßen zwischen den Häusern und den Menschen. Aber wir ahnen beides: dass nichts so wichtig ist wie die eigene Seele und dass danach nichts so unwichtig wird wie das eigene Ich.

Sich einsammeln

Es könnte nun nützlich sein, eine Reihe von Übungen zu versuchen. Denn nichts können wir, das wir nicht gelernt und geübt haben. Wem solche Übungen hilfreich sind, der versuche sich mit ihnen. Wen sie von seinem eigentlichen Ziel ablenken oder auf seinem inneren Weg nur aufhalten, der möge sie übergehen. Wir wollen uns auf unseren Wegen zur Erfahrung ja nicht fühlen wie in einer Schule oder in einem Ausbildungskurs, in dem wir eine Übung nach der anderen pflichtgemäß abhaken, sondern sie mit leichtem Herzen tun, in völliger Freiheit und mit möglichst viel Phantasie.

Die Meister der spirituellen Wege, vor allem die aus der mystischen Tradition, die in diesem Buch immer wieder zitiert werden, sprechen zum Beispiel von »concentratio«. Sie meinen damit, man solle sich – etwa nach dem Erwachen – aus seiner Orientierungslosigkeit zwischen Traum und Wirklichkeit einsammeln aus allen den vielen Himmelsrichtungen, in die der innere oder äußere Mensch verstreut sei. Sie sagen: Bring den ganzen Menschen, der du bist, in eine eindeutige Richtung. Du kommst aus dem Reich der Träume. Bring deinen Traum in den neuen Tag ein. Sei wach und ganz.

Sie meinen auch: Wenn du irgendwann am Tag fünf Minuten oder auch eine halbe Stunde Zeit hast, dann lass hinter dir, was dich zerstreut. Lass hinter dir die Bilder, die dich verfolgen. Lass los, was dich bindet. Lass, was dich nach allen Seiten hin beschäftigt.

Oder: Wenn du genug geredet hast, dann halte eine Weile deinen Mund. Lass das Geschwätz hinter dir, von dem du herkommst. Auch das Geschwätz, das in dir selbst hin und her lärmt. Versuche zu schweigen. So dass für einige Augenblicke der Lärm endet, auch in dir selbst.

Oder: Du bist voll mit tausend Dingen, die dich beschäftigen, die nötig sind oder unnötig, die dich jedenfalls anfüllen wie ein überfülltes Möbellager. Lege deine Gedanken auf die Seite. Lass alles hinter dir. Lass in dir einen Raum entstehen, in dem sich so wenig wie möglich abspielt. Sei leer. »Vacare Deo« nannte man das früher. Sei so leer, wie ein Mensch eben nur sein kann, der täglich und stündlich voll ist von sich selbst.

Oder: Nimm einen Augenblick lang Freiheit in Anspruch. Lass los, was dich bindet. Lass, was du tun solltest, für ein paar Minuten. Lass, was in dir im Kreis jagt, und wende dich für einen Augenblick dem Einen zu, das du suchst oder das für dich wichtig ist. Steh zum Beispiel fünf Minuten an einem Teich und sieh zu, wie der Regen ins Wasser fällt. Nichts sonst.

Sei anwesend. »Adesse« nannte man das früher. Sei bewusst dort, wo du jetzt bist, innerlich oder äußerlich, und nicht anderswo. Lebe bewusst in der Stunde, die jetzt ist, und nicht irgendwo in deinen Erinnerungen oder in deinen Plänen. Sei dir nicht voraus und nicht hinter dir her. Lebe jetzt, im jetzigen Augenblick, und bringe deinen ganzen Menschen mit – so wie er jetzt ist.

Oder: Wenn du dazu Lust hast, dann übe dich in der Fähigkeit, deine Gedanken zu konzentrieren. Nimm einen schlichten Gegenstand, eine Kaffeekanne oder eine Topfpflanze, einen Baum vor dem Fenster oder ein Bild an der Wand, und bleibe fünf Minuten ausschließlich im Gegenüber zu diesem Gegenstand. Versuche, nicht abzuschweifen. Erforsche die Formen, die Farben, die Linien, das Helldunkel, auch seinen

*Ich sage Dank für die Orange,
die sterben musste,
damit ich ein Glas Orangensaft trinken kann,
indem ich verspreche,
an diesem Tag ebenso saftig
und rund und strahlend zu sein
wie eine Apfelsine.*

MATTHEW FOX

Nutzen oder seine Schönheit und bleibe ganz bei ihm. Du wirst merken, dass du spätestens nach zwanzig Sekunden anderswo bist mit deinen Gedanken. Aber man kann lernen, sich zu sammeln, und das hilft anschließend nicht nur beim Wahrnehmen täglicher Aufgaben oder beim Nachdenken über Dinge des Glaubens, sondern vor allem auch beim Gebet, das ja im besonderen Sinn ungeteilte »Anwesenheit« fordert.

Oder: Tu, was du tust. Die große Teresa von Avila, die für die Strenge ihrer Askese berühmt war, wurde einmal bei einem festlichen Rebhuhnessen von einem irritierten Mönch gefragt, wie sich diese Schwelgerei mit ihrer sonstigen Strenge vertrage. Da antwortete sie: »Wenn Buße, dann Buße. Wenn Rebhuhn, dann Rebhuhn.« Das sollte heißen: Was immer du tust, tu es ganz. Ob es die Arbeit an deiner inneren Disziplin ist oder ein fröhliches Essen, das dir beschieden ist. Wenn du schläfst, dann schlafe. Wenn du isst, dann iss. Wenn du den Flur kehrst, dann kehre den Flur. Wenn du einen Menschen besuchst, dann sei ganz bei ihm.

Oder: Übe dich in der Fähigkeit, sofort alles aus der Hand zu legen, wenn du die Hausglocke hörst. Unterbrich deinen Brief, den du eben schreibst, mitten im Wort, lege deine Schere weg, wenn dich jemand ruft, und versuche nicht, dies oder jenes schnell noch zu tun. Nimm den Hörer ab, wenn das Telefon schellt, und warte nicht bis zum sechsten Läuten. Denn jetzt ist die Zeit da, der Ruf, und nicht in zehn Sekunden. Wann »es« Zeit ist, sagt ja nicht die Uhr, das sagt dir die Wachheit, mit der du jetzt lebst und handelst. Und es bringt nicht etwa eine neue Hektik, sondern eine große Gelassenheit gegenüber dem, was uns im Augenblick wichtig scheint.

Das alles gehörte zu den Wegen, die der Mensch in vergangenen Zeiten suchte und ging. Vielleicht ist der unsere anders – vielleicht auch können wir von den Früheren lernen. Aber ich frage mich manchmal, warum wir modernen Menschen, wir aufgesplitterten, verstreuten, unkonzentrierten, den uns gemäßen, uns hilfreichen, wohl auch uns aufgetragenen inne-

*I*ch bitte nicht um Wunder und Visionen, Herr,
sondern um Kraft für den Alltag.
Lehre mich die Kunst der kleinen Schritte.

Mach mich findig und erfinderisch,
um im täglichen Vielerlei und Allerlei
rechtzeitig meine Erkenntnisse und Erfahrungen
zu notieren, von denen ich betroffen bin.

Mach mich griffsicher
in der richtigen Zeiteinteilung.
Schenke mir das Fingerspitzengefühl,
um herauszufinden,
was erstrangig und zweitrangig ist.

Ich bitte um Kraft für Zucht und Maß,
dass ich nicht durch das Leben rutsche,
sondern den Tagesablauf vernünftig einteile,
auf Lichtblicke und Höhepunkte achte.

Bewahre mich vor dem naiven Glauben,
es müsste im Leben alles glatt gehen.
Schenke mir die nüchterne Erkenntnis,
dass Schwierigkeiten, Niederlagen, Misserfolge,
Rückschläge
eine selbstverständliche Zugabe zum Leben sind,
durch die wir wachsen und reifen.

*Schicke mir im rechten Augenblick jemand,
der den Mut hat,
mir die Wahrheit in Liebe zu sagen.*

Ich möchte Dich und die anderen immer
aussprechen lassen.
Die Wahrheit sagt man nicht sich selbst,
sie wird einem gesagt.

Ich weiß, dass sich viele Probleme dadurch
lösen, dass man nichts tut.
Gib, dass ich warten kann.

Du weißt, wie sehr wir der Freundschaft
bedürfen.
Gib, dass ich diesem schönsten, schwierigsten,
riskantesten und
zartesten Geschenk des Lebens gewachsen bin.

Verleihe mir die nötige Phantasie,
im rechten Augenblick ein Päckchen Güte,
mit oder ohne Worte, an der richtigen Stelle
abzugeben.

Bewahre mich vor der Angst, ich könnte das
Leben versäumen.
Gib mir nicht, was ich mir wünsche,
sondern was ich brauche.

Lehre mich die Kunst der kleinen Schritte!

ANTOINE DE SAINT-EXUPÉRY

ren Weg nicht finden. Warum uns unsere Kirchen nie dazu angeregt haben. Warum haben sie uns nichts gezeigt, das uns näher an das heranführen könnte, das wir »hören« nennen oder »vor Gott sein«. Freilich, es hat sich in den letzten Jahrzehnten auch an dieser Stelle viel bewegt.

Raum geben

Eine besondere Liebe verbindet mich mit den französischen Kathedralen. Nicht so sehr mit den hohen und festlichen und von modernem Beiwerk so bemerkenswert unzerstörten Mittelschiffen und Chören, sondern vielmehr mit dem, was unter ihnen verborgen ist. Wenn ich eine solche Kirche betrete, steige ich nach kurzer Betrachtung des weiten, atmenden Raums mit großen Erwartungen in die Krypta hinab. Eine von ihnen hat es mir besonders angetan.

In vollkommener Stille ruht sie um ein zentrales, rundes Gewölbe. Um die Mitte steht ein Kranz von zwölf Säulen. Die stehen seit tausend Jahren. Sie sind anwesend. Sie tun nichts. Sie sagen nichts. Es geschieht nichts. Sie stehen in vollkommenem Schweigen. Wenn ich zwischen die Säulen trete, der freien Mitte des runden Raums zugewandt, dann ist es, als wäre ich eine von ihnen. Ich kann lange so stehen. Ich brauche wie sie nichts zu tun oder zu reden. Ich brauche nur zu sein. Und am Ende nehme ich die Stille und die Anwesenheit, die dieser Raum in sich hat, mit mir wieder hinauf über die alten Steinstufen in den von Stimmen durchschwirrten Kirchenraum. Was in solchen tief in der Erde ruhenden Räumen auf uns zukommt, ist eine große, heilende Kraft. Diese Kraft wird zu unserer eigenen Kraft, vorausgesetzt, wir wissen, wohin wir gehen, wenn wir in uns selbst, in das Innere unserer eigenen Seele hinabsteigen. Denn wir betreten dabei nicht nur uns selbst. Wir sind, wenn wir in uns selbst sind, in einem Raum, der größer ist als wir selbst, und wir wenden

Das verborgene innere »Ich« hat keine Pläne
und will nichts verwirklichen,
nicht einmal die Kontemplation.
Dieses »Ich« will nur sein und »lebendig-sein«
nach den Eingebungen der höchsten Freiheit,
die Gott ist –
denn sie ist ja im Innersten
»Tätig-, Lebendig-, Bewegung-sein«.

Es gleicht einem scheuen Tier der Wildnis,
das sich niemals vor einem Fremden zeigt,
das erst aus dem Wald kommt,
wenn alles in Frieden, in Schweigen liegt,
wenn es unbelästigt, alleine ist.
Es kann von niemandem herausgelockt werden,
weil es nur der Verlockung
der göttlichen Freiheit folgt.

THOMAS MERTON

Es kämpfen die Parteien,
und im Wald entrollt sich der Farn.

ALTCHINESISCH

uns, wenn wir uns unserer eigenen Seele zuwenden, einem Größeren zu als unserer eigenen Seele.

Erfahrungen, wenn es denn um Erfahrungen gehen soll, können nur in einem offenen Raum entstehen. Denn die zwölf Säulen in jener Krypta wären ein toter Steinhaufen, wäre da nicht mehr als nur die Säulen und das Gewölbe. Ihr Sinn besteht ja darin, sich einem Anwesenden zuzuwenden, das den Raum erfüllt und über ihn weit hinausreicht. Erfahrungen können einer Seele widerfahren, die so weit ist und so still, dass ihre Erfahrungen die Freiheit haben, zu kommen und zu gehen, einer Seele, in der sie wehen können, wie ein Wind weht, von dem niemand weiß, woher er kommt und wohin er geht. Einer Seele, die unter seinem Wehen fähig wird, das Fremde, das Unbekannte, das Verborgene, das Heilige wahrzunehmen, anzunehmen und aufzunehmen. Wahrnehmen und das Wahrgenommene wahr-geben, das ist der Weg zur Heilung.

Der »Raum« spielt im Leben fast aller Religionen seine Rolle. Fast überall, wo religiöse Erfahrungen geschehen, finden sich heilige Bezirke, Tempelräume, heilige Schreine, Moscheen, Synagogen, Kirchen und Kapellen. Wer sie betritt, dem offenbaren sie ihren Sinn als Spiegelung einer begnadeten Seele: schön, kostbar, festlich, wohnlich. Nun wohnt Gott in einem heiligen Bezirk nicht mehr und nicht deutlicher als irgendwo sonst, wohl aber wird der Mensch sich dort immer wieder einfinden, will er bei sich selbst bleiben: im Innenraum seiner eigenen Seele. Und dort wird er Gott begegnen, ihn erfahren, ihn erahnen, zu ihm sprechen. Und er wird in einer guten Stunde auch erkennen, dass er damit in der Mitte aller Dinge ist, nicht nur in seinem eigenen Herzen, sondern im Herzen der Welt. Es ist eine der kommenden Aufgaben etwa auch der Kirchen, solche Räume wiederzufinden nach einer Zeit, in der der Kirchenraum weithin zur Begegnungsstätte für alle Gelegenheiten des Lebens geworden ist.

Raum und Weg verbinden sich in dem großen Modell der mittelalterlichen Klosteranlagen, die immer wieder zu einem

*Man findet Gott nicht,
indem man die Gegenwart
gegen die Zukunft
oder die Vergangenheit abwägt,
sondern nur, indem man sich
in das Herz der
Gegenwart sinken lässt,
so wie sie ist.*

THOMAS MERTON

Quellort der mystischen Erfahrung geworden sind. In der Mitte einer Landschaft aus Häusern, Hütten oder Versammlungsräumen, einer Kirche vor allem, lagen ein freier Raum und ein Kreuzgang, der einen Hof oder Garten umschloss und durch die der bereite Mensch seine abgemessenen Schritte ging, beschäftigt mit einem Wort, das von sehr weit her kam, und so von einer Gewölbeflucht zur nächsten sich sammelnd. Und oft hatte in diesem Hof und am Rande des Wandelganges der Brunnen seinen Ort, um anzuzeigen, wo die Quelle sei, aus der der wandernde Mensch sein Leben habe.

In den Kirchen der Christenheit ist der Raum oft auch selbst ein Weg. Ein Weg von einem Portal im Westen durch einen Mittelgang oder ein Seitenschiff, begleitet oft von einem Kreuzweg, hin zu den Stufen des Altars und zu einer Christusfigur im Gewölbe oder im Chorfenster. Und es ist gut, einen solchen Weg immer wieder bewusst zu gehen. Er kann eine Befreiung bringen für unsere eigene Seele und eine Befreiung auch von ihren Ängsten und Verschlossenheiten.

Wenn ich in eine romanische Kirche komme, setze ich mich zuweilen in die letzte Bank, nahe der Mittelachse, und schaue die Arkaden der Seitenwände entlang. Die Bögen heben sich, erreichen ihren höchsten Punkt, senken sich, ruhen auf der Kapitälplatte und heben sich aufs Neue. Und ich tue es ihnen nach. Ich atme ein, atme aus und lasse den Atem ruhen; wie die Bögen ansteigen, atme ich ein; wie sie fallen, atme ich aus; wie sie ruhen, ruhe ich mit. Und wieder, wenn sie steigen, atme ich ein. Und das alle die Bögen entlang vom ersten bis zum letzten, auf der anderen Seite wieder zurück und wieder von vorn. Ich bringe mich ein und finde eine wunderbare Ruhe und ein tiefes Einvernehmen zwischen dem schweigenden Bauwerk und mir selbst.

Wir sind, die meisten von uns jedenfalls, keine religiös besonders begnadeten, sondern eben normale Menschen. Aber auch uns suchen die besonderen Anrufe von Gott, auch wir können die großen Bilder sehen, in denen er sich erschließt. Es gibt auch für uns Erfahrungen, die uns prägen, die uns ver-

Man muss dem Inneren
die entspannte Ruhe zugestehen,
auch wenn man überzeugt ist,
die Zeit im Nichtstun zu verlieren.
Das einzige,
was man in diesem Zustand tun kann, ist dies:
Man soll das Innere frei lassen
von Wahrnehmungen und Gedanken,
Meditationen und Erwägungen
und sich ausschließlich hingeben
an ein liebevolles und friedvolles
Innewerden Gottes.

JOHANNES VOM KREUZ

ändern, die uns die Richtung unseres Lebens oder einen Auftrag zeigen. Ich selbst könnte den Tag angeben, an dem ich unter Zehntausenden von Kriegsgefangenen einem unscheinbaren Mann begegnete, unter dessen wenigen, einfachen Worten sich mir für die Zeit meines Lebens entschied, wo ich Wahrheit zu suchen und was ich von nun an zu tun hätte. Und es kann durchaus für jeden von uns die Stunde kommen, in der ihm, wie die Bibel sagt, »der Himmel offensteht«. Es ist nicht nötig, dass er danach beschreiben oder beweisen kann, was ihm da geschehen ist; aber er wird ein Leben lang der sein, dem dies widerfahren ist.

Ich glaube nach allem, was ich in Gesprächen höre, dass viel mehr Menschen zu religiösen Wahrnehmungen und Erfahrungen fähig sind, als wir ahnen. Wir wissen aber so wenig davon, weil die meisten die Scheu nicht überwinden, davon zu reden, und die Worte nicht finden, die schildern könnten, was ihnen widerfuhr. Viele auch erschrecken darüber, als zeigte das, was sie hörten oder sahen, sie seien geistig nicht zurechnungsfähig, und verschließen es für immer in sich selbst, ohne daraus Kraft oder Klarheit zu gewinnen.

Als einst ein gebildeter Mann, ein wenig von seiner Überlegenheit überzeugt, zu einem frommen jüdischen Bauern in Polen kam, um ihn in einer Diskussion zu überzeugen, wie unhaltbar doch sein Glaube an Gott sei, da ließ der Jude sich auf Beweis und Gegenbeweis erst gar nicht ein, sondern sagte nur: Bedenke, mein Sohn: Vielleicht! Vielleicht ist es wahr.

Wäre es aber wahr, wäre dann nicht alles gewonnen? Und lohnte dann nicht das Wagnis, alles auf dieses Vielleicht zu setzen, alle Mühe des Glaubens? Es käme dann nur noch darauf an, einen Ruf, der sehr leise ergeht, zu vernehmen. Den Anruf aus der Verborgenheit, in der Gott wohnt.

Das alles sind Anfänge für einen mystischen Weg. Wie mag es kommen, dass solche Wege immer dem Stirnrunzeln der offiziellen Kirchen begegnet sind, wenn nicht der Abwehr oder den Ausreden? Wie ist es zu verstehen, dass Mystiker aller

Nur weil Gott ist,
ist der Stein ein Stein.

Nur weil Gott ist,
ist der Baum ein Baum,
der Löwe ein Löwe,
der Mensch ein Mensch.

Nur weil Gott ist,
ist das Gute gut
und das Leben lebendig
und das Nichts nichts
und ist das Sein.

Nur weil Gott ist,
ist alles, was es ist.
Denn ohne ihn,
ohne die Einheit in den Dingen,
könnte nichts sein.
Ohne dass er von seinem Strahlen
bis zu uns hin
einen Abglanz leuchten lässt,
könnte nichts sein.

Oder anders gesagt:
In allem, was ist,
leuchten seine Strahlen.

DIONYSIUS AREOPAGITA

Jahrhunderte von ihren Kirchen in aller Regel als Ketzer, Irrlehrer oder mindestens als Wirrköpfe behandelt und verurteilt worden sind? Und warum haben noch unsere eigenen Lehrer sie so fleißig bekämpft und unter den großen und bösen Irrtümern abgeheftet? Was ist denn so gefährlich an einer mystischen Frömmigkeit? Warum sprach der große Karl Barth in der Zeit, als meine Generation ihm zu Füßen saß, von den »frommen Unverschämtheiten« des Angelus Silesius? Weshalb haben wir bei ihm gelernt, allen Mystikern der christlichen Geschichte sei das Etikett »Schwärmerei« aufzukleben? Und warum wurden wir auf solche Weise angewiesen, an sehr viel entscheidend Wahrem und vor allem auch an viel Wichtigem, das im Evangelium zu lesen gewesen wäre, flott vorbeizudenken? Und woher nahmen sie, die Richter der Inquisitionstribunale oder der theologischen Lehrstühle, ihrerseits die Unverschämtheit, anderen Menschen die Erkenntnis von Wahrheit abzusprechen, und zwar Menschen, die möglicherweise mehr von Gott erfahren hatten als sie? Die theologische Rechthaberei ist nach meiner Überzeugung die einzige wirkliche Irrlehre.

Ähnliches gilt übrigens auch für die Auslegung der Bibel. Was hat man uns vor fünfzig Jahren nicht alles im Brustton endgültiger wissenschaftlicher Erkenntnis vorgetragen, das heute als falsch, überholt oder schlicht als Unsinn deklariert wird! Und was trägt man heute nicht den Lernenden vor mit demselben Brustton, von dem in dreißig Jahren vermutlich niemand mehr anders reden wird als von einem Irrtum oder gar einem Unsinn?

Was mir am meisten zu fehlen scheint in der innerkirchlichen Diskussion ist das Bewusstsein der Vorläufigkeit jeder Erkenntnis und das Bewusstsein der sehr begrenzten Reichweite jedes menschlichen Urteils. Und mir ist bewusst, dass diese Vorläufigkeit und begrenzte Reichweite auch für alles gilt, was ich in diesem Buch zu Papier bringe.

Aber noch einmal: Warum lernen wir von alledem nichts? Wer lernt schon beten in einer Kirche der vorgelesenen Gebe-

*Es gab auch im westlichen Bewusstsein
eine Zeit,
in der die rechte Gehirnhälfte
noch keine Trockenpflaume war.*

MATTHEW FOX

*Vielwisser
dürften in dem Glauben leben,
dass es bei der Tischlerarbeit
auf die Gewinnung von Hobelspänen ankommt.*

KARL KRAUS

te? Wer lernt schon Stillhalten in einer Kirche der unablässigen Aktivität? Wer lernt schon schweigen in einer Atmosphäre des pausenlosen Geredes? Wer lernt schon, mit Bildern und Symbolen zu leben im Umkreis des blanken Verstandesdenkens? Wer lernt schon das Einfachste, das Sammeln seiner Sinne und seiner Gedanken in der munteren Geschwätzigkeit, die vom Glauben redet? Wer lernt schon ein brüderliches Einander-Geltenlassen in der Welt des naiven oder brutalen Rechthabens, die wir die Welt der Theologie nennen?

Als ich zwanzig war, schrieb ich aus dem Krieg nach Hause: »Wenn das Christentum nicht seinen mystischen Hintergrund wieder entdeckt, dann hat es uns nichts mehr zu sagen.« Zu diesem Satz stehe ich nach mehr als fünfundfünfzig Jahren mit aller Entschiedenheit. Ich habe mich leider über lange Zeiten meines Lebens dem Verbot, den christlichen Glauben mystisch auszulegen, das uns als Studenten eingebläut wurde, weitgehend gefügt. Heute ist es Zeit, dem Raum zu geben, was uns aus der Gedanken- und Bilderwelt der Mystik wirklich angeht.

Jesus und das innere Reich

Religiöse Suche

Wir leben, habe ich gesagt, in einer Zeit, in der die Wellen sich überschlagen. Viel Altes verrinnt im Sand, und viel Neues nähert sich unserem Ufer. Wir leben in einer Epoche grandioser Unübersichtlichkeit der geistigen Strömungen, die gegeneinander wirken oder nebeneinander her laufen, von fast grenzenloser geistiger Anarchie. Was sich heute an Esoterik anbietet, an Religionsmischungen, an Magien und Satanskulten, an Dunklem und Halbdunklem, das im Einzelnen zu beschreiben ist hier nicht der Ort; darüber aber seinen Spott auszugießen ist leicht und billig.

Was je an Symbolen gefunden und an geistigen Erfahrungen eingebracht worden ist, wird wieder entdeckt und in handlichem Kleinformat auf den spirituellen Markt geworfen. Fünfzig Prozent der Deutschen bekennen sich zum Glauben an außerirdische Wesen. Ein Drittel glaubt an Ufos. Zwanzig Prozent suchen irgendwelche Verbindungen mit dem Jenseits, fünfunddreißig Prozent halten die Zukunft für festgelegt und vorhersehbar. Rund fünfzigtausend Wahrsager und Hellseher bieten in Deutschland ihre Dienste an, mehr als die Geistlichen aller Kirchen zusammen. Engelwelten werden geschaut, Wiederverkörperung der Seelen wird geglaubt. Und das, während das Interesse am Angebot der Kirchen abnimmt. Die Menschen suchen nach dem Sinn des Lebens, sie suchen Orientierung irgendwo, sie suchen religiöse Gemeinschaft, sie suchen ihr wahres Ich, ihre verschüttete Seele, ein neues Körpergefühl, neue Kreativität oder neue Weisheit. Alles kann heilen und irgendwie helfen. Woher kommt die Unruhe, woher der Zwang, der in allem spürbar ist?

Die buddhistische Union hat in Deutschland mehr als dreihunderttausend Anhänger. Unzählige bemühen sich um Zen-Meditation. In Hannover steht ein vietnamesisches Kloster, in Düsseldorf ein buddhistischer Tempel. Und wenn auch der Import östlicher Frömmigkeit sich im Westen in aller Regel als Missverständnis des Originals durchzusetzen pflegt, so drückt sich in der Massensehnsucht heutiger Menschen nach Gelassenheit, nach Verinnerlichung, nach Vertiefung oder nach Einsicht eben doch eine Suche nach Wahrheit aus, die unsere Kirchen endlich beunruhigen müsste. Warum geht diese Suche an den Kirchen vorbei?

Das oft so merkwürdig hilflose, oft so dunkle, oft auch therapeutisch gezielte oder erotisch verspielte Tasten nach den Geheimnissen kann seine Herkunft aus der Verzweiflung an der Vordergründigkeit und Leere des Daseins in der heutigen Welt kaum verbergen. Was haben wir denn verloren oder vergessen, von dem die Menschen in unserem christlichen Abendland bislang leben konnten? Hat das Christentum, das seinen eigenen mystischen Hintergrund vergaß oder verdammte, seinen Reichtum nicht weithin in die Hände von Phantasten und Scharlatanen abgegeben? Unsere Kirchen wehren sich mühsam gegen die überholte Verstandeskultur der Neuzeit, ohne zu bemerken, dass sie selbst nach wie vor in breiten Feldern ihres Nachdenkens, in ihrer Sprache, ihren Feiern oder Verlautbarungen fest in diese Kultur eingebunden sind. Die Armut unseres landläufigen Christentums besteht meines Erachtens unter anderem darin, dass es keine Sprache hat, mit der ein Mensch sein eigenes Erfahren und Erleben, seine eigene religiöse Unmittelbarkeit ausdrücken könnte. Wird doch alles, was über Gott, über Jesus und die Erlösung des Menschen gesagt wird, nach wie vor rational erklärt. Und das heißt, dass die Wahrheit im Sand der Gedanken wegsikkert wie Regenwasser in den Dünen einer Wüste.

Unzählige Menschen, die heute mit uns leben, empfinden, ihre Erfahrungen und Wahrnehmungen ließen sich mit der christlichen Überlieferung nicht mehr verknüpfen. Unzählige empfinden, was heute in der Welt geschehe, bedrohe uns tödlich; was dann aber als christlicher Glaube dagegengestellt werde, habe keine rettende Kraft. Viele, die sich heute den Bildern und Gedanken fremder Religionen oder Weisheitslehren zuwenden, fragen sich, warum denn wir Abendländer oder Westler ein religiöses Erbe weiterreichen, das nichts

Philosophie, wie sie im Angesicht der Verzweiflung einzig noch zu verantworten ist, wäre der Versuch, alle Dinge so zu betrachten, wie sie vom Standpunkt der Erlösung aus sich darstellten. Erkenntnis hat kein Licht, als das, das von der Erlösung her auf die Welt scheint: alles andere erschöpft sich in der Nachkonstruktion und bleibt ein Stück Technik.

Perspektiven müssten hergestellt werden, in denen die Welt ähnlich sich versetzt, verfremdet, ihre Risse und Schründe offenbart, wie sie einmal als bedürftig und entstellt im Messianischen Lichte daliegen wird. Ohne Willkür und Gewalt, ganz aus der Fühlung mit den Gegenständen heraus solche Perspektiven zu gewinnen, darauf allein kommt es dem Denken an.

Theodor W. Adorno

Das moderne Experiment eines Lebens ohne Religion ist gescheitert.

Ernst Friedrich Schumacher

mehr taugt. Haben wir denn noch eine Auskunft für die Manager, die Arbeitslosen, die überlasteten Frauen, für die ratlosen, eingezwängten, verlassenen oder verratenen jungen und alten Menschen, die verführten und enttäuschten, die kaum mehr nach einem Sinn fragen, geschweige denn in unserer geschwätzigen Welt der Täuschungen und der Lügen nach Wahrheit?

Aber auch in der Kirche herrscht die Ratlosigkeit. Die Leidenschaft zur politischen und sozialen Weltveränderung, wie sie vor dreißig Jahren die Szene beherrschte, ist ebenso erloschen wie die Sensibilität des »New Age« vor zwanzig. Was sich heute ausbreitet, ist Beliebigkeit und Positionslosigkeit, Leichtigkeit des Wechsels von einem Lebensversuch zum nächsten, von einer Insel des Trostes zur nächsten im Meer der Trostlosigkeit. Nicht die Glaubenslosigkeit ist das Problem, sondern die Ratlosigkeit, wenn nicht die Verzweiflung, die bereit ist, alles und jedes zu glauben, wenn es nur hilfreich erscheint. Und das Problem ist, dass man das, was als hilfreich gelten könnte, in den Kirchen nicht am Werk sieht.

Unendlich viele Menschen dieser Zeit fühlen sich krank, und sie sind es auch. Wir werden uns fragen müssen, ob nicht auch das eine oder andere an unserem herkömmlichen Christentum die einen oder anderen krank gemacht hat. Die folgenden Überlegungen gehen, neben anderen, in diese Richtung.

Fragen wir doch einmal danach, wie Jesus mit den Menschen umging, die aus ihrem Elend, ihrer Angst und ihren Schmerzen nicht herausfanden. Wie er sie auffing, sie heilte, sie entlastete. Wie er ihnen zeigte, was in ihnen selbst geschehen könne. Vielleicht finden wir dabei, wie elementar die Sehnsucht nach heilenden Kräften im heutigen Menschen ist, wie berechtigt sein Wunsch nach Friede, nach Entspannung und Entlastung, sein Bedürfnis nach Ganzheit und wie schwach dabei die Hoffnung auf irgend etwas, was ihm Hoffnung gäbe. Vielleicht ermessen wir dabei, was für ein Elend der Seelen sich in der Drogenszene ausspricht und was für ein Elend des Geistes in der ziellosen Suche von Millionen

Gott spricht:
Das Wort, das dir gilt,
ist nicht im Himmel,
so dass du sagen müsstest:
Wer will für uns in den Himmel fahren
und es uns holen, damit wir es hören und tun?
Es ist auch nicht jenseits des Meeres,
so dass du sagen müsstest:
Wer will für uns übers Meer fahren
und es uns holen, damit wir es hören und tun?
Denn das Wort ist ganz nahe bei dir,
in deinem Mund und in deinem Herzen.

5. Mose 30,12–14

nach irgendetwas wie Sinn. Wir leben in einer religiösen Epoche, aber ihre Religiosität spricht sich nicht so sehr in einer neuen Glückseligkeit aus, sondern mehr noch in einer tiefen, ängstigenden Dunkelheit. In der chaotischen Suche nach Wahrheit lebt nicht mehr das gute alte New Age, sondern banales Elend, das heute auf die Jahrtausendwende zutreibt. Haben wir nichts mehr anzubieten, das entlastet? Das frei macht? Das heilt? Das Mut gibt? Das bestätigt? Das tröstet? Das Wege zeigt, Klarheit schafft, Einsicht? Nein? Dann lasst uns unser ganzes Christentum einpacken und an Unbekannt versenden oder (besser noch): mit dem übrigen Müll der Geschichte entsorgen. Haben wir etwas, dann lasst uns, wie es an vielen Stellen in unserer Kirche in unermüdlicher Arbeit geschieht, davon Gebrauch machen.

Die leichte Last

Wenn ich den Menschen zuhöre, die um mich her über ihre religiösen Meinungen reden oder über ihre Erfahrungen mit ihrer Kirche und die dabei auch über Jesus sprechen, dann höre ich etwa dies:

Jesus? Das war sicher ein großartiger Mensch. Man kann sich an ihm ein Beispiel nehmen. Vielleicht war er wirklich so etwas wie ein Bote Gottes. Was er gesagt hat, war vermutlich richtig. Was er an Geboten und Regeln aufgestellt hat, müsste man tun. Man müsste sich von ihm prägen lassen. Aber wer kann das?

Wer liebt schon seine Feinde? Wer hält schon seine Backe hin, wenn ihn ein anderer schlagen will? Von wem geht schon wirklicher Friede aus? Wer sucht sein Glück schon auf den Wegen, die die Seligpreisungen zeigen? Wer verlässt schon alles, was er hat, Besitz, Beruf, die nächsten Menschen, um ihm »nachzufolgen«, wie man sagt? Wer nimmt schon das Kreuz, an das man ihn nageln wird, auf sich und geht mit ihm in den

Tod? Ein wenig Liebe für die, die unsere Hilfe brauchen, bringen wir auf, wenn auch mit Mühe. Aber das ist auch schon alles. Wir sind weder Mönche noch Heilige noch Märtyrer. Wir sind normale Menschen mit einer begrenzten Kraft und Leidensfähigkeit. Und dieser Jesus will einfach zu viel. »Ich bin«, sagte mir ein junger Mann, »im Vergleich zu Jesus ein einziger Schrott, und die Leute der Kirche, von den Religionslehrern über die Pfarrer bis zu den Professoren und Bischöfen, sind es auch.«

Aber Jesus sagt doch auch ganz andere Dinge. Zum Beispiel: Die Last, die ich euch zumute, ist leicht. Ich gebe euch Frieden. Macht euch keine Sorgen. Ich will euch etwas Wunderbares zeigen, das in euch selbst geschehen kann, auch wenn ihr nicht zu Helden oder Märtyrern geboren seid. Eure Nähe zu Gott braucht ihr nicht mit Mühe und Anstrengung selbst herzustellen. Das Reich Gottes, nämlich seine Nähe, seine Gegenwart, seine Güte und Kraft, wächst nicht durch eure moralische Leistung, es entsteht in aller Stille in euch selbst. Und aus dem, was ohne euer Zutun in euch wächst, gedeiht in euch selbst auch eine ganze Menge Kraft zur Güte, zum Frieden, zu Liebe und Gelassenheit und zu dem Mut, es mit dem Leben aufzunehmen. Wer ihr sein könnt, das wächst von innen her aus euch wie die Frucht aus einem Acker. Die Last, der Glaube, den ich euch zumute, ist leicht.

Wir Christen in Westeuropa fangen aber fast immer am falschen Ende an. Wir bemühen uns, wir versagen, wir belasten uns mit Schuld, wir tun Buße und versprechen, alles besser zu machen. Wir lassen uns unsere Sünden vergeben. Danach bemühen wir uns wieder, versagen wieder, belasten uns aufs Neue mit Schuld, tun Buße, lassen uns unsere Sünden vergeben und alles immer wieder mit sehr bescheidenem Erfolg. Und immer steht die Gestalt dieses Jesus vor uns wie ein riesiger Vorwurf. Und immer ist es am Ende das ganze Evangelium, das uns schwindet. Der Jesus, der uns entlasten wollte, der uns Mut und Kraft zusprach, der die Kranken und die Leidenden heilte, wird selbst zur Last.

Da Gottes Geist ein Licht ist ohne Abend,
macht er alle, die er bewohnt, zu Licht.
Da er das Leben ist,
so teilt er das Leben allen mit.
Da er mit Christus eins ist und eines Wesens,
so macht er sie auch Christus vollkommen
ähnlich.
Seine Freude ist, daß wir,
obwohl wir als Menschen geboren sind,
ihm gleich werden.
Denn wir können ihm nur vereint sein,
wenn wir in ihm vollendet und ihm gleich sind.

SYMEON, DER THEOLOGE

Die Folge ist die verbreitete Mutlosigkeit vieler Christen sich selbst gegenüber. Und das zu sagen ist gerade heute notwendig, wo die Sorge und die Ängstlichkeit, die Müdigkeit und der Selbstzweifel nach Laien und Amtsträgern greifen.

Aber schon die religiösen Autoritäten seiner Zeit fanden, Jesus mache es den Menschen nicht etwa zu schwer, sondern zu leicht. Als er damals die Leute von ihrer Schuld lossprach, ohne Bußleistungen zu verlangen. Als er die Leute heilte, ohne zu fragen, ob sie mit der neugewonnenen Kraft etwas Rechtes anfangen würden. Als er sie an seinen Tisch lud, ohne zu prüfen, ob sie es auch wert seien. Meine Last ist leicht, sagte er. Und was mich selbst, Jörg Zink, betrifft, will ich mir dasselbe gerne auch vorwerfen lassen: »Du machst es den Leuten zu leicht.« Ich sehe mich gerade darin nah bei dem wirklichen Jesus.

Die Sprache der Bilder

Jesus redet davon, dass alles nah beieinander sei: Gott und die Welt. Gott und mein eigenes Nachdenken, mein eigenes Herz. Mein eigenes schwieriges Leben. Gott und mein zerklüftetes Gewissen. Gott und meine Versuche, so zu leben, wie er es mir zugedacht hat. Gott ist für Jesus nicht in einer fernen Ecke des Universums zu suchen wie für manche Theologen der letzten hundert Jahre. Er ist nicht der »ganz Andere«. Er ist nahe wie das Land, in dem ich lebe, wie meine täglichen Aufgaben und meine täglichen Mühen. Er hört und sieht. Er kümmert sich. Er hat mich auf meine Erdenreise geschickt, er begleitet mich dabei, und er nimmt mich am Ende wieder zu sich.

Weil aber Gott so nah ist, darum kann Jesus von ihm so konkret reden wie von all den praktischen Dingen, die ich um mich her antreffe. Er spricht vom »Himmelreich« oder von der königlichen Herrschaft Gottes, und er drückt damit aus, was wir heute die »wirkende Gegenwart« Gottes nennen würden, sei eine »tätige Nähe«, eine nahe Verlässlichkeit. Er sagt also: Diese wirkende Nähe Gottes »ist gleich einem Senfkorn, das ein Mensch nahm und in seinen Acker säte. Es ist das kleinste von allen Samen. Wenn es aber gewachsen ist, ist es größer als alle Sträucher und wird zu einem Baum, so dass die Vögel kommen und in seinen Zweigen wohnen.« Damit aber sagt er nicht nur darüber etwas aus, wie es zugeht, wenn wir Menschen mit Gott zu tun bekommen, dass da nämlich etwas in uns wachsen und reifen soll, sondern auch etwas über das Himmelreich selbst: dass es dort nämlich so etwas wie ein Gesetz des Wachstums gibt. Ein Gesetz der Anfänge und der Zielgestalt und eines allmählichen Weges vom einen zum anderen.

Oder: »Das Himmelreich ist einem Sauerteig gleich, den eine Frau nahm und unter drei Scheffel Mehl mengte, bis alles ganz durchsäuert war.« Damit sagt Jesus nicht weniger als dies, dass da eine ganz andersartige Wirklichkeit als die unsere eindringt in diese Welt und sie durchwirkt und dabei umgestaltet. Dass sie also keineswegs etwas »ganz Anderes« ist, sondern unserem Dasein so weit verwandt und so weit auf es abgestimmt, dass es unsere Welt durchdringen und verändern kann.

Jesus sagt auch: »Wenn ein Mensch hundert Schafe hätte und eines unter ihnen sich verirrte – lässt er nicht die neunundneunzig auf den Bergen und geht hin und sucht das verirrte? So auch ist es nicht Gottes Wille, dass einer von diesen Kleinen verlorengehe.« Damit sagt er nicht weniger, als dass es Sinn habe, Verhaltensweisen von Menschen und Verhaltensweisen Gottes in Beziehung zueinander zu setzen und das Zweite vom Ersten her zu begreifen. Er sagt: »Niemand zündet ein Licht an und verdeckt es mit einem Gefäß oder stellt es unter eine Bank, vielmehr setzt er es auf einen Leuchter, damit der Besucher das Licht sieht. Denn nichts ist verborgen, das nicht offenbar werden wird, und nichts Heimliches, das nicht kund wird.« Damit sagt er nicht weniger, als dass uns Menschen zugedacht ist, dass der Horizont unse-

Die Göttlichkeit Gottes leuchtet in den Kreaturen als die Wahrheit eines gespiegelten Bildes.

NIKOLAUS VON KUES

res Verstehens wachsen kann, dass die unsichtbare Welt sich uns erschließen und uns also ein Licht aufgehen wird, wenn wir nur die Augen öffnen.

Mit alledem aber sagt Jesus: Weißt du eigentlich, wie lebendig, wie farbig dein Leben sein kann? Und wieviel Wahrheit, wieviel Schönheit und Frieden in dich einkehren können, wenn du anfängst, Bilder zu sehen, wie man Worte hört, und Erfahrungen zu machen, die sich wie Worte an dich wenden? Und er fügt hinzu: »Wer es fassen kann, der fasse es!«

Das wunderbar Einfache

Das Zentrale, das Jesus uns sagt, ist von nicht mehr zu überbietender Einfachheit. Er sagt: Du stehst zu Gott in der Weise, wie ein Kind zu seinem Vater steht. Verlass dich auf ihn. Er wird dafür sorgen, dass du leben kannst. In ihm bist du getragen und geborgen. Du brauchst keinen anderen Schutz, keine andere Versorgung und vor allem keine Waffe, um dich zu schützen. Er ist dir nahe. Das ist das einzig Wichtige, auf das es für dich ankommt.

Wenn wir heute sagen: Vater »im Himmel«, so meinen wir: Du, den ich anrede, bist mir unendlich nah und doch nicht greifbar. Du bist mir an Wirklichkeit überlegen, an Rang, an Gegenwärtigkeit. Du bist überall; und vor allem: Du bist hier auf dieser Erde bei mir. Du bist um mich her, unter mir, über mir, vor mir, hinter mir, rechts und links und überall, wohin ich schaue. Wohin immer ich gehe, aufsteige oder abstürze. Himmel ist die Nähe Gottes, aus der ich komme, in der ich lebe, in die ich zurückkehren werde. So sagt mir Jesus: Lass alle hilfreichen und schützenden Autoritäten dieser Erde rechts und links liegen und vertraue der Väterlichkeit Gottes. Er wird dich führen, wo du keinen Weg siehst. Er wird dir Leben verleihen, wo du das deine hingibst. Er wird dich auffangen, wenn du fällst.

Du bist in allen Dingen,
an allen Seiten,
zu allen Zeiten.
Du bist über allen Dingen,
du bist unter allen Dingen,
alle Dinge sind auf dich gegründet.
Du bist zuinnerst aller Dinge,
denn du bist aller Dinge innerster Kern
und verborgene Kraft und
gibst ihnen ihr Wesen.
Du bist außerhalb der Dinge,
denn dich kann kein Ding begreifen
noch irgendeine Kreatur beschließen;
in dir sind alle Dinge beschlossen,
denn du bist aller Dinge Urbild
und lebendiger Bildhauer,
in dem je alles lebte,
was ist oder war oder wird.
Du bist ihr Herr, du bist ihr Diener,
du bist ihr Vater,
du bist ihre Mutter,
du bist ihr Kind, du bist ihr Bruder,
du bist ihr liebender Gemahl.

DAVID VON AUGSBURG

Wenn aber Mystik in der Unmittelbarkeit besteht, mit der ein Mensch Gottes inne wird, mit der er seine Nähe erfährt, dann hat Jesus in einer einzigartigen Vater-Mystik gelebt. Wie sagte er doch? Wenn du betest, dann geh nicht in den Tempel, nicht in die Synagoge und nicht auf einen öffentlichen Platz, sondern in den hintersten Raum in dein Haus und sage: Vater! Jesus selbst hat aus einer Unmittelbarkeit zu Gott gelebt, die ohne Beispiel ist. Alle seine Würdenamen, ob »Sohn«, ob »Gesalbter«, ob »Bild Gottes«, drücken diese Unmittelbarkeit aus. Er ist im Grunde die menschgewordene Gottesunmittelbarkeit, die für uns unvorstellbar dichte Gotteseinheit. Und er gibt diese Gottesunmittelbarkeit weiter an die Menschen, die er zum Fest einlädt.

Diese Gottesunmittelbarkeit ist ein mystisches Phänomen. Es ist doch bemerkenswert, dass eine mystische Erfahrung für Jesus der Einstieg in seine öffentliche Tätigkeit war. Da ließ er sich von Johannes im Jordan taufen. »Als er aus dem Wasser stieg, sah er, dass sich der Himmel auftat und der Geist wie eine Taube auf ihn herabkam. Und da geschah eine Stimme« – ob vom Himmel oder aus ihm selbst, möchte ich offenlassen – »du bist mein lieber Sohn. An dir habe ich Wohlgefallen.« Und es ist auch außerordentlich charakteristisch, dass er anschließend nach Art vieler Mystiker in die Wüste ging, um sich über seinen Auftrag Klarheit zu verschaffen. Ich möchte behaupten gegen vieles, was in der Theologie dazu schon gesagt worden ist: Wenn Jesus kein Mystiker war, dann wüsste ich nicht, wen auf dieser Erde ich sonst einen Mystiker nennen sollte.

Aber es könnte geschehen, dass auch ein so einfaches Vertrauen zu Gott, dem Vater, dem unendlich überlegenen, viele, unendlich viele Menschen wieder belastet. Im Grunde ist ein solches Vertrauen für einen Menschen, dem das Leben nicht nur Sonnenschein bereithält, sehr schwer zu leisten. Es kann mir zufallen wie ein großes, reiches Geschenk. Es kann mich aber, sobald ich mich darum bemühe, auch bis über die Grenzen meiner Kraft hinaus fordern. Aber den Menschen, die da-

*Um reich zu sein an Gott,
muss man arm sein allem übrigen gegenüber,
vor allem aber arm an sich selbst.*

PIERRE LYONNET

nach noch immer in ihren Selbstzweifeln eingesponnen bleiben, sagt Jesus noch etwas ganz anderes, und das ist von unseren christlichen Kirchen zu allen Zeiten gerne verschwiegen worden.

Das Reich Gottes in der Seele

Jesus hat, was ihm am wichtigsten war, vor allem in Geschichten gefasst. Und viele seiner Geschichten beginnen mit der Aufforderung: »Schau!« »Sieh!« »Tut die Augen auf!« Stell dir plastisch vor, was ich erzähle. Und schau durch das, was ich erzähle, auf das hin, was zwischen Gott und dir geschieht, was da geschehen kann und vielleicht schon geschehen ist. Und dann schau in dich selbst, wenn ich rede von etwas, das in dir geschehen kann und will.

Einmal erzählte er: »Hört! Ein Bauer ging auf seinen Acker, um zu säen. Als er die Saat auswarf, fiel ein Teil der Körner auf den Weg, und die Vögel kamen und pickten sie auf. Ein anderes Teil fiel auf felsigen Grund, wo wenig Erde war. Weil es an der Oberfläche lag, ging es bald auf. Als aber die Sonne höher stieg, welkte es, weil die Wurzeln zu wenig Erde hatten. Einiges fiel in ein Gestrüpp, und die Hecken wuchsen auf und erstickten es. Das übrige aber fiel in gute Erde und gab Frucht hundertfach oder sechzigfach oder dreißigfach. Wer Ohren hat, höre!« (Mattäus 13,1–9).

Nachträglich erläuterte Jesus, was er damit sagen wollte: Der Acker bist du, Mensch, der felsige Grund, auf dem nichts wächst, bist auch du. Oder der harte Boden des Weges oder die Hecken oder auch die gute Erde. Alles das bist du oder kannst du sein. Das Korn ist das Wort, das ich dir sage. Die Frucht, die im Grunde des Ackers wächst, ist das Reich Gottes.

Denk noch einmal an das Weizenkorn: Es wächst in deiner Seele, die der Acker ist. Es wächst in demselben Grund, in

Das Reich Gottes,
das ist Gott allein und nichts anderes.
Wenn ein Mensch dahin gekommen ist,
nichts anderes zu meinen
noch zu wollen noch zu begehren,
so wird er selber Gottes Reich,
und Gott herrscht in ihm
in seinem innersten Grunde.

JOHANNES TAULER

dem neben dem Getreide auch das Unkraut gedeiht. Aber das Unkraut auszureißen könnte bedeuten, dabei das Getreide aus dem Acker mit auszureißen. Darum geh sorgsam um auch mit dem, was dir in dir selbst nicht gefällt. Du musst wissen, dass der Bauer, der du auch bist, wenn du dich mit deiner Seele beschäftigst, zum Wachstum der Saat nichts beitragen kann. Das Reich Gottes wächst in dir von selbst, wenn du ihm den Raum und die Zeit lässt.

Die Erde bist du, sagt Jesus. Der Same ist das Wort, das von Gott her in dich hinein ergeht, das Gott in großer Stille in deine Seele hineinspricht. Lass ihm Raum. Lass es wachsen. Was in dir reift, ist die Nähe Gottes. Damit aber spricht Jesus – und das ist von größter Wichtigkeit – in einer Sprache, wie wir sie aus vielen Bildern und Gleichnissen der mystischen Frömmigkeit kennen. Im Grunde offenbart er sich selbst dabei als Mystiker. Aber was hat man sich Mühe gegeben, dies nicht anerkennen zu müssen! »Das Reich Gottes ist in euch«, lesen wir. Was hat man nicht alles daran gesetzt, dem Wort »innen« einen anderen Sinn zu geben! Man hat schon gesagt, das heiße »in eurer Mitte«, also in eurem gemeinsamen Leben, »unter euch«, »zwischen euch«.

Aber wenn Jesus dasselbe Wort »inwendig« oder »innen« gebraucht, wenn er sagt: Mach zuerst das »Innere des Bechers« sauber... (Mattäus 23,26), dann sagt er damit ja nicht: »Mach sauber zwischen den Bechern«, sondern sehr genau: »Mach die Becher innen sauber.« Über solche Ausflüchte, die das Mystische an der Lehre Jesu wegblenden wollten, sind wir, meine ich, hinweg. Was da steht, heißt nun einmal »innen«. »Inwendig«, wie Luther richtig übersetzt. Das Reich Gottes also ist eine Gewalt, die mein Herz ergreift und von innen nach außen drängt und wirkt. Ein apokryphes Jesuswort sagt: »Die Königsherrschaft Gottes ist in euch, und wer sich selbst erkennt, wird sie finden.«

Wenn wir also nicht nur »Gottes Reich« suchen, sondern mit ihm Gott selbst, dann gehen wir nach den Gleichnissen, die Jesus uns zeigt, in uns selbst hinab und horchen, was das

Das Pferd macht den Mist im Stalle,
und obgleich der Mist einen Unflat
und Stank an sich hat,
so zieht dasselbe Pferd
doch den Mist mit großer Mühe
auf das Feld,
und dann wächst daraus edler,
schöner Weizen
und der edle, süße Wein,
der nimmer so wüchse,
wäre der Mist nicht da.

Also trage deinen Mist –
das sind deine eigenen Gebrechen,
die du nicht abtun
und ablegen noch überwinden kannst,
– mit Müh und mit Fleiß
auf den Acker
des liebreichen Willens Gottes
in rechter Gelassenheit deiner selbst.

JOHANNES TAULER

Wort sagt, das innere, das Wort von Gott. Wir hören: Geh hinunter, so tief es geht, in dich selbst. Steige die lange Wendeltreppe ab, Runde um Runde, bis du wirklich in dir selbst bist, und dann horch! Denn dich soll das Wort finden, das in dir Wurzeln schlagen soll. Du bist der Acker, in den es fällt. Vielleicht sprichst du dir dabei eines dieser Gleichnisse so lange vor, bis dich das Wort gefunden hat und Gott näher ist, größer, deutlicher, spürbarer und aus Gott das entsteht, was Jesus das Reich nennt, die große, von Gott gewährte Nähe zwischen ihm und dir.

Bei alledem freilich gilt es, einen Irrtum zu vermeiden. Er würde alles sinnlos machen: Der Gott, dessen Stimme wir hören, sind nicht wir selbst. Es ist derselbe Gott, der in irgendeiner fernen Milchstraße wirkt und der in uns spricht. Wir sollten uns also nicht wichtiger nehmen, als wir tatsächlich sind, und uns einsetzen für das, was größer ist als wir selbst, größer in unserem Geist als unser Geist, größer in unserer Seele und lebendiger als unsere eigene Seele.

So erzählt Jesus von einem Bauern, der etwas fand, das so wertvoll war, dass er alles verkaufen musste, was er hatte, um es zu gewinnen. Er stieß in einem Acker, den er pflügte, auf einen vergrabenen Schatz. Aber der Acker gehörte nicht ihm; so deckte er den Fund wieder zu, ging nach Hause, verkaufte seinen ganzen Besitz und kaufte dafür den Acker. Er machte sich den Acker, der er selbst war, zu eigen, um zu gewinnen, was mehr war, als er je hätte gewinnen können, und das ihm ein anderer zugedacht hatte.

Wenn du also Gott in dir selbst findest, so höre ich Jesus sagen, wenn du ihn hörst in dem inneren Wort, das in deiner eigenen Tiefe ergeht, dann findest du damit etwas unendlich Kostbares. Eine Lebenskraft, die die deine übersteigt. Eine Klarheit, die du nicht aus dir selbst hast. Ein Vertrauen und einen Glauben, zu dem du von dir selbst aus die Kraft nicht hättest. Sage also: Ich bin ein Ort Gottes. Und mehr kann ich nicht wollen und nicht werden. An dieser Stelle werde ich (wenn überhaupt) den Sinn meines Lebens finden. Der liegt in

*Wenn ein Meister ein Bild macht
aus Holz oder Stein,
so trägt er das Bild nicht in das Holz hinein,
sondern er schnitzt die Späne ab,
die das Bild verborgen und bedeckt hatten;
er gibt dem Holze nichts,
sondern er benimmt und gräbt ab,
was das Bild verdeckt.
Dies ist der Schatz,
der verborgen lag im Acker,
wie unser Herr im Evangelium spricht.*

Meister Eckhart

*Also soll der Mensch
mit großem Fleiß sich selber umgraben
und in seinen Grund sehen.*

Johannes Tauler

der konkreten Erde wie ein Schatz, den ich ausgraben und für den ich alles geben muss. Er liegt nicht irgendwo in den Wolken, die meine Phantasie an den Himmel meiner Wünsche zaubert, sondern in der konkreten Wirklichkeit dieser Erde.

Heitere Sorglosigkeit

Ich bin überzeugt, dass es sinnvoll ist, die Botschaft Jesu von den Gleichnissen vom »Reich« und von seinem Vaterbild aus nachzuzeichnen. Für mich waren diese beiden Gedanken die Zugänge, die mich als jungen Menschen allmählich ins Evangelium geleitet haben, und die Quellen für den Mut, es mit dem Leben aufzunehmen.

Da war der Gedanke vom »Vater im Himmel«. Wenn das gilt, so dachte ich, wenn der Schöpfer der Welt zugleich der Vater ist für mich und die anderen, dann kann es keine Kraft in der Welt geben, in der nicht die Kraft Gottes ist. Kein Gesetz in der Natur, das nicht aus den Gedanken Gottes käme. Dann ist Himmel überall, auch wo die Welt im Abgrund von Lüge, Gewalt und Tod versinkt. Dann verdankt sich, was groß ist in der Welt, der Größe Gottes. Dann spiegelt, was geheimnisvoll ist, das Geheimnis Gottes. Dann ist alle Schönheit ein Abglanz der Schönheit, die in Gott ist. Dann ist das Beste, das uns in unserer Arbeit gelingt, Anteil an den Gedanken und Werken Gottes. Und dann ist dies vielleicht der Sinn unseres Lebens: unsere Gedanken und unsere Kraft einzubringen in die Welt Gottes, in die gegenwärtige und in die zukünftige; und der Sinn der Weltgeschichte und der Evolution ist, dass wir zusammen mit aller Schöpfung auf dem Wege sind zu ihm. Dann ist unser Leben ein Heimweg.

Heute ist mir klar, dass meine Gedanken über Gott nicht Gott sind, sondern Bilder von ihm. Meine eigenen Bilder, in denen ich zu fassen suche, was so weit auseinanderliegt. Ich stelle mir einen Tänzer vor und einen Tanz. Die Welt ist ein

Tanz. Gott ist der Tänzer. Ich kann nicht sagen: Ein Tänzer und sein Tanz seien dasselbe. Aber ich kann sie auch nicht trennen. Ein Tänzer wird zu einem Tänzer durch den Tanz, den er tanzt. Und einen Tanz ohne Tänzer vermag ich mir nicht vorzustellen. Gott ist nicht die Welt, und die Welt ist nicht Gott. Wohl aber ist die Welt eine der Ausdrucksformen, in denen sich Gott uns darstellt.

Und was konnte ich mit mir selbst anfangen? Was mit den Kräften des Leibes und der Seele, die mich immer wieder nach anderen Richtungen zogen oder verlockten? Was konnte ich mir für Aufgaben stellen, was für Leistungen von mir verlangen? Wenn ich vor einem Waldrand stand und einen Acker vor mir sah, dann wusste ich aus den Bildreden Jesu: Dieser Acker vor mir bin ich selbst. In mir kann wachsen, was in diesem Acker wächst. Der Ort, auf dem ich stehe, ist heiliges Land. Auch der Grund in meiner eigenen Seele.

Sehe ich um mich, so sehe ich in vielen Menschen eine seltsame Mattigkeit. Es fehlt, wohin ich immer komme, allüberall in den Seelen der Menschen die elementare Kraft, aus der sie eigentlich leben müssten. Müssten wir nicht neu das Zutrauen zu dem Acker gewinnen, der wir selbst sind? Müssten wir nicht wieder neu in die elementare Welt unserer eigenen Seele und ihrer Bilder einwurzeln? Oder gleichsam eine Schicht tiefer: Müsste unsere gefährdete Seele nicht neu einwurzeln in die Vitalität unseres Leibes? Und noch einmal eine Schicht tiefer: Müsste nicht unser Leib, wenn er unserer Seele Kräfte zuführen soll, einwurzeln in das elementare Kräftespiel des kosmischen Lebens in Erde, Feuer, Luft und Wasser?

Müsste nicht aus der hier aufkeimenden Kraft das kommen, was wir den »Mut zum Sein« nennen: Mut, in der Welt zu stehen, Mut, sich dem unberechenbar Lebendigen auszusetzen, Mut, zu widerstehen, wo deformiert oder zerstört wird? Mut, seinen Glauben und sein Urteil dem Anspruch von Mächten aller Art entgegenzuhalten? Mut, ein »Liebhaber des Lebens« zu sein in dem Sinn, in dem der Dichter des

Gott ist ein Gott der Gegenwart:
wie er dich findet,
so nimmt er dich,
und so darfst du hinzutreten.
Er fragt nicht, was du gewesen,
sondern was du jetzt bist.
Und allen Schaden, der aus der Sünde kam,
will er sich gern gefallen lassen,
nur damit ein Mensch danach
zur tieferen Erkenntnis seiner Liebe kommt,
damit seine Liebe und Dankbarkeit
umso ernster,
sein Eifer umso brennender wird.

MEISTER ECKHART

Buches der »Weisheit Salomos« dies von Gott sagt? Dieser Mut kommt, wenn wir die Gleichnisse Jesu vom in uns aufwachsenden Reich Gottes hören, wie Grundwasser an unsere Wurzeln. Er kommt wie Regen von oben, wie das Licht von allen Seiten. Und ihn sollen wir einbringen, wo immer Menschen die eigene Wurzelhaftigkeit fehlt.

Das Bild des mutigen Menschen aber verändert die Landschaft; die Welt wird ursprünglicher, und wir selbst leben näher an unseren Ursprüngen. Es geht dann nicht mehr um uns und unseren Erfolg. Es geht nicht darum, dass wir uns etwas Neues vorstellen, dem wir unser Leben widmen wollen, sondern darum, dass sich uns eine Wirklichkeit vorstellt, die uns auf das Neue, das Andere, das Große hin mitnimmt. Es geht nicht darum, was wir denn am Ende gefunden haben werden, sondern darum, ob und von wem wir gefunden und mit Kräften ausgestattet worden sind. Nicht darum, dass wir den Weg kennen, sondern darum, ob man uns am Ende an unserem Gehen erkennt.

Dazu kommt jene erstaunliche Regel, die Jesus aufstellt, wenn er sagt: Macht euch keine Sorgen! Jene überlegene Heiterkeit, die es wagt, die Existenz von uns Menschen mit der von sorglosen Blumen oder Vögeln zu vergleichen! Jene Gelassenheit, die von dem Bauern spricht, auf dessen Feld es wächst und reift, auch wenn er schläft, auch wenn er nichts davon weiß und nichts dazu tut. War Jesus naiv? Nein, Jesus wusste wohl, in was für einer Welt er lebte und wie feindlich diese Welt seiner Sorglosigkeit entgegenstand. Er lebte, was seinen eigenen Weg betraf, im Ungewissen. Er wusste nur, was er wissen musste, um seine Sendung erfüllen zu können. Aber er war der »Anfänger und Vollender des Glaubens« (Hebräer 12,2), jenes Zutrauens, er werde jeden Tag empfangen, was er brauche. Er war jener mystische Augenblicksmensch, der jetzt und hier der Ankunft Gottes gegenüber offen ist. Ich empfand bei ihm von jeher jene überlegene Leichtigkeit, die dort einkehrt, wo der Wille Gottes an die Stelle getreten ist, an der sonst der Wille des Menschen sich durchsetzen muss.

Denn von ihr spricht Jesus als vom »Glück«, von der »Seligkeit« mit ihrer großen, heiteren Kraft. Sie hat mich immer überzeugt, und ich empfinde heute das Gebet so, als hängte ich eine Schaukel an den Himmel, der durchaus passende Haken dafür hat, und ich fände in den Bewegungen dieser Schaukel Halt genug, auch wenn mir jemand alles, worauf ich stehen könnte, unter den Füßen wegzöge. Und ich empfinde die Last des Versagens, die sich im Laufe jedes Tages ansammeln mag, wie den Mist, von dem Johannes Tauler spricht (S. 108), und lasse mir davon die Zuversichtlichkeit des Herzens nicht nehmen.

Paulus und der innere Christus

Ein Schiff am Horizont

Sitzen Sie noch neben mir? Auf jener Bank am Meer? An dem Ufer, vor der Hütte, von der ich erzählt habe? Ja? Dann schauen Sie weiter mit mir hinaus in die Unendlichkeit von Himmel und Wasser. Und denken Sie sich zurück in die Zeit, in der die Segelschiffe der Kelten hier draußen vorbeizogen. Wenn Sie sich vorstellen, Sie sähen mit mir hinaus auf das Mittelmeer, und Sie sähen die Schiffe der Griechen oder der Römer vorüberwandern, dann kann ich Ihnen von jenem Mann erzählen, der das Christentum, wie wir es kennen, nach Jesus am stärksten, am nachhaltigsten geprägt hat. Er fuhr damals auf den kleinen Handelsschiffen zwischen Palästina, der Türkei und Griechenland von Küste zu Küste. Ein Reisender. Einer der großen Mystiker der Weltgeschichte. Mühsam, sehr mühsam suchte er Menschen zu gewinnen, die seinen Weg mitgingen. Man bewunderte ihn nicht, man verstand die Größe und Tiefe seiner Botschaft nur sehr unzureichend. Die Behörden beobachteten ihn mit Misstrauen; gelegentlich nahmen sie ihn fest. Manchmal war er nahe daran, von Räubern oder von Andersglaubenden totgeschlagen zu werden. Krank war er, und seine Lebensleistung zwang er einer Behinderung ab, die wir nicht genau kennen, bis er am Ende in jahrelangem Gefängnis endete und irgendwie zu Tode kam. Sie kennen ihn natürlich dem Namen nach, diesen Paulus. Vielleicht auch wissen Sie einige Gedanken von ihm. Vielleicht sein »hohes Lied der Liebe«. Was Ihnen wahrscheinlich niemand erzählt hat, das ist, dass er eine tiefgründige mystische Deutung der Gestalt, des Weges, des Werks und der Botschaft des Jesus von Nazaret gefunden hat. Von ihr will ich Ihnen erzählen.

Paulus hat ja Jesus, den Meister aus Nazaret, nicht mehr persönlich gekannt. Er begegnete wenige Jahre nach seinem Tode nur seinen Anhängern, die von ihm erzählten, und er fühlte sich berufen, gegen das unerhört Neue, das man ihm erzählte, zu streiten, weil es ihm die bewährten Lehren seines jüdischen Volkes zu gefährden schien, bis – ja, bis er eine große mystische Erfahrung machte. Ihm begegnete die Wirklichkeit jenes Christus, von dem die Apostel und die Gemeinden erzählten, er sei auferstanden, er sei gegenwärtig, er sei uns auf eine intensive geistige Weise nahe; ihm begegnete eine Stimme, die er als seine Stimme erkannte. Damit geschah ein Abbruch in seinem Leben und ein zunächst ratloser, dann immer bewussterer Neuanfang. Wie Jesus selbst nach seiner Taufe tat, tat nun Paulus nach seiner Umkehr: Er zog sich in die Wüste zurück, um sich über die Konsequenzen klar zu werden, die damit verbunden waren, und über seinen künftigen Lebensauftrag, freilich nicht für vierzig Tage, sondern für drei Jahre.

Später berichtet er von Visionen, von Entrückungen, von einem Aufstieg in den siebten Himmel und von übersinnlichem Hören von Stimmen, und all das hat seine Botschaft, die er den Christen, den Juden und den Griechen, gebracht hat, tief geprägt.

Christus in uns

Von der Nähe Gottes hatte Jesus geredet. In den Bildern von Saat und Ernte, von Acker und Frucht hatte er sie geschildert. Es war sein zentraler Gedanke gewesen, und von ihm aus hatte er den Menschen Wege gezeigt, ihnen Kraft und Hoffnung gegeben. Aber nun, so hatte Paulus erfahren, ist Jesus nicht mehr der Wanderprediger von Galiläa. Er ist vielmehr weit über jene bescheidene Gestalt hinausgewachsen, er ist sie im Grunde selbst, diese »Nähe Gottes«, er ist der Weg, auf dem wir sie finden, er ist die Gerechtigkeit, die wir auf unserer Erde vermissen. Er selbst ist das Bild des Gottes, von dem er geredet hat.

Eine Zwischenfrage: Was bedeutet eigentlich das Wort »Christus«? Wie wir es heute gebrauchen, erscheint es als ein

Halt an! Wo läufst du hin?
Der Himmel ist in dir.
Suchst du Gott anderswo,
du fehlst ihn für und für.

ANGELUS SILESIUS

zweiter Name neben dem Namen Jesus. Aber das täuscht. Christus ist sozusagen die Berufsbezeichnung Jesu. Wir müssten also, statt von Jesus Christus zu reden, sagen: Jesus, der Christus. Aber was ist ein Christus?

Das Wort bedeutet: der Gesalbte. Das ist einer, der aus der Menge der Menschen herausgerufen wird und von Gott einen Auftrag empfängt. Ein Mandat. Eine Vollmacht. Die Vollmacht eines Herrschers oder die Vollmacht eines Priesters oder eines Propheten. Er ist der Beauftragte. Wir könnten sagen: Er ist der Bevollmächtigte, der als Botschafter gesandte.

Und so wundert es uns nicht, dass Paulus nicht mehr von »Jesus« spricht, sondern mit starker Betonung von »Jesus, dem Christus« oder überhaupt nur vom »Christus«. Und es ist begreiflich, dass Paulus nicht wie Jesus vom »Reich Gottes« spricht, das in uns wachse, sondern von Christus selbst, der in uns lebe und heranreife, bis wir seine ganze, sozusagen seine erwachsene Gestalt in uns trügen. Die »Vater«-Mystik oder die »Reich Gottes«-Mystik Jesu wandelt sich bei Paulus in eine ausgeprägte Christus-Mystik. Und so sagt er, wo er auch sagen könnte: »Gott ist in mir« oder »das Reich Gottes ist in mir«, lieber: »Christus ist in mir«. Und er sagt, wo er auch sagen könnte: »Ich bin in Gott«, lieber »ich bin in Christus«. Denn was zwischen Gott und mir geschieht, das geschieht im dichten Zusammenhang meiner Zugehörigkeit zu Christus. Wenn ich also von Gott reden soll, dann will ich es tun mit Hilfe der Chiffre »Christus«.

Aber darin liegt ein unerhörter Anspruch. Wenn nämlich Christus in mir ist, wenn er sozusagen mit mir als seinem Werkzeug wirkt, dann bin ich selbst ein Christus, ein Beauftragter, ein Bevollmächtigter Gottes. Dann ist in mir das Wort, die Wirkung, der Auftrag und die Vollmacht, die Gott mir gibt. Aber schauen wir genauer nach. Wir lesen in den Briefen des Paulus merkwürdige Formulierungen. Etwa diese:

> Durch Gottes Berufung seid ihr in Christus Jesus.
> 1. Korinther 1,30
>
> Ist jemand in Christus, so ist er ein neues Geschöpf.
> 2. Korinther 5,17
>
> Es gibt kein Todesurteil mehr für die, die in Christus Jesus sind.
> Römer 8,1

An etwa sechzig Stellen spricht Paulus das aus. Er sagt aber auch das Umgekehrte, das dem »Wir sind in Christus« scheinbar widersteht, nämlich: Christus sei in uns.

> Wenn Christus in euch ist.
> Römer 8,9–11
>
> Meine Kinder, für die ich abermals in Wehen liege, bis Christus in euch Gestalt gewinnt.
> Galater 4,19
>
> Merkt ihr denn gar nicht, dass Christus in euch ist?
> 2. Korinther 13,5
>
> Ist Christus in euch, dann...
> Römer 8,10

Gerade diese Paradoxie aber ist eine für alle Mystik bezeichnende Redeweise, die sich rational auf keine Weise ausgleichen lässt.

»Ich bin in Gott«, »Gott ist in mir«, gleichzeitig gesagt und gleichwertig gültig, geht durch alle theistische Mystik dieser Erde, wie immer im übrigen von Gott die Rede sein mag.

Wo Jesus vom Acker sprach, spricht Paulus von »mir« oder von »euch«. Wo Jesus von der ausgestreuten Saat sprach, redet Paulus vom Geist. Der Geist ist bei ihm Ausdruck für die

Abwärtsbewegung, mit der Jesus zu uns kam und uns besuchte, ein Wort für die liebende Herabkunft Gottes in unsere Welt und in unsere Seele. Was aber dort wachsen soll, wo die Saat, der Geist, herabfällt, das nannte Jesus das »Reich Gottes«; Paulus nennt es den »Christus«. Und so kann er sagen:

> Ich lebe, aber nicht ich lebe,
> sondern Christus lebt in mir.
> Galater 2,20

Paulus verbindet auch beide Gedankenreihen und spricht vom »Einssein mit Christus«:

> Bei uns gilt einer nicht als Jude oder Grieche,
> als Mann oder Frau,
> ihr seid vielmehr alle miteinander ein Gesamtmensch, weil ihr miteinander in Christus seid.
> Galater 3,27–28

Das bedeutet nicht: Ihr gehört irgendwie zusammen, sondern: Dadurch, dass wir in Christus sind, wird Christus zu einem neuen Bild, das wir werden sollen. Wir sind danach sein »Leib«, das heißt seine sichtbare Person.

> Ihr seid der Leib Christi und jeder von euch eines seiner Glieder.
> 1. Korinther 12,12

Das aber reicht hinüber bis in die Gedanken, die Paulus über das Abendmahl äußert:

> Das Brot, das wir brechen,
> ist das nicht die Gemeinschaft des Leibes Christi?
> Es ist ein Brot, so sind wir vielen ein Leib.
> 1. Korinther 10,16–17

Das heißt: eine sichtbare, handelnde Person.

*Sorge nicht um das, was kommen mag,
weine nicht um das, was vergeht;
aber sorge, dich nicht selbst zu verlieren,
und weine, wenn du dahintreibst
im Strome der Zeit,
ohne den Himmel in dir zu tragen.*

FRIEDRICH D. E. SCHLEIERMACHER

Der innere Zusammenhang besteht in dem Bild, das Paulus von Gott hat: Gott ist der Herabsteigende, nicht der himmlisch Thronende. In seinem Herabsteigen aber nimmt er die Gestalt und das Gesicht des Christus an (Philipper 2,5ff). Er wird der Anfang eines neuen Lebens in uns und der Begleiter für uns in Nacht und Leiden.

Das alles aber will sagen: Es bleibt eben nicht alles beim Alten in uns. Es ändert sich etwas. Es ändert sich viel. Es ändert sich alles und nicht weniger als dies.

Den Tod erleiden, die Auferstehung feiern

Dazu kommt aber nun etwas Entscheidendes: Wenn man einzelnen Mystikern durchaus eine genießerische Passivität vorwerfen mag, ein weltloses Beschauen ihres Glücks der Gottesnähe, so macht Paulus uns von Anfang an genau das ganz unmöglich. Er sagt:

Wenn Christus in uns ist und wir in ihm unser Wesen haben, dann drückt sich das nicht in ruhiger Beschauung aus und nicht im gelassenen Teilhaben an der geistigen Nähe des Christus, sondern darin, dass wir sein Schicksal erfahren, seinen Tod und seine Auferstehung, dass das Schicksal der Menschwerdung und der Erhöhung ein Leben lang an uns durchgespielt wird:

> Ich bin mit Christus gekreuzigt.
> Galater 2,19

> Ständig werden wir, die leben,
> in den Tod gegeben um Christi willen,
> damit auch das Leben Jesu
> an unserem sterblichen Leibe sichtbar würde.
> 2. Korinther 4,11

> Ihn möchte ich erkennen und die Kraft seiner Auferstehung.
> Ich möchte die Gemeinschaft der Leiden verstehen
> und so seinem Tode gleichgestaltet werden,
> damit ich zur Auferstehung von den Toten gelange.
> Philipper 3,10–11

Und der Verfasser des Kolosserbriefs, ein Paulus-Schüler, schreibt:

> Seid ihr nun mit Christus auferstanden,
> so sucht, was droben ist,
> denn ihr seid gestorben,
> und euer Leben ist verborgen mit Christus in Gott.
> Kolosser 3,1–3

Man könnte also sagen, die Mystik des Paulus sei Leidens- und Auferstehungsmystik. Wir sind in Christus und leiden mit ihm. Er ist in uns und leidet mit uns. Wir sind in ihm und also mit ihm auferstanden. Er ist in uns und feiert seine Auferstehung in uns. Dieser Glaube aber ist ein Alles-Verlieren und ein Alles-Gewinnen; er ist eine äußerste Nähe zur Welt mit ihrem Leidens- und Todesschicksal und eine äußerste Distanz zu ihrer Gewalt, ihrem Unrecht und ihrer Hoffnungslosigkeit.

Es ist möglich, mitten in diesem Leben die Auferstehung zu erfahren. Für uns Protestanten dominiert noch immer das Sterben Jesu über seine Auferstehung, und manchmal habe ich den Eindruck, bei uns hüte man eher einen Grabstein als dass man sich einen Durchbruch zu feiern erlaubte.

Wenn Paulus über sein schweres Lebensschicksal spricht, dann so:

> Ich bin glücklich und preise Gott auch in Bedrängnissen,
> denn ich weiß:

> In den Bedrängnissen wächst die Geduld.
> In der Geduld festigt und bewährt sich der Glaube.
> Aus der Bewährung erhebt sich Hoffnung.
> Die Hoffnung aber enttäuscht nicht.
> Wie kann ich das behaupten?
> Ich kann es sagen, weil uns Gottes Geist gegeben ist
> und die Liebe, die von Gott ausgeht,
> unsere Herzen erfüllt.
> Römer 5,3 ff

Er sagt: Ich habe erfahren, dass mitten in Bedrängnis und Verfolgung sich so etwas einstellte wie ein langer Atem, und als ich mich ihm überließ, wuchsen die Kräfte; und in dem Maß, in dem die Kräfte wuchsen, war mir die Zukunft nicht mehr so bedrohlich; sie weitete sich, mein Weg wurde klarer, ich gewann die Zuversicht, dass ich ihn bestehen werde, und ich bin überzeugt, diese Zuversicht werde sich bewähren.

Ich denke also durch den Tod hindurch. Ich glaube hindurch. Ich lebe hindurch. Ich habe Zuversicht und Gelassenheit. In mir kommt eine Bewegung in Gang, ein Prozeß hin nicht nur zu mehr Kraft und Klarheit, sondern auch zu mehr Friedenswillen, Güte und Weisheit. Ich finde meine eigene Gestalt, und die ist die Gestalt des Christus. Ich wandle mich zu einem Instrument der befreienden und beglückenden Liebe Gottes und spiele zu dem Fest auf, das den Geschöpfen Gottes und mit ihnen auch uns Menschen zu feiern bevorsteht.

Diesen Übergang von der Hoffnungslosigkeit zur Hoffnung schildert der Epheserbrief als ein »Erwachen«:

> Wach auf, der du schläfst,
> so wird dich Christus erleuchten.
> Epheser 5,14

Er will sagen: Wer der aufgehenden Sonne entgegenschaut, dessen Gesicht spiegelt ihre Helligkeit. Seine Stirn ist dem

Vater unser,
der du bist im Himmel meines Herzens,
wenn es auch eine Hölle zu sein scheint;
geheiligt werde dein Name,
er werde angerufen in der tödlichen Stille
meines ratlosen Verstummens;
zu uns komme dein Reich,
wenn alles uns verlässt;
dein Wille geschehe, auch wenn er uns tötet,
weil er das Leben ist
und, was auf Erden wie ein Untergang aussieht,
im Himmel der Aufgang deines Lebens ist;
gib uns heute unser tägliches Brot,
lass uns auch darum bitten,
damit wir uns nie mit dir verwechseln,
selbst nicht in der Stunde, da du uns nahe bist,
sondern wenigstens an unserem Hunger merken,
dass wir arme und unwichtige Geschöpfe sind;
befreie uns von unserer Schuld
und behüte uns in der Versuchung
vor der Schuld und Anfechtung,
die eigentlich nur eine ist:
nicht zu glauben an dich
und an die Unbegreiflichkeit deiner Liebe;
sondern erlöse uns – erlöse uns von uns selbst,
erlöse uns in dich hinein,
erlöse uns in deine Freiheit und
in dein Leben.

Karl Rahner

»Gestirn« zugewandt. Sie leuchtet. Dem »Erleuchteten« wird erkennbar, wer da vor ihm aufgeht. »Christus, erleuchte uns«, betet die Kirche seit alters und spricht ihn an: »Sonne dieser Welt und der Welt, die kommt!« Und in diesem Licht offenbaren sich Wert und Unwert unseres Daseins, offenbart sich der Sinn und die Bestimmung des Weges, den wir auf dieser Erde gehen sollen. Aber diese Helligkeit erscheint nicht nur unserem nachdenkenden Verstand, sie tagt auch in der Tiefe unserer Empfindung und wirft ihren Schein auf alles, was wir schaffen und gestalten. Und wenn sie zu ihrem Ziel kommt, dann stehen alle unsere Kräfte, die bewussten und die unbewussten, die leiblichen, die seelischen, die geistigen und wie immer man sie bezeichnen will, in einem gemeinsamen Licht.

Der innere Mensch

Das alles mündet in die neue und kühne Vorstellung vom »inneren Menschen«:

> Darum werden wir nicht müde,
> sondern wenn auch unser äußerer Mensch zerfällt,
> so wird doch der innere von Tag zu Tag erneuert.
> 1. Korinther 4,16

Oder:

> Ich bitte Gott, dass er euch Kraft gebe
> nach dem reichen Maß seiner Herrlichkeit,
> stark zu werden durch seinen Geist
> am inneren Menschen.
> Epheser 3,16

Wenn Paulus von der Kraft Gottes spricht, die diese Erneuerung oder Kräftigung bewirkt, dann spricht er vom »Geist«.

Den Geist, diese uns zufließende Kraft, nennt er auch die »vorwegempfangene Gabe« oder »Anzahlung«:

> Nicht nur die Schöpfung, ...
> sondern auch wir selbst,
> die den Geist als Anzahlung des Künftigen haben...«
> Römer 8,23

Der Geist also wirkt in uns die Entstehung und das Wachstum des inneren Menschen, der in der Zukunft sichtbar und vollendet sein wird. Damit ist aber nicht die gängige Unterscheidung zwischen Leib und Seele gemeint. Die Seele gehört durchaus zum »äußeren« Menschen und kann nur in ihrem dichten Zusammenhang mit dem Leib verstanden werden. Nein, es geht um die Anfänge einer neuen Identität des ganzen Menschen.

Es wächst also etwas in uns. Und so nötig es ist, Gott zu glauben, obgleich wir ihn nicht sehen, das Reich Gottes und die Auferstehung zu glauben, obgleich sie erst vor uns liegen, so nötig ist es, diesen neuen Menschen in uns zu glauben trotz alles Dunklen und Schattenhaften in uns, trotz alles Krummen und Zweideutigen, das uns anhaftet. Nicht alles, was in uns ist, ist uns zugänglich, und letztlich ist uns unser eigenes Geheimnis so verborgen wie das Geheimnis Gottes. Im Grunde müssen wir alles, was in diesem Leben wichtig ist, glauben. Die Liebe müssen wir glauben, es gibt keine Liebesbeweise. Den Sinn unserer Lebensarbeit müssen wir glauben, es gibt keine Erfolgskontrolle. Wir werden allem, was wirklich wichtig ist, erst begegnen, wenn wir einmal die Augen geschlossen und sie auf der anderen Seite der Wirklichkeit neu aufgeschlagen haben werden.

Das alles setzt eine Wahrnehmungsfähigkeit voraus, die Künftiges erschaut und in die Gegenwart einbindet. Eine Selbsterkenntnis, die damit Ernst macht, dass unsere Bestimmung eine Vollendung ist, die heute beginnt. So schreibt Paulus im zweiten Brief an die Korinther:

Gott, der sprach:
Licht soll aus der Finsternis hervorleuchten,
ist als heller Schein in unseren Herzen aufgegangen
und hat uns erleuchtet,
so dass wir die göttliche Herrlichkeit erkennen,
die uns auf dem Angesicht
des Jesus Christus erscheint.
2. Korinther 4,4–6

Gott selbst also ist wie eine Sonne in unserem Herzen aufgegangen. Wir haben dadurch eine Erleuchtung gewonnen, die uns fähig macht, Licht als Licht zu erkennen. Diese Fähigkeit, Licht als Licht zu schauen, macht den inneren Menschen aus, der Gott bei sich empfängt und der sich nicht nur in den »Christus in ihm« wandelt, sondern auch die neue Schöpfung des Kosmos vorbildet. Und das tröstet uns über unseren schäbigen Zustand, in dem wir uns noch und noch sehen, dass in uns diese Erleuchtung, diese Wandlung, diese Zukunft angefangen hat.

Die mystische Frömmigkeit wird oft dahingehend missverstanden, sie liebe das Dämmerlicht, das Dunkel gar, sie mache die Welt künstlich dunkel, auch wo sie für den normalen Menschen hell und klar sei. Aber die Zeugnisse der großen Mystiker sprechen eine andere Sprache. Dem religiösen Visionär ist der Tag nicht hell genug. Im Spiegel des Lichtes, das er eigentlich sucht, ist der Tag auf dieser Erde Dämmer und ist der Weg des Menschen ein Weg durch die Nacht. Und wenn er ans wirkliche Licht gerät, spricht er von der Überhelle dieses Lichts. Und er sagt, was wir mit unseren irdischen Augen nicht wahrnehmen können, weil es unserem Auge zu hell ist, das sei das »göttliche Dunkel« oder das »überhelle Licht«.

Gotteserfahrung ist eine Erfahrung der Helligkeit, die über dem Dasein liegt. Und wir werden fähiger, sie zu schauen in dem Maß, in dem wir von uns absehen und den Menschen in uns ins Auge fassen, den Gott für uns neu angefangen hat.

Christus ist nicht nur
die Ikone des unsichtbaren Gottes,
sondern er ist auch meine Ikone,
er ist mein Bild,
mein wahres Bild, mein wirkliches Wesen.
Jesus Christus als das Bild,
als das Wort ist die Offenbarung Gottes,
aber auch die Offenbarung meiner selbst
in meinem eigentlichen Sinn.

E<small>MMANUEL</small> J<small>UNGCLAUSSEN</small>

Der äußere Mensch ist der alte Mensch,
der irdische Mensch, der Mensch dieser Welt,
der von Tag zu Tag älter wird.
Sein Ende ist der Tod.
Der innere Mensch auf der anderen Seite
ist der neue Mensch, der himmlische Mensch,
in dem Gott leuchtet.

M<small>EISTER</small> E<small>CKHART</small>

Gotteserfahrung, wenn es sich denn um Erfahrung von Christen handelt, ist die Erkenntnis, dass es mit dem Evangelium seine Wahrheit hat, dass das Evangelium uns erreicht hat. Dass uns zugeflossen und zugewachsen ist, was das Evangelium meint: Befreiung, Entlastung, Heilung, Ermutigung und Befähigung. Und in all dem ein Auftrag, eine Vollmacht: im Namen und mit dem Willen Gottes zu reden, zu leben, zu handeln. Also ein Christ zu sein. Und wir vertrauen darauf, dass unser Weg von uns selbst zu uns selbst, dem neuen Menschen, dem Christus, ein Weg ist, auf dem wir geführt und begleitet sind von Gott.

Neuschöpfung

Wie also entsteht der neue Mensch in uns? Die Antwort gab sich Paulus, indem er vom »Geist« sprach. Er sagt, der Geist »nehme in uns Wohnung«. Er sagt auch, wir seien »im Geist« oder der Geist lasse uns »wachsen und reifen«. Der Geist gehe in unseren Geist ein, seine Lebendigkeit in unsere Seele, und indem er allmählich in uns hineinwachse, nähmen wir die Gestalt des Christus an und in dieser Gestalt gingen wir hinüber in die größere Welt.

> Die Liebe ist ausgegossen in unsere Herzen
> durch den heiligen Geist, der uns verliehen ist.
> Römer 5,5

> Wenn wir im Geist leben,
> so lasst uns auch im Geist handeln.
> Galater 5,25

Von dem Gedanken aus, dass der Geist »in uns wohne«, gelangt Paulus schließlich zu der Vorstellung, wir seien der »Tempel Gottes«:

> Der Tempel Gottes ist heilig.
> Der seid ihr!
> 1. Korinther 3,16–17

Wir haben immer gelernt, Gott sei sozusagen außerhalb unser. In der Natur draußen oder droben überm Sternenzelt, wie Schiller sagt. Jedenfalls nicht in uns, den sündigen Menschen. Und so hatten wir in den vergangenen zweihundert Jahren immer mehr Mühe, uns einen Platz vorzustellen, den Gott in unserer Welt noch bewohnen konnte. Die Wissenschaft hat den Kosmos im Kleinsten und im Größten erforscht, und nirgends fand sie einen Ort für Gott. Denn Gott war für uns immer eine Art Lückenbüßer, der dort seinen Ort hatte, wohin das Wissen des Menschen noch eben nicht reichte. Und ein gutes Stück des modernen Atheismus hängt mit dieser Vorstellung von dem Gott zusammen, der draußen oder drüben oder droben sei, nur nicht in uns, den Menschen.

Ihr seid eine Behausung Gottes, sagt Paulus, sein Wohnort. Zwischen euch und Gott klafft kein Weltraum. Er ist euch näher, als ihr selbst euch seid. Wenn ihr darum Gott sucht, so nehmt den Weg unter die Füße in euch selbst hinein, ohne Furcht vor dem, was euch dabei begegnen könnte. Denn ihr begegnet einem Gott, der mit euch im Frieden lebt.

Es ist schon mehrfach deutlich geworden: Von solchen Vorgängen können wir nur in Widersprüchen reden: Wir sind in Gott – aber Gott ist auch in uns. Wir sind in Christus – aber Christus ist auch in uns. Nicht nur sind wir bewegt vom Geist Gottes wie von einem Wind, der uns von außen trifft – der Geist Gottes ist auch in uns. Nicht nur wir sind im Reich Gottes – das Reich Gottes ist auch in uns. Und erst, wo wir beides fassen, fassen wir das Ganze. Denn nicht die vielgeschmähte Lehre von der Ursünde und auch nicht die Rechtfertigung des Sünders sind an dem, was Paulus uns sagt, das Zentrale. Die Mitte ist ganz anderswo: nämlich dort, wo er vom Geist Gottes in uns spricht:

> Was kein Auge gesehen und kein Ohr gehört hat
> und in keines Menschen Herz gekommen ist,
> das hat uns Gott offenbart durch seinen Geist.
> Denn der Geist erforscht alle Dinge,
> auch die Tiefen der Gottheit.
> Denn welcher Mensch weiß, was im Menschen ist,
> als allein der Geist des Menschen, der in ihm ist?
> So auch weiß niemand, was in Gott ist,
> als allein der Geist Gottes.
> 1. Korinther 2,9–11

Und noch weiter: Nicht nur, dass der Mensch, der eine Wohnung des Geistes Gottes ist, mit Hilfe der Erkenntniskraft des Geistes Gott selbst erkennt, sondern auch, dass dieser Geist im Menschen es ist, der im Namen des Menschen zu Gott spricht.

> Der Geist hilft unserer Schwachheit auf.
> Denn wir wissen nicht, was wir beten sollen.
> Der Geist aber vertritt uns mit klagender Stimme
> ohne Worte gegenüber Gott.
> Gott aber, der die Herzen erforscht,
> versteht, was der Geist sagen will.
> Römer 8,26–27

Wenn dies alles, was Paulus hier sagt, keine Mystik ist, dann hat es auf diesem Erdball noch nie so etwas wie Mystik gegeben.

Im Grunde ist die Mystik des Paulus eine Wandlungsmystik. Er will sagen: Dadurch, dass uns der Geist Gottes gegeben ist, haben wir die Freiheit des Schauens. Die Augen sind uns aufgegangen. Was wir aber schauen, verwandelt uns. Schauen verbindet den, der schaut, mit dem, was er schaut. So entsteht in uns, wenn wir Christus schauen, der neue Mensch, der nach Christus gestaltet ist. Sein Bild prägt uns um zu unserer eigenen, eigentlichen Gestalt. Gott sendet seinen Geist. Wir nehmen ihn auf. Der Geist, der die Welt schuf, verbindet

Pfingsten

Finsternis.
Alles ist verschlossen, die Straßen, die Türen.
Kein Fuß zum Gehen, kein Schlüssel zum Öffnen.

»Und plötzlich erhob sich ein starkes Brausen gleich einem ungestümen Winde.«

Plötzlich zerbricht das Licht die Türen,
die Fessel der Angst zerreißt,
die Füße befreien sich,
der Wind haucht uns Gott ins Antlitz,
die Liebe erhebt die Erde,
die Freude kehrt alles um.
Jetzt erhellen sich die niedergeschlagenen Gedanken,
finden sich wieder zurecht,
versöhnen sich, stimmen zusammen,
erleuchten einander ... schweigen.
Die Stille weiß alles. Die Stille sagt alles.
Und aus der Seele, die gestern untröstlich war,
steigt das Lied unermeßlicher Glückseligkeit.

MARIE NOËL

uns mit den Ursprungskräften der Schöpfung, und es entsteht in uns ein neues Geschöpf. Das sind wir selbst – und es ist zugleich der Christus in uns.

Wegbruder Christus

Ich sage also und weiß mich in Übereinstimmung mit dem, was Paulus sagt: Wenn die Gemeinschaft mit Christus sich darin äußert, dass ich sein Leiden mitleide und seine Auferstehung mitfeiere, dann gewinne ich in ihm einen begleitenden Bruder an meiner Seite. Zusammen mit ihm werde ich durchleiden, was mir zugemutet ist. Zusammen mit ihm werde ich die kurze Dunkelheit durchwandern, die »Tod« heißt. Denn dieser Bruder an meiner Seite ist der Gewährsmann für das Licht, das mir drüben aufleuchtet. Er bleibt bei mir, in mir, neben mir, hinter mir oder wie immer ich es mir vorstellen mag.

Als ich konfirmiert wurde, gab mein Pfarrer mir den herzhaften Spruch mit auf den Weg:

> So sei nun stark, mein Sohn,
> durch die Gnade, die in Christus zu dir kommt.
> Leide mit als ein guter Streiter des Jesus Christus.
> 2. Timotheus 2,1–3

Damals hat mir eingeleuchtet, dass ich ein guter Streiter sein sollte. Was mir nicht eingeleuchtet hat, war, dass ich als Streiter für Christus leiden solle. Heute leuchtet mir die Berufsbezeichnung »Streiter« weniger ein – ich lebe gerne mit jedermann im Frieden, und tatsächlich kenne ich auch keinen Menschen, gegen den ich streiten möchte – und mehr schon finde ich an dem Wort tröstlich, dass ich nicht einfach leiden, sondern mein Leiden durchstehen solle mit anderen zusammen und vor allem zusammen mit Christus.

Die Seele hört stets, was sie nicht hört.
Sie sieht oft, was sie nicht sieht.
Sie ist oft dort, wo sie nicht ist.
Und sie spürt oft, was sie nicht spürt.
Sie hat ihren Vielgeliebten bei sich und sagt:
Er ist mein. Ich lasse ihn nicht gehen.
Er ist in meinem Willen.
Mag kommen, was kommt. Er ist mit mir.
Es wäre unrecht, wollte ich mich beunruhigen.

MARGARETE PORETE

> Denn Gott hat uns bestimmt
> zur Gemeinschaft des Lebens in ihm
> und hat uns eine neue Gestalt,
> das Bild seines Sohnes, zugedacht.
> Und am Ende wird Christus der Älteste sein
> unter vielen Geschwistern.
> Römer 8,29

Er wird der Wegbruder sein, der mich stützt, der mir Vertrauen gibt und Zielgewissheit. Wenn er mit mir geht, wird es keine Stunde geben und keine Lage, in der ich ganz verlassen wäre. Wenn er neben mir geht, werde ich meinen Weg finden und die Kraft haben, ihn zu gehen.

Was also – das liegt in dem Wort vom Wegbruder – um mich her geschieht, klingt in seiner Stimme mit. Alle Wahrheit, alle Lebenskraft, alle Liebe, die ich empfange oder weitergebe, sagt er mir, ist mir zugedacht. Alles, was mir zufällt und was man gemeinhin Zufall nennt, fällt mir von Gott her zu. Was mir schwer aufliegt, ist mir auferlegt von einem heiligen Willen, mit dem eins zu sein ich mich entschlossen habe. Ich kann mich also für den Weg öffnen und allem, was mir auf meinem Weg entgegenkommt. Denn alles kommt aus einer Hand, und es ist die Hand dessen, der mich begleitet.

Dieser Wegbruder Christus sagt: Ich gebe dir Frieden. Friede heißt: nicht im Hass leben und nicht im Streit. Es heißt: nicht sich verzehren in Vorwürfen gegen Gott und die Menschen. Es heißt: Freundlichkeit geben und nehmen. Vertrauen schaffen und Vertrauen genießen. Es heißt vor allem: nicht beunruhigt sein durch all das, was geschehen ist, was versäumt wurde durch Verschulden oder Versagen. Nicht beunruhigt sein durch die Erwartung, es werde auch künftig wieder eine Menge Versäumen und Verschulden geben. Frieden heißt: sich mit allem, was war, was ist und was kommt, den führenden Händen Gottes anvertrauen und das Wort Jesu ernst nehmen, dass es die Wehrlosen, die Geduldigen, die Leidenden und die Barmherzigen sind, die den Weg finden in Gottes Reich.

*Ich denke da an mich selbst,
wie es in mir hin und her treibt
und bald dies und bald das die Herrschaft hat –
und dass alles ein einziges Herzquälen ist
und ich dabei auf keinen grünen Zweig komme.
Und dann denke ich, wie gut es für mich wäre,
wenn doch Gott
allem Hin und Her ein Ende machen
und mich selbst führen wollte.*

MATTHIAS CLAUDIUS

Im Epheserbrief lesen wir:

> Gott erleuchte die Augen eurer Herzen so,
> dass ihr schauen könnt,
> was die Zukunft für euch bereithält
> und welche Fülle von Licht sich in euch,
> den Heiligen, spiegelt.
> Epheser 1,18

Und in den Korintherbriefen:

> Wo der Geist des Christus ist, da ist Freiheit.
> Nun schauen wir die Herrlichkeit Gottes
> wie in einem Spiegel,
> wir werden von ihr in sein Bild verwandelt
> und gehen von einer Verwandlung ins Licht in die andere.
> 2. Korinther 3,18

> Wie wir das Bild des irdischen Menschen getragen haben,
> so werden wir das Bild des himmlischen tragen.
> 1. Korinther 15,49

Wir sind vergehende Menschen und leben in einer vergehenden Welt. Aber Christus zeigt uns, indem er uns durchscheinend wird auf das Licht Gottes hin, dass sich etwas Festliches vorbereitet. Wenn die Sonne aufgeht, tut sie es ohne Lärmen. In großer Stille schafft sie den neuen Tag. Wir aber, die in ihrem Licht leben, erwarten die Stunde, in der wir durch das Licht, das uns in dieser Welt aufgehen kann, hinübergehen in ein anderes, ein von Licht erfülltes Dasein.

Wenn ich auf den höchsten Berg meines Ich
hinaufsteige,
wenn ich versuche, mich dort zu halten,
ohne Erde, ohne Luft, ohne Augen, ohne Ohren,
ohne Füße noch Hände, ohne Leben,
auf der äußersten Spitze meiner Seele,
werde ich mich dann Gott genähert haben?
Auf welchen Baum steigen,
um den Himmel zu berühren?
Für die Begegnung Gottes mit dem Menschen
steigt der Mensch vergeblich.
Gott steigt herab.
Er steigt nicht viel tiefer
zum Sünder als zum Gerechten.

MARIE NOËL

Macht Paulus krank?

Ich höre oft Menschen über ihre religiöse Lebensgeschichte reden. Besonders Frauen erzählen mir gelegentlich so:

Ich habe in der Kirche gelernt, ich sei ein hoffnungsloser Fall. Besonders nach des Paulus Meinung, so hat man mir gesagt, sei ich ein sündiger Mensch und würde es zeitlebens bleiben, und nur die große, unverdiente Gnade Gottes erlaube mir, überhaupt weiterzuleben und gar auf ewiges Heil zu hoffen. Denn Gott sehe mich ungerechtes Wesen so an, als wäre ich gerecht. Gott sehe mich nur so an, als ob etwas in mir anders geworden wäre, und aufgrund dieses Als-Ob hätte ich die Chance, ewiges Leben zu gewinnen. Aber das hat mehr in mir krank gemacht als geheilt, mehr entmutigt als Mut gegeben. Wenn doch alles beim Alten bleibt, wozu es dann noch aufnehmen mit dem Leben, wozu etwas versuchen, wozu sich bewähren, wozu Mut zu sich selbst fassen? Mich jedenfalls hat diese ganze Rechtfertigungslehre, wie man sie nennt, nur enttäuscht. Im Grunde hat dieser Paulus mir Jesus nur fremd gemacht und mich selbst tief hinein krank.

In der Tat: Wäre das alles, dann wäre das Evangelium genau mit dieser seiner Auslegung verschenkt. Aber ist das Paulus? Gibt es in seinen Briefen nicht auch ganz andere Gedanken, die wir gerade in der evangelischen Kirche über die Jahrhunderte hin vernachlässigt, wenn nicht vergessen oder verdrängt, ja missachtet haben? Wie in unserer Darstellung des Mannes aus Nazaret, so spielt in unserer Darstellung des Paulus das, was uns Mut geben könnte, was uns Wege zeigte, was uns unserer Würde und unseres Werts versichern könnte, eine seltsam unterwertige Rolle. Und wie bei Jesus setzt unsere Verkündigung der Botschaft des Paulus genau an dem Punkt aus, an dem seine Gedanken sich auf mystische Wege begeben.

Die sogenannte »Rechtfertigungslehre«, die sagt: Du bleibst ein Sünder, aber die Gnade Gottes ist so groß, dass er dich trotzdem gelten und leben lässt, sagt damit ja nicht das

Wenn die Propheten einbrächen
durch Türen der Nacht
mit ihren Worten Wunden reißend
in die Felder der Gewohnheit,
ein weit Entlegenes
hereinholend
für den Tagelöhner,
der längst nicht mehr wartet am Abend –

Wenn die Propheten einbrächen
durch Türen der Nacht
und ein Ohr wie eine Heimat suchten –

Ohr der Menschheit
du nesselverwachsenes,
würdest du hören?

Wenn die Propheten aufständen
in der Nacht der Menschheit,
wie Liebende, die das Herz des Geliebten suchen,
Nacht der Menschheit,
hättest du ein Herz zu vergeben?

NELLY SACHS

Ganze. Sie sagt noch nicht einmal das Wichtigste. Sie ist ein Gedanke zum Einstieg, der falsche Vorstellungen abwehren soll und der ja im 16. Jahrhundert viele Verirrungen im Bewusstsein der Christen geklärt hat. Aber wenn wir bei ihr stehenbleiben, finden wir nie und nimmer das Wesentliche und Entscheidende in den Briefen des großen Mystikers. Wir begnügen uns mit einer Hälfte von ihm und mit weniger als einer Hälfte. So kann der Glaube in vielen Menschen etwas Düsteres annehmen, etwas Depressives, das dem Evangelium genau zuwiderläuft. Auf der anderen Seite nämlich sagt schon Paulus das genaue Gegenteil: Seit Christus in mir ist, ist in mir alles anders geworden! Ich bin ein neues Geschöpf! Gott wohnt in mir, ich bin also eine Wohnung Gottes! Ich bin sein Ort. Ich bin sein Tempel. Ein Tempel ist etwas Heiliges. Und so macht das Evangelium etwas aus mir, das ich mit aller Anstrengung nicht aus mir machen könnte: einen Menschen für die Ewigkeit.

Die Mystik des Paulus ist ein hohes Lied über die Wandlung, die mit mir geschehen ist, die mit mir geschieht und die mich vollenden will zum Bild eines in Gott lebenden Menschen.

Die dunkle Nacht der Seele

Erfahrung des Schattens

Mit dieser lichten und zukunftsreichen Deutung meines Menschenlebens auf dieser Erde könnte nun alles gelöst und geklärt sein, wenn nicht die Erfahrung in ganz anderer Gestalt immer wieder auf mich zukäme und ich zu mir sagen müsste: Ich sehe etwas ganz anderes. Ich sehe kein Licht, sondern Dunkelheit. Ich sehe keinen liebenden Gott, sondern einen in tiefen Schatten verborgenen. Ich sehe mich selbst keineswegs als Christusgestalt, sondern ganz anders, zerklüfteter und banaler.

Diese andere Erfahrung führt uns keineswegs zum Glauben, sie widerspricht ihm. Sie führt nicht zum Vertrauen, sie kann es auch zerstören. Sie führt nicht zur Klarheit, sondern in ausweglose Widersprüche. Nur ein Glaube aber, der es mit dieser Art Erfahrung ehrlich aufnimmt, kann uns am Ende helfen.

Es bedarf keiner besonderen Scharfsichtigkeit, um die Tatsache wahrzunehmen, dass ein Schatten über dieser Welt liegt, oder besser eine ganze Folge von Abstufungen eines riesigen Schattens. Er liegt über uns selbst. Er liegt über den Menschen, die wir kennen, deren Schuld oder Leid oder Torheit uns täglich vor Augen geführt wird. Er liegt über dem Schicksal der ganzen Menschheit. Er liegt über dieser Erde mit dem unendlichen Leiden, das die Geschöpfe Gottes einander zufügen. Er liegt über dem Universum, das nach bisheriger Erkenntnis unaufhaltsam dem Ende seiner Bewegungen zutreibt. Und zuletzt wird aus alledem der tiefe Schatten, der Gott selbst dunkel macht.

Von meiner eigenen Vergangenheit in Ungenügen, Versagen, Versäumen, Verschulden und von meiner abgründigen Verlorenheit in mein Schicksal und mein eigenes Wesen brauche ich zu Menschen, die sich kein X für ein U vormachen, kaum zu reden. Ich anerkenne die Weisung Gottes, die mir in der Bibel und vor allem in den Reden des Jesus von Nazaret begegnet, und handle doch täglich gegen sie. Ich behaupte, ich suchte nach dem Reich Gottes, aber das meiste, das ich tue,

*Ich habe meinen Kopf
voller philosophischer Gedanken
und bin doch ein Schwein.*

PLATONOW BEI ANTON TSCHECHOW

kommt aus meinem Sicherheitsbedürfnis und meinem Durchsetzungswillen. Ich sehe die große göttliche Liebe am Werk und weiß, dass sie das Maß ist, das für mich gilt, und lebe doch ständig gegen sie. Betrachte ich mich nüchtern genug, dann komme ich an den Punkt, an dem der Apostel Paulus ankam, der schrieb:

> Ich weiß, dass im Gesetz der Geist Gottes ist,
> ich aber bin der Gefangene in einem Gesamtsystem,
> welches das Gesetz Gottes verachtet.
> Das ist mir ein Rätsel.
> Denn ich tue nicht, was ich will,
> sondern was ich hasse...
> Ich habe wohl den Willen zum Guten,
> aber nicht die Kraft, es wirklich zu tun.
> Ich tue nicht das Gute, das ich will,
> sondern das Böse, das ich nicht will.
> Ich elender Mensch! Wer wird mich erlösen
> aus dieser Knechtschaft,
> zu der das Leben in diesem Leib mich verurteilt?
> Römer 7,14–24

Ich erfahre dabei, von welchem Gewicht das ist, was die Bibel die »Sünde« nennt. Wie dunkel der Schatten in mir selbst, der durchgehende Widerspruch gegen die Anrede Gottes, die Abgrenzung gegen Gott und die Menschen, die Fälschung, die mein ganzes Leben zur Lüge macht. Ich kann also nicht davon absehen, dass ich ein Außenseiter bin, abgetrennt von Gott, von der Welt und vor allem auch von mir selbst. Und ich muss erkennen, dass es keinen Weg gibt, diesem Verhängnis oder besser: dieser Schuld zu entrinnen oder sie mit irgendetwas Gutem auszugleichen.

Ich sehe auch, und das entlastet mich nicht, dass dieser schattenhafte Zwiespalt in allen Menschen ist, dass da eine Art von Nacht über alles fällt, was an Menschenwerk und Menschengeschick auf dieser Erde geschieht. Wir widerspre-

Die Geschichte meiner Seele,
das ist die Geschichte vom Korn.
Im Frühling war ich Saat im Winde,
ich war Blüte, ich war Spiel und Freude.
Damals, o mein Gott, habe ich dich geliebt.
Im Sommer ist mein Korn gereift:
Ich habe dir einige Werke gegeben.
Im Herbst habe ich es verloren!
Ich habe nichts mehr, was ich dir geben könnte.
Ich habe weder Blüte noch Korn.
Ich bin nicht mehr ich selbst
noch irgend etwas, was mir gleicht.
Von Zerbrechen zu Zerbrechen
bin ich zu Staub geworden.
Da bin ich, gedroschenes Korn,
zerriebenes Mehl, da bin ich:
Brot, geknetet, gebacken,
zerbissen, zerkaut, zerstört.
Nichts ist mir geblieben.
Ich habe dir nichts zu geben, o mein Gott,
weder Blüte noch Frucht,
weder Herz noch Werk;
nichts mehr als einen gehorsamen Bissen
trockenen Brotes.

MARIE NOËL

chen alle unserer eigenen Einsicht, wir scheitern alle an unserem eigenen Willen. Und ich sehe, dass dieser Menschheit ein aussichtsloser Kampf auferlegt ist, ein Kampf um den Frieden, den sie nie findet, um eine Gerechtigkeit, die sie nie erreicht, um Menschlichkeit, die vielleicht ein Zustand wäre unter Menschen, die ihren Zwiespalt hinter sich hätten. Meine Generation hat in jungen Jahren einen Krieg mitgemacht. Wenn ich heute von der Schönheit der Erde rede oder von der Nähe eines liebenden Gottes, dann tue ich das nicht aus Naivität oder romantischer Vergesslichkeit. Wir haben Erfahrungen von Dunkelheit hinter uns, die für ein Leben ausreichen, an der Grenze des Erträglichen, Erfahrungen mit dem millionenfachen Verrecken von zusammengeschossenen Menschen, mit Massenmord und Massenverbrechen, und das heißt: mit Schicksalen, die von den Millionen Opfern keineswegs verschuldet oder verdient waren. Dass ein Menschenschicksal etwas an sich haben kann von einer unbegreiflich nachtschwarzen Dunkelheit, das muss man uns nicht erzählen. Auschwitz kann man nicht vergessen.

Was dabei Menschen verschulden, mag man den Menschen zur Last legen. Aber wer hat denn die Menschen geschaffen mit ihrem Zynismus, ihrer Brutalität, ihrer Fühllosigkeit? Wer, wenn nicht der, der den Menschen in den Jahrmilliarden der Evolution so hat werden lassen, wie er heute ist, in einer Entwicklungsgeschichte, die ihm die Selbstdurchsetzung als Bedingung zum Überleben geradezu vorgeschrieben hat?

Ich finde auch keinen Weg an einem anderen Gedanken vorbei: Wenn Gott in allem lebt, dann findet auch das Leiden der Geschöpfe nicht außerhalb seiner statt. Dann leidet Gott die Schmerzen aller Geschöpfe mit. Dann ist er nicht nur ein schaffender Gott, sondern auch ein leidender. Dann kann man die ganze Weltgeschichte als eine einzige, Gott und seine Schöpfung verbindende Leidensgeschichte verstehen und sich dabei erinnern, dass der christliche Glaube sagt, in Jesus Christus, dem leidenden und sterbenden, komme Gott uns am nächsten.

Als Gott über meinen Erdenstaub blies,
um in ihn meine Seele einzupflanzen,
muss er wohl zu heftig geblasen haben.
Ich habe mich nie erholt
von diesem Anhauch Gottes.
Ich habe nie aufgehört,
wie eine Kerze zu zittern,
wie eine flackernde
Kerze zwischen zwei Welten.

MARIE NOËL

Aber in der Leidensgeschichte des Jesus von Nazaret geht es noch einen Schritt weiter. Jesus hatte im Garten Gethsemane davon gesprochen, er füge sich dem Willen Gottes, seines Vaters, denn, das war ihm selbstverständlich, was geschieht, sei von diesem göttlichen Willen gefügt. Aber wenige Augenblicke später, als die Soldaten ihn festnehmen, sagt er etwas ganz anderes: »Das ist eure Stunde und die Macht der Finsternis.« Wessen Wille also geschieht? Der Gottes? Oder der Wille der »Finsternis«? Und wer mag das sein, diese Finsternis? Mitten in der Einwilligung tut sich ein Abgrund auf. Wer brachte plötzlich die Finsternis in den Garten Gottes? Gott selbst oder ein anderer?

Kann denn gelten, dass diese Finsternis Gott selbst ist? Könnte dann nicht auch alles Dunkle im Menschen, auch alles Dämonische, Nichtige oder Destruktive seinen Ursprung in der Schöpfungsabsicht Gottes haben? Wenn das aber gelten könnte, trüge dann nicht Gott selbst auch die Verantwortung für die Menschen und für alles, was aus der Natur seines Geschöpfes hervorgeht, auch für die Massenmörder, die Tyrannen, die Verbrecher, die Lügner, die Gewalttäter? So käme also letztlich auch alles Böse und alles Schreckliche aus Gott, aus dem Abgrund Gottes, aus seinem »Schatten«. Aus seinem dunklen, unerforschbaren Willen.

Ich habe nie ernsthaft daran gezweifelt, dass irgendwo irgendein Gott sei. Ich habe ihm ernsthaft zu keiner Zeit meines Lebens Vorwürfe gemacht. Ich habe ihn nie angeklagt. Woher hätte ich auch nur die kleinste Kenntnis der Zusammenhänge, in denen alles steht? Aber diese Dunkelheit hat mich seit meinen jungen Jahren nie ganz verlassen. Die Frage, wer denn für alles verantwortlich sei.

Und da ist dann nicht mehr von einem Dämmerlicht die Rede, das über allem Licht liegt, nicht mehr vom Dunklen, nicht mehr vom Schatten, sondern von der Finsternis, die sich wie ein Abgrund auftut. Steht der Allmacht Gottes nicht eine seltsame Ohnmacht gegenüber – oder seiner Güte eine entsetzliche Gleichgültigkeit und Zerstörungskraft?

Ein Gebet in der Erschöpfung

Mein Gott, ich liebe dich nicht.
Ich will es nicht einmal.
Ich bin deiner überdrüssig.
Vielleicht glaube ich überhaupt nicht an dich.

Aber sieh auf mich im Vorübergehen.
Wenn du Lust hast, dass ich an dich glaube,
dann gib mir den Glauben.
Wenn du Wert darauf legst, dass ich dich liebe,
dann gib mir die Liebe.
Ich habe von all dem nichts,
und ich kann nichts dazu tun.

Ich gebe dir, was ich habe:
Meine Schwäche, meinen Schmerz
und diese Zärtlichkeit, die mich peinigt,
und die du wohl siehst...
Das Elend meines Zustands – das ist alles –
und meine Hoffnung.

MARIE NOËL

Oder können wir, wenn wir Gott als den Schöpfer dieser Erde glauben, die dunkle Hälfte dieser Erde einem anderen Schöpfer zurechnen? Ist Gott nicht alles in allem? Wenn er aber selbst das Dunkel ist, unter dem wir leiden, vielleicht gar die Finsternis, in der wir umherirren – was tun wir dann? Martin Luther sprach nicht nur vom »gnädigen Gott«, sondern auch von dem dunklen, dem gefährlichen, dem verborgenen, und er empfahl uns, vom dunklen Gott wegzuflüchten hin zu dem Vater, den uns Jesus Christus zeigt. Aber was ist, wenn dieser »Vater« nur der lichtere Aspekt des abgründig finsteren Gottes ist? Wohin rettet dann eine Flucht?

Dieser Schatten über Gott kann abgründig dunkel werden, vor allem für einen Menschen, der sich dem Weg des mystischen Erfahrens aussetzt. Er kann von Schreckensgesichtern gejagt sein, von Fratzen, Dämonen oder Teufeln, gerade wenn er Gottes ansichtig wird. Und dabei weiß er, dass er all dies nicht abwehren darf, dass es nicht gut wäre, gegen all das zu kämpfen, es zu leugnen, es zu verharmlosen, dass die Aufgabe vielmehr darin besteht, sich mit all dem zu versöhnen, es zu bejahen und im Frieden mit ihm zusammenzuwohnen. Mit der kämpferischen Pose wäre kein Sieg zu erringen. Er weiß, dass er ein Gespräch beginnen soll mit all den Schattenfiguren, denen er begegnet. Und es wird seine lebenslange Aufgabe sein, zu unterscheiden zwischen den Schatten, die er in sich selbst zurücknehmen und bejahen soll, und den anderen Schatten, denen es gerade im Namen des Evangeliums zu widerstehen gilt. Denn es bleibt wahr, dass die Widersprüche dieses Lebens und Glaubens als Einheit zu verstehen uns vielleicht in Gottes Reich gelingen kann, nicht aber auf dieser von tausend Abgründen zerfurchten und zerrissenen Erde.

Diese Tage, an denen ich gedrückt, schwerfällig,
niedrig, irdisch bin, unfähig,
das Unsichtbare zu ergreifen...
Dann kann ich eine Katze oder einen Hund
liebhaben,
aber nicht Gott.
Ich habe nichts mehr, um ihn mir vorzustellen.
Dann ist es eine große und harte Mühe,
Gott zu danken
und alles, was nicht für die Sinne existiert,
was man nicht sieht,
treu zu betrachten;
zuzuhören, wo man nichts hört,
das zu lieben, was gar nicht ist
als nur in dieser Seele,
in der nichts mehr ist.
Allmählich beruhigt,
entzündet sich wieder ein Licht
und macht den Geist wieder lebendig.
Wird es sich immer wieder entzünden?
Wird nicht zuletzt diese schwarze Müdigkeit
da sein,
aus der man nicht zurückkehrt?

Was kann bei erloschenem Himmel ein Körper
ohne Seele tun?
Nichts, außer sich erinnern.
Sich erinnern an Christus, den er gesehen hat,
und da, auf der alten Liebe, einschlafen,
mit gefalteten und vertrauenden Händen
der alten Gewohnheiten,
mit der durch Gebete abgenützten Zunge.
Und im Einschlafen wiederholen:
Amen.

MARIE NOËL

Wege durch die Nacht

Gerade bei den Großen der mystischen Tradition finden wir oft eine tiefe, eine unbegreifliche Dunkelheit. Johannes vom Kreuz spricht von der »dunklen Nacht«. In Marie Noël finden wir einen Menschen, dessen Gotteserfahrung von einer fressenden Zerstörungskraft ist und der selten noch irgendwo einen Sinn, eine Rettung, ein Licht sieht. Therese von Lisieux gehört in diese Reihe oder der junge Martin Luther. Der spricht von »Anfechtung« und meint einen Kampf des Teufels gegen uns Menschen und Gottes Abwesenheit im Nichts. Und das war für ihn kein Spiel der Gedanken, sondern eine verzweiflungsvolle Realität. Diese dunkle Nacht der Seele forderte von ihm und vielen anderen einen Glauben, der gelernt hat, auf dem Nichts zu stehen.

Robert Walser schreibt:

> Nicht?
>
> Ich liege im Zimmer, gequält
> von schwarzen Erinnerungen.
> Wie habe ich schwer gefehlt,
> wie bin ich zu fehlen gezwungen.
>
> Scheint denn die Sonne heute nicht?
> Es liegen ja alle Armen
> auf den Knien, mit ihren warmen
> Herzen, die Angst im bangen Gesicht.
>
> Scheint denn die Sonne heute nicht?

Fridolin Stier, der wichtige katholische Theologe, der zu den großen Leidenden gehört hat, meint: »Vielleicht ist irgendwo Tag...« Diese zage Hoffnung spricht sich in dem Titel seines Tagebuchs aus.

Er, der Unbekannte,
hatte mir eine Falle gestellt.
Er hatte mich lange erwartet,
still in der Stunde meiner größten Müdigkeit,
um mich in den Schrecken meines Selbst
zu stoßen
und mich ohne Verteidigung
den verbündeten Dämonen meines Leibes
und meiner Seele auszuliefern...
Das wurde eine große Schlacht:
die Stunde der Macht der Finsternis –
Monate der Hölle, Monate aller Qualen,
Monate aller Tode.
Zerstörung des Körpers, Zerstörung der Seele
und allein überlebend,
allein menschlich der verzweifelte Schrei
des Herzens...
Aber alles geschah in der Stille,
in der Folterkammer,
dem dumpfesten und stummsten Verlies
der Seelenburg.
Droben in den bewohnten Sälen hörte
niemand etwas.

MARIE NOËL

Johannes vom Kreuz schreibt von den »lichtlosen und dornenvollen Wegen« durch die »dunkle Nacht«, die in eine Verzweiflung führen, die nur den Tod noch als Ausweg kennt:

> Komm, o Tod, von Nacht umgeben,
> leise komm zu mir gegangen,
> dass die Lust, dich zu empfangen,
> nicht zurück mich ruf zum Leben.

Reinhold Schneider, Dichter und Christ, wünscht sich ein Verlöschen ohne Auferstehung.

Die »dunkle Nacht« ist ein Leiden, das wir einmal verstanden haben müssen, wollen wir die Wege der Mystik verstehen, auch dann, wenn wir wissen, dass uns das letzte Geheimnis dieses heimatlosen Daseins unbegreiflich bleiben wird. Man mag sie als Depression einordnen und kann doch wissen, dass etwas ganz anderes in ihr geschieht als die bloße Kraftlosigkeit der Depression. Denn was den in ihr Leidenden eignet, ist Festigkeit ohne Härte, Zartheit ohne Weichlichkeit, Güte ohne Gutmütigkeit, Gehaltensein ohne Verkrampfung. Denn ihr Geheimnis und das Geheimnis ihres Überlebens ist der leidende Christus, dessen Weg sie in alldem zu gehen berufen und begnadet sind.

Freilich, auch durch die Gegenwart des Christus hellt sich die dunkle Nacht nicht auf. Sie bleibt dunkel. In ihr endet nicht nur das Vertrauen, sondern auch das Gespräch. Die sichtbaren Dinge verlieren ihre Nähe, und die Welt hört auf, Heimat zu sein. Die Welt greift nur noch an. Was an Worten hin und her geht, ist angefüllt mit Nichtverstehen. Was an Verbindungen zu Menschen gelebt worden war, ist für die Welt und die Menschen entbehrlich geworden. Nichts wird fehlen, sagt ein Mensch in dieser Dunkelheit, wenn ich fehle. Und nur selten kann so etwas empfunden werden wie ein Einverständnis mit dem Schicksal oder eine Spur des Vertrauens, im Übermaß der Dunkelheit nicht völlig abgeschnitten zu sein. Unzählige große Heilige der Geschichte waren, wie wir heute sagen würden, seelisch krank. Nachtkrank sozusagen. Aber was wir heute psychische Krankheit nennen, ist oft nichts anderes als ein Zeichen für die Verwundbarkeit, mit der ein Mensch dem Dunkel des Daseins auf dieser Erde ausgesetzt ist. Und oft ist es eine Offenheit für Angst und Trauer überhaupt, auch für die anderer Menschen. So stiegen die großen Liebenden oft ab in die Dunkelheit, in der andere Menschen lebten, und sie konnten es, weil ihnen die Dunkelheit vertraut war. Sie wurden zu Kranken an der Seite der Kranken, zu Schwachen an der Seite der Schwachen, zu Überwindern an der Seite derer, denen die Kraft zu überwinden fehlte, zu Liebenden, die in die Einsamkeit der Ungeliebten abstiegen. Sie wurden zu Zeichen und Hinweisen für die Liebe, mit der Jesus Christus den Ungeliebten nahe war. Aber Gott blieb dunkel. Auch ihnen selbst. Und Unzählige fanden erst in ihren letzten Stunden wieder ins Licht. Der Unterschied zwischen der dunklen Nacht und der Depression liegt in der großen und starken Fähigkeit zu lieben, vielleicht ohne dass der so liebende Mensch seine Zugewandtheit zu den Ungeliebten als Liebe empfinden könnte.

Dazu kommt ein Zweites. Die dunkle Nacht wird oft als Kampf gegen die Macht der Finsternis erfahren. Luther, der zuzeiten tief in ihr gelebt hat, empfand die »Anfechtung« als bewaffneten Angriff einer dunklen Macht auf seine Seele, auf ihren Glauben und ihren Frieden, einen Angriff, dem der Mensch aus eigener Kraft nichts entgegenzusetzen habe. Zugleich aber fand er diese angreifende Macht in sich selbst. Die Feindschaft gegen Gott, die die satanische Gegenmacht kennzeichnet, begegnete ihm in der Gottesfeindschaft, die in seinem eigenen Herzen war.

Und noch mehr: In dieser Erfahrung der »Anfechtung« und in seinem Willen, ihr zu widerstehen, kam Luthers grimmige Entschlossenheit zum Ausdruck, die Schmutzarbeit seines Zeitalters zu tun. Immer wieder versinkt er in dieser Dunkelheit, und immer wieder muss er eine Art neue Geburt erfahren, um sich selbst, seinem Auftrag, seiner Zeit zu begegnen.

*I*ch liebe niemanden mehr auf der Welt. Ich kann nicht mehr. Andere verlieren mit dem Altwerden das Gehör oder das Sehen. Ich, ich verliere die Liebe. Ich werde hart und schrumpfe zusammen, ausgetrocknet bis zur Erschöpfung meines Ich: ein Skelett von Pflicht, ohne Fleisch noch Herz. Wo ist dieses übersprudelnde Herz, dieser Brunnen Gottes, von dem so viel Zärtlichkeit geflossen ist? Vielleicht bin ich zuviel getrunken und gegessen worden, bis zum letzten Schweißtropfen erschöpft durch meine Brüder. Und jetzt bin ich ausgetrocknet und vermag nicht wieder zur Quelle zu werden. Aus Gewohnheit bin ich weiter gut, aber es ist eine müde Güte, voll zorniger Geduld. Ich bin meinem Nächsten ergeben, wie angekettet. Ich halte ihn tapfer aus, wie ein unheilbares Nagen. Wer in der Art gut ist, den verdammt seine Güte.

Marie Noël

Wie Kierkegaard gesagt hat, ist Luther bis heute ein für die Christenheit »äußerst wichtiger Patient«.

Er empfindet aber gerade diese dunklen Nächte als Erwählung, als Auszeichnung. Sie werden ihm zu einem Weg in die Tiefe der eigenen Seele und der Kollektivseele seiner Zeit, in die Tiefe des Menschenwesens, in die Tiefe der Weltgeschichte und endlich in die Tiefe des Evangeliums und der Begegnung mit Christus. Und er weiß, dass er nur so die neue Freiheit, die aus dem Glauben kommt, den Menschen seiner Zeit vermitteln, nur so das erlösende Bild des leidenden Christus aufzeigen kann.

Und wieder zeigt sich uns der schmale Grat zwischen Depression und dem, was Johannes vom Kreuz die »dunkle Nacht« nennt. Denn in der dunklen Nacht ist der Mensch nicht nur mit seiner eigenen Kraftlosigkeit befasst. Er begegnet vielmehr dem dunklen Gott und weiß, dass er eben dieser dunklen Nacht bedarf, um gesunden zu können. Romano Guardini hat gesagt: »Die dunkle Nacht ist die Not der Geburt des Ewigen im Menschen.« Sie ist Vernichtung und Neuschöpfung zugleich. Wir können nach dem rätselhaften Wort des Paulus auch von ihr sprechen als von der »göttlichen Traurigkeit, die niemanden gereut« oder von »der Betrübnis, wie Gott sie will« (2. Korinther 7,10).

Manche großen Mystiker wie Ruysbrock, Fenelon, Therese von Lisieux, aber auch Tauler oder Meister Eckhart sprechen von der äußersten Gefahr, nämlich der, in die Hölle verstoßen zu werden, und zugleich von einer äußersten Möglichkeit der Gottesliebe, nämlich der resignatio ad inferos, dem willigen Einvernehmen mit der Tatsache, dass man in der Hölle bleibt. Ruysbrock sagt:

> Wenn Gott mich in die Hölle schickt,
> dann will ich ihn in der Hölle lieben.
> Denn, ist Gott bei mir in der Hölle,
> dann ist die Hölle nicht mehr die Hölle,
> sondern ein Ort in Gott.

*Ich denke über den Tbc-Bazillus und Genossen nach,
ebenso Geschöpfe Gottes
wie der Mensch und die Engel.
Der Bazillus frisst
in der Brust einer jungen Mutter,
der Kehle eines Apostels,
und sagt: »Gott ist gut.«
Und weil er von der Vorsehung seine Weide erhalten hat,
sein Leben und den Segen
für seine Nachkommenschaft,
spricht der Bazillus sein Tischgebet.
Dasselbe Tischgebet,
das wir am Ende unserer Mahlzeit sprechen,
nachdem wir das Huhn oder das Lamm
gegessen haben.*

MARIE NOËL

In den »Notes intimes«, ihrem Tagebuch, schreibt Marie Noël (1883–1967), was eine »dunkle Nacht« ist. Ich empfinde gerade sie als einen Menschen, der exemplarisch für unsere Zeit an Gott, am Dasein und an sich selbst litt. Einige Auszüge aus ihrem Tagebuch erscheinen in diesem Kapitel.

Der Sinn des Mitleidens

Unter den Mystikerinnen und Mystikern der christlichen Geschichte begegnen wir immer wieder einem charakteristischen Lebenslauf, der sich etwa so abspielt:

Sie beginnen in einsamem Lernen und Prüfen, sie machen mystische Erfahrungen, sie lösen sich vom vorgeschriebenen Glauben und werden in religiösen Dingen selbständig und unabhängig. Sie geraten in Schwierigkeiten mit ihren Oberen oder Vorgesetzten oder ihren Kirchen. Sie machen Leidens- und Einsamkeitserfahrungen in den Kerkern der Inquisition oder anderer Mächte. Sie entdecken dabei die Tatsache, dass um sie her ungezählte Menschen in Abhängigkeit und Unterdrückung leben, ausgebeutet von geistlichen und weltlichen Herren, dass die Gerichte nicht frei sind, Recht zu sprechen, dass überhaupt die soziale Struktur in ihrem Land voller Unrecht ist. Sie machen sich unabhängig von den politischen Meinungen ihrer Zeit, entwerfen eine andere, eine gerechtere Gesellschaft, die sie mit dem Reich Gottes in Verbindung bringen, und werden alsbald von den Herrschenden ihres Landes als Aufrührer bekämpft, eingesperrt oder hingerichtet, oder auch von ihren Kirchen ausgestoßen und als Ketzer behandelt, weil eben die Kirchen um ihr gutes Verhältnis zur staatlichen Obrigkeit fürchten. Warum am Ende einer von ihnen verurteilt wurde, ist nicht immer auszumachen, waren es die politischen Neuerungen oder die meist vorgeschobenen dogmatischen Ketzereien? In der Regel kam beides zusammen. Sie waren zu unabhängig, und die Eigenheit ihres Glau-

Die Traurigkeit der Traurigkeiten:
die Traurigkeit der Tiere.
Die des alten Hundes,
der seinen Tod kommen hört und flieht;
die des Pferdes, das weiß,
dass man es wegführt, um es niederzuschlagen,
den Kopf gesenkt,
stolpert es den ganzen Weg entlang...
Dem Menschen gelingt es mehr oder weniger gut,
seinen Tod aus der Sicht der Religion
umzuwandeln.
Aber im Tier ist die unheilbare Traurigkeit,
die große Klage in den gehorsamen Augen
der zum Tode verurteilten Kreatur.

MARIE NOËL

bens und ihre sozialrevolutionäre Energie waren im Grunde eins. Und es waren durchaus nicht nur religiöse Briefe, die Heilige wie Hildegard von Bingen an Kaiser Barbarossa oder Teresa von Avila an den Papst oder den spanischen König schrieben, sondern zuweilen eine für die jeweilige Obrigkeit gefährliche Mischung von religiösem Autoritätsanspruch und sozialem Appell bis hin zu allen Anzeichen der sozialen Revolte, und sie waren darin getreue Nachfolger der alttestamentlichen Propheten.

Sie waren die exemplarischen Einzelgänger und sind es bis heute, und ihnen stand eine andere Gemeinschaft unter den Menschen vor den Augen als den jeweils Mächtigen, gegen die sie sich wandten.

Hildegard von Bingen wurde so ein Opfer ihres Freimuts. Ihr wurde noch im Alter von einundachtzig Jahren mit ihrem ganzen Kloster die Feier des Abendmahls verboten, weil sie einen jungen Aufständischen auf dem Gelände ihres Konvents beerdigt hatte.

Mechthild von Magdeburg wurde von Stadt zu Stadt vertrieben, weil sie eine Begine war. Denn die Beginen, die von starkem sozialpolitischen Willen beseelt waren, wagten es, die Reichen wegen ihrer Gier und wegen ihrer Gleichgültigkeit gegen das Massenelend zu kritisieren.

Dante Alighieri, Mystiker und Dichter, war ein furchtloser Gegner der Habgier, der Korruption und der militärischen Macht des päpstlichen Hofes. Er wurde zu lebenslanger Verbannung verurteilt und mit dem Tode durch Verbrennen bedroht, falls er es wagen sollte, jemals nach Florenz zurückzukehren.

Meister Eckhart arbeitete als Prediger mit den Beginen zusammen und mit den Bauern und predigte beiden in ihrer eigenen, deutschen Sprache. Schon das war unerhört. Er wurde, angeblich wegen seiner Irrlehre, in Wahrheit aber eben als der unabhängige Mann, der er war, an den Hof des Papstes in Avignon zitiert und entging seiner Verdammung nur dadurch, dass er vor dem Urteil starb.

*I*n der Höhe auf einem entlegenen stillen Feld,
wo niemand um diese Stunde etwas zu tun hat,
will ich Gott meinen Abendbesuch machen.
Gott ist in der Ruhe des Abends.
Und aus der Ruhe,
in der ich mich mit Ihm unterhalte,
betrachte ich auf dem gegenüberliegenden Hügel
diesen sanften und bescheidenen Weiler,
wo sieben arme Häuser stehen,
und in jedem von ihnen ein Kummer,
eine Mühsal, die ich kenne.
In dem einen wohnt eine Frau
mit erschreckten, traurigen Augen,
sie hat fünf Kinder und einen irren Mann;
in dem nebenan ein Gelähmter;
in dem anderen,
am Ende einer mit Gras bewachsenen Sackgasse,
ein sehr alter, sehr treuherziger Stellmacher
und seine Frau, die nicht mehr gehen kann;
und höher auf dem Bauernhof
eine Blinde in zerlumpten Röcken,
die sich seit langem schon auf Erden langweilt.
Und hier und da Kinder,
überall unter Greise und Tiere gemengt.
Ich betrachte.

Ich sage nicht viel Großes zu Gott.
Ich betrachte die sieben Häuser, ich sage zu Gott:
»Schau sie dir an.«
An diesem Abend, dem schönen Abend im August,
kreist das große Unglück sie ein.

MARIE NOËL

Friedrich von Spee, einer der sensibelsten unter den Mystikern, trat gegen den Hexenwahn seiner Zeit auf mit dem mutigen Buch »cautio criminalis«, das den Hexenprozessen im Laufe der Zeit tatsächlich ein Ende machte. Der vornehme Lehrer, Mönch und Dichter mystischer Lieder wie »In stiller Nacht, zur ersten Wacht« wurde von der Inquisition gefangengesetzt und entging seiner Verurteilung nur durch seinen vorzeitigen Tod.

Teresa von Avila stand zeitlebens im Kampf gegen die korrupte geistliche Obrigkeit. Sie wurde, da sie unter anderem auch für die Erlösung der Frau aus der Herrschaft der Männer stritt, der Irrlehre verdächtigt. Ein päpstlicher Nuntius berichtete nach Rom, sie sei ein unruhiges Frauenzimmer, herumstreunend, verstockt, und sie vertrete irrige Lehren. Papst Gregor XIII. nannte sie eine schmutzige und sittenlose Nonne. Nach ihrem Tode, als von ihr kein aktueller Angriff gegen die Verdorbenheit der Kirche mehr drohte, wurde sie zur Kirchenlehrerin erhoben, und damit sagte man zugleich, es sei nicht ihre Lehre gewesen, wegen der man sie verurteilt hatte.

Johannes vom Kreuz, der persönlich unanfechtbare Karmeliter und Dichter, wurde neun Monate eingekerkert, schließlich aller Ämter enthoben und moralisch verleumdet. Er wurde dazu verurteilt, ins Exil nach Mexiko zu gehen, was etwa einer Verbannung nach Sibirien im alten Russland gleichkam, und entging dem nur dadurch, dass er vorher starb.

Margarete Porete wurde 1310 auf dem Scheiterhaufen verbrannt.

Madame de Guyon verbrachte fünf Jahre im Kerker in der Bastille.

Jakob Böhme traf auf den erbitterten Widerstand des leitenden Pfarrers von Görlitz, der ihm Schreibverbot auferlegte, ihn diffamierte und lächerlich machte, ohne den großen Mystiker damit brechen zu können.

Der junge Luther, der zwar selbst kein Mystiker war, aber von mystischen Gedanken bestimmt, geriet, als er die Freiheit des Gewissens ausrief, in den kirchlichen Bann und in

Der Kampf Gott gegen Gott.
Der, der die Welt erschaffen hat,
nur ein Gesetz hat Er dem lebendigen Wesen
gegeben:
»Friss«, und was dasselbe ist:
»Um zu fressen, töte.«
»Wenn du nicht gehorchst,
wenn du verweigerst,
was du deinem Bauch schuldest,
wirst du sterben.
Denn das ist mein Wille.
Jedes Geschöpf dient dem anderen als Weide.«
Der die Menschen erlöst hat,
offenbarte ihnen ein anderes Gesetz: »Liebe.«
Die Liebe weigert sich,
den Nächsten aufzufressen.
Die Liebe weigert sich zu töten...
Die Liebe ist ein Ungehorsam
gegen das Gesetz des Schöpfers.

MARIE NOËL

die politische Acht, als er sich den Fürsten und dem Kaiser unbotmäßig zeigte.

Luis de Leon (1527–1591) war von der Inquisition fünf Jahre lang eingekerkert.

Miguel de Molinos wurde 1685 von der Inquisition zu lebenslangem Kerker verurteilt, Père La Combe desgleichen 1715.

Noch Teilhard de Chardin, den wir durchaus zu den Mystikern zählen dürfen, hatte sein Leben lang das Verbot seines Ordens, seine Schriften zu veröffentlichen, zu tragen. Seine grundlegenden Werke kamen erst nach seinem Tode an die Öffentlichkeit.

Die Mystik war aber in den zweitausend Jahren christlicher Geschichte immer wieder ein Ruf zur Sache, wenn die Kirche sich auf Abwegen befand, ein Ruf zurück zum Evangelium, das ein Evangelium für die Armen, die Benachteiligten, die Leidenden ist. Ein Ruf zur Umkehr und zur Verinnerlichung. Fast alle Reformbewegungen in der Geschichte der Kirche kamen aus dem Geist der Mystik.

Martin Luther war im strengen Sinn kein Mystiker, aber Gedanken aus der Mystik ziehen sich durch sein ganzes Werk. So kann er in seiner Vorrede zum »Magnificat« sagen:

> Es kann niemand Gott noch Gottes Wort recht verstehen, er habe es denn unmittelbar vom heiligen Geist. Niemand kann es aber vom heiligen Geist haben, wenn er es nicht erfährt, versucht und empfindet; und in solcher Erfahrung lehrt der heilige Geist als in seiner eigenen Schule.
>
> Das heißt den heiligen Geist haben, wenn man die Schöpfung und Erlösung also im Herzen fühlet; der heilige Geist schreibt das Wort des Evangeliums innerlich ins Herz, denn die es hören, kriegen auch inwendig eine Flamme, so dass das Herz spricht: Das ist wahr und sollte ich hundert Tode darüber leiden.

Ach,
nicht, warum ich leide,
will ich wissen,
nur:
ob ich dir zu Willen leide.

DER BERDITSCHEWER (NACH MARTIN BUBER)

Aber bei Luther wandelte sich das frühe Ja zur Mystik in ein öffentliches Nein, als Gegner auftraten, die den Geist auf die genannte Weise in Anspruch nahmen. Dieses Nein blieb der evangelischen Theologie bis in die Gegenwart und nahm ihr ihre eigentlich lebendige evangelische Quelle, nämlich die Verbindung des äußeren mit dem inneren Wort.

Der Gedanke einer Reform der Kirche war ja keine Erfindung Luthers. Gerade die Mystiker des Mittelalters waren es gewesen, die von Jahrhundert zu Jahrhundert immer wieder nach der Reform der Kirche gerufen hatten, und dieser Impuls setzte sich später im sogenannten »linken Flügel« der Reformation fort, der sich von Luther absetzte, vor allem, als Luther den Fürsten allzu sehr zu Willen war. Dieser linke Flügel war durchgehend von mystischem Geist bestimmt, und er war weithin zum sozialen Umbruch entschlossen – als Konsequenz der Christusnachfolge. Luther nannte sie »Schwärmer«; das hatte damals den Klang des Worts der siebziger Jahre von den »Chaoten«, weil sie sich nicht an irgendeine von oben verordnete Kirchenlehre anpassen wollten und weil sie das Ende der Herrschaft der Reichen und der Fürsten über das einfache Volk forderten. Besonders wichtig in dieser Zeit war Thomas Müntzer, aber auch die anderen, zum Teil leiseren und behutsameren Reformer wie Hans Denk, Kaspar Schwenckfeld, Valentin Weigel oder Sebastian Frank, der von der unsichtbaren Geistkirche sprach. Ihnen allen stand das innere Wort über dem äußeren Wort, der Geist Gottes über dem Geist der Theologie, die Lebensordnung des Reiches Gottes über der Gesellschaft ihrer Zeit.

Geistliches Leben im Sinne der Mystik ist Entrückung in eine andere Welt. Aber sie ist zugleich konkrete Weisung an einen bestimmten Auftrag. Mystik ist Warten und Empfangen, und sie ist eine ungeheure sozialrevolutionäre Kraft. Mystik ist Kritik jedes organisierten und zugleich die Lebenskraft jedes wirklichen Christentums.

Mystische Frömmigkeit ist weltverzichtend und scheint meist etwas Kulturfeindliches an sich zu tragen, es dürfte

Wer Gott leiden will und soll,
der muss und soll alle Dinge leiden,
Gott, sich selbst und alle Kreatur,
nichts ausgenommen.
Wer Gott gehorsam, gelassen und untertan sein will,
der muss auch in allen Dingen gelassen,
gehorsam und untertan sein
in leidender und nicht in tätiger Weise.
Und dies alles in einem schweigenden Innenbleiben
und in dem inwendigen Grund seiner Seele
und in einer heimlichen, verborgenen Geduldigkeit,
alle Dinge und Widerwärtigkeit willig zu tragen
und zu leiden.

THEOLOGIA DEUTSCH

aber andererseits wenige Kulturen geben, die nicht ursprünglich aus mystischer Erfahrung hervorgegangen wären. Mystik ist unnormal bis zur Krankhaftigkeit, und sie ist zugleich ein Weg zur Heilung. Mystik ist ein Weg des Menschen in seine eigene Seele, sie ist gleichzeitig der Weg, der den Menschen wirklich aus seiner Verschlossenheit in die Freiheit führt. Mystik verzichtet auf alle einfachen Deutungen des Menschenschicksals und -auftrags. Sie führt immer auch die andere, die gegensätzliche Deutung mit sich, und so unausgeglichen hat sie sich denn auch in der Geschichte der Kirche immer dargestellt.

Die Mystiker sagen: Vergiss, was du selbst leidest. Steh auf und steh denen bei, die zu leiden haben. Tritt denen entgegen, die die Verhältnisse so bestimmen, dass sie Leiden erzeugen. Widerstehe der Gleichgültigkeit und Phantasielosigkeit derer, die alles so weiterlaufen lassen möchten, wie es läuft. Du bist niemandem Gehorsam und Ehrerbietung schuldig als Gott allein.

Und in allen Jahrhunderten gilt ebenso wie heute: Wer Wege der Mystik zur Irrlehre erklärt, aus welchen Gründen auch immer, sollte wissen, dass er damit in eine furchtbare Gesellschaft von Rechthabern, Gewaltherrschern, Blutrichtern, Folterknechten, Inquisitoren und sonstigen religiösen und anderen Gangstern gerät.

Und doch ist andererseits, von der Panik ihrer Obrigkeiten und allem Unrecht, das sie erlitten, abgesehen, für den Mystiker alles Leiden, das ihm auferlegt wird, tief sinnvoll. Er weiß, dass gerade im Kreuz die Kraft Gottes am deutlichsten sichtbar wird. Warum schlägt Jesus denn in seinem Leiden nicht zurück, mindestens mit Worten? Warum hält er Ablehnung, Spott und Qual aus? Was ist das für eine Kraft, die das aushält? Das unselige Muster von Hass und Gegenhass, von Gewalt und Gegengewalt ist eben nicht anders aus seinen Verflechtungen zu lösen. Die Welt kommt anders nicht in Ordnung als durch die Gewaltlosigkeit des mahnenden und überwindenden Leidens.

Was sollen wir von den Menschen des dritten Weges sagen? Sie sind wie die Ströme, die vom Kamm der Gebirge herabstürzen. Sie brechen aus Gott selbst hervor und ruhen keinen Augenblick, bis sie sich wieder in ihn verloren haben. Nichts hemmt sie. Sie sind mit nichts beladen. Sie sind ganz nackt und bloß und brausen mit einer Schnelligkeit fort, die auch dem Beherztesten Angst einjagt. Diese Sturzbäche eilen ohne Ordnung und Maß hierhin und dorthin, durch alle Begrenzungen hindurch. Ohne sich an ihr eigenes Flussbett zu binden, suchen sie sich überall einen Durchbruch zu schaffen. Ja, sie haben gar kein eigenes Flussbett wie die anderen, noch folgt ihr Wasser bestimmten Regeln. Man sieht sie sich ohne Aufenthalt ihren eigenen Weg bahnen. Sie zerschellen am Felsen. Sie stürzen tosend den Abhang hinab, werden gebrochen, aufgelöst in Schaum und Gischt. Aber durch das Fallen gewinnen sie nur neue Stärke. Infolge des Erdreichs, das sie in ihrem schnellen Lauf mit sich fortreißen, wird ihr Wasser manchmal trübe. Zu Zeiten verlieren sie sich in Schluchten und Abgründen. Man sieht sie nicht mehr und glaubt, sie seien für immer verschwunden. Plötzlich brechen sie neu hervor, aber nur, um bald in noch tiefere, finstere Schluchten zu stürzen. Bis sie endlich nach langem Irrweg, auf dem sie häufig zergeißelt und zerschellt worden waren, sich mehrmals verloren und wiederfanden, das Meer erreichen.

JEANNE-MARIE BOUVIÈRE DE LA MOTTE GUYON

Gewalt muss erlitten werden, soll sie zu Ende kommen. Dies zu leisten war der innerste Wille gerade der Großen unter den Mystikern. Gerade darin wussten sie sich am nächsten bei Christus und am stärksten von ihm geschützt. Und es wäre gut, wir erkennten heute diesen Aspekt an der Passionsgeschichte neu für die tausend Formen unserer Auseinandersetzung mit Unrecht und Gewalt, mit Elend und Verlassenheit der Menschen. Noch immer ist das Kreuz der Anfang des Friedens, und es gibt keinen anderen Weg.

Aufstehen

In unserer Zeit grassiert eine Krankheit, die wie nichts anderes charakteristisch ist für den Zustand der heutigen Menschheit. Es ist jene Mattigkeit, die den Namen »Depression« trägt. Sie geht durch alles hindurch. Sie überfällt nicht nur einzelne Menschen, sondern ganze Bevölkerungsgruppen. Sie treibt nicht nur in die Drogenszene, sie beherrscht vom verborgenen Hintergrund aus auch das politische Leben. Sie ist kenntlich an Aufputschmitteln, etwa den Antidepressiva, die in den Schubladen in den Büros bereitliegen, aber auch am Alkohol, an Zigaretten, am Unterhaltungs- und Ablenkungsbedürfnis, an infantilen Ansprüchen auf alles oder an der Zentrierung des Lebens um den eigenen Bedarf. An der Scheu, politische Experimente zu wagen, am kollektiven Sicherheitswahn und an tödlicher Überrüstung. An der Mattigkeit, die einsetzt, sobald eine Herausforderung bestanden werden soll, an der Müdigkeit, wenn eine Initiative gefordert ist. An der Unfähigkeit, sich irgendetwas einfallen zu lassen, zu lohnenden Zielvorstellungen zu kommen oder irgendeiner Massen- und Modemeinung zu widerstehen.

Die Depression nun nicht der Gesamtgesellschaft, in der wir leben, sondern die der einzelnen Menschen füllt die Sprechstunden der Ärzte, der Psychologen, der Seelsorger,

Niemals aber irgendwelche Unruhe
oder irgendein seelisches oder körperliches Leid
zu verspüren,
das ist unmöglich in diesem Leben,
das tritt erst ein im Zustand der ewigen Ruhe.
Deshalb vermeine nicht,
dann den wahren Frieden gefunden zu haben,
wenn du keinerlei drückende Last mehr
empfindest,
und glaube nicht, dann sei alles in Ordnung,
wenn du keinen Widerstand mehr
zu spüren bekommst;
und halte nicht das für die Vollkommenheit,
wenn dir alles nach Wunsch und Willen geht.

THOMAS VON KEMPEN

und jeder steht in jedem einzelnen Fall vor einer nahezu unlösbaren Aufgabe. Sie hat viele Gesichter, und es darf nicht erstaunen, wenn sie bei vielen ein ausgeprägt klinisches Bild zeigt. Aber die Dunkelheit, die der Depressive erfährt, ist nicht dasselbe wie die »dunkle Nacht« des Mystikers. Gleichwohl gibt es Formen, in denen die Depression und die »dunkle Nacht« einander berühren oder einander durchdringen. Auch der Depressive empfindet, das Leben sei mehr Tod als Leben, es schaue ihn auf bedrohliche Weise mit dem Gesicht des Todes an. Und so enden viele von den Betroffenen im selbstgewählten Tod.

Nun wird man gerade über solche Erkrankungen, die zwischen Depression und »dunkler Nacht«, zwischen Einzelleiden und Massenwahn liegen, kaum theoretisch so reden können, dass dem darunter Leidenden damit geholfen wäre. Auch ich kann es hier nicht. Es gibt am ehesten noch die konkrete, wortlose Begleitung, die ohne die Erwartung geschieht, es müsse sich dabei etwas Heilendes ereignen. Es gibt in aller Regel nur das Mitleiden und das geduldige Warten. Es gibt keine so tiefe Einsamkeit einer Seele in sich selbst wie die eines Menschen in einer der dunklen Nächte, und was dabei zu sagen ist, das kann nur auf sie allein hin, diese dunkle Seele, gesprochen sein. So habe ich einmal einer jungen Ärztin, nachdem sie sich selbst getötet hatte, den folgenden Brief geschrieben und bei der Trauerfeier für sie verlesen lassen:

Liebe Susanne!

Dies ist kein Abschiedsbrief. Ich denke mir, dass du noch unter uns bist, auf eine ganz andere Art freilich, von der wir wenig wissen. Für mich bist du nicht tot. Du lebst. Und ich bin gewiss, dass du in einem Land lebst, in dem mehr Licht ist, als diese Erde für dich gehabt hat.

Zuerst will ich sagen, dass ich weit davon entfernt bin, anzunehmen, du seiest verwirrt gewesen, als du dir das Leben nahmst. Nein, ich denke, du hast dir wie über alles, was du in deinem Leben getan hast, klare Rechenschaft gegeben. Und dann möchte ich als Zweites sagen, dass ich weit davon entfernt bin, von irgendeiner Schuld zu sprechen. Nein, es war dein Weg. Du bist ihn durch Jahre hin leidend und tapfer gegangen und hast nun getan, was nach deinem Empfinden in deinem Weg und Schicksal angelegt war.

Keiner von uns war beteiligt, als ihm sein Leben, sein Schicksal, sein Wesen und das Maß seiner Leidensfähigkeit zugesprochen wurden... Erleiden wir nicht alle ein Leben, das uns ein anderer zugemutet hat? Niemand hat sich die Grenzen seiner Kraft selbst verordnet. Es hat alles seinen Ursprung im dunklen Geheimnis Gottes, von dem wir nur immer in Andeutungen reden können. Im Grunde ist das Dasein auf dieser Erde zu schwer für ein so hinfälliges Wesen wie einen Menschen. Wir leben alle über Abgründen, und es gehört ein erstaunliches Vertrauen dazu anzunehmen, sie würden uns nicht verschlingen.

In der Bibel sagt Gott einmal: »Ich bin Gott und sonst keiner. Ich mache das Licht und ich schaffe die Finsternis. Ich bringe Heil und ich verhänge das Unheil. Ich bin der Ursprung von allem, was geschieht.« Und dazu zählt auch die Dunkelheit, die einen sensiblen Menschen überfallen kann wie ein wildes Tier, aus dessen Klauen er sich nicht mehr selbst befreien kann. Dazu kommt, dass es eine Dunkelheit in der Seele eines Menschen gibt, die weder medizinisch noch therapeutisch zu greifen und zu verstehen ist. In der Geschichte der christlichen Frömmigkeit hat es immer wieder Menschen gegeben, die in jene tiefe Angst und Schwermut verfielen, die Johannes vom Kreuz die »dunkle Nacht der Seele« nennt.

Am Ende konnten viele von ihnen ihre Liebe zu Gott nur dadurch retten, dass sie die Stacheln, die sie diesem Gott gegenüber ausstellen mussten, gegen sich selbst wendeten und dabei sich selbst zerstörten oder gar töten mussten. Sie erfuhren, wie Marie Noël es ausdrückt, ein Übergewicht an Unendlichkeit, unter dem alles Eigene erstickt, alles Lebendige, Blühende und Gedeihende. Sie lebten sozusagen mit offenen

Fenstern. Durch diese Fenster aber drang mehr ein, als ihre Seele bewältigen konnte. Sie durften aber die Fenster, durch die die schreckliche Wahrheit hereinwehte, nicht schließen, auch wenn sie wussten, dass sie nur leben könnten, wenn sie das schwache, flackernde Licht in ihrer eigenen Seele vor dem Verlöschen bewahrten.

Nun ist es möglich, den Zustand solcher Menschen als Depression zu behandeln, dann ist das Ziel die Heilung, das heißt die Normalität, in der in der Seele nichts Auffälliges mehr geschieht. Aber die dunkle Nacht der Seele ist keine Krankheit, sondern das, was die Bibel eine Heimsuchung nennt. Eine Heimsuchung durch den dunklen Gott. Und in einer solchen Heimsuchung ereignet sich oft mehr Wahrheit als in der Fröhlichkeit derer, die diese Nacht nicht kennen. Irgendwann aber, das bezeugen sie alle, irgendwann, vielleicht erst ganz am Ende einer langen, qualvollen Lebensgeschichte, geht das wirkliche Licht auf. Nicht die Heilung geschieht, aber die Auferstehung.

Am Ende ihres Lebens schrieb Marie Noël: »Wenn ich mich umwende, um zurückzuschauen, so sehe ich, wie ich durch meine traurigen Jahre, meine geduldigen Finsternisse bis zum Ende, o mein Gott, von deinen Händen wie eine Gelähmte getragen wurde auf göttlicher Straße.«

Die Schweizer Franziskanerin Clarita Schmid zeichnet die Erfahrungen jener dunklen Nacht so:

> So sei auch gepriesen, mein Gott,
> für unsere Schwester, die Traurigkeit.
> Still geht sie durch jeden unserer Tage,
> heilt nicht Wunden
> und trocknet nicht Tränen,
> stillt nicht den Wehlaut,
> die Schreie der Angst,
> der bitteren Verzweiflung.
> Doch manchmal,
> in sternloser Nacht,

fällt ihr von Blut und Tränen
schweres Gewand,
und da steht sie hellen Gesichtes
als der strahlendste Engel des Lichts.

Und diese Hoffnung war der Grund, warum ich dir immer wieder gesagt habe, du sollst etwas tun, an dem deine Kräfte wachsen können. Du hast sie auch eingesetzt, aber es war dir nicht vergönnt, deine tiefe Traurigkeit zu überwinden. Aber das Leiden der Seele hat für viele andere erlösende Kraft. Der Mensch in der Nacht der Seele ist nicht nur der Kranke oder Leidende, er kann auch der Schwache an der Seite der Schwachen sein, der Traurige in der Gemeinschaft mit den Traurigen, der Kranke am Bett der Kranken, der Bedrängte in der gemeinsamen Gefahr mit den Bedrängten. Und vielleicht wird er zum Überwinder für die, die nicht zu überwinden vermögen, ein Liebender in der Verlassenheit der Ungeliebten, und vielleicht wird er oder sie zu einem Zeichen oder Hinweis auf die Liebe, mit der Jesus Christus den Ungeliebten nahe war. Und dies alles bist du für viele Menschen gewesen.

Es mag durchaus sein, dass zwischen seelischer Krankheit und dem geistlichen Weg durch die Nacht der Seele enge Beziehungen bestehen, und sicher waren viele große Heilige psychisch krank. Aber die Nacht der Seele zeigt vor allem, dass hier Menschen sind. Je mehr einer ein Mensch ist, umso verletzlicher wird er sein, offener für Angst und Trauer.

Wenn aber etwas Erlösendes in der dunklen Nacht geschieht, dann ist es das Geleit durch den leidenden Christus. Und dieser Christus kommt nicht, um dir oder mir den Sinn und den Zweck unseres Leidens zu erklären oder unsere Fragen zu beantworten. Er kommt, um unser Leiden bis zum Rand mit seiner Gegenwart zu füllen und so zu einem Weg zu machen, den zu gehen Sinn hat. Und vielleicht wird am Ende unseres Weges sich das Gesicht Gottes aufhellen und so vertrauenswürdig werden, wie es für Jesus gewesen ist, als er sag-

Wenn ich mich heute umwende,
um zurückzuschauen,
so sehe ich,
wie ich durch meine traurigen Jahre,
meine geduldigen Finsternisse,
bis zum Ende immer, o mein Gott,
von deinen Händen
wie eine Gelähmte getragen wurde
auf göttlicher Straße.

MARIE NOËL

te: So sollt ihr sagen: Unser Vater im Himmel. Ihm befehlen wir dich an.
Ich weiß nicht, mit welchem Gedanken du in deinen Tod gegangen bist. Ich kann mir denken, in der zagen Hoffnung, es möge jenseits der Schwelle mehr Licht sein als hier. Und ich möchte dir sagen: Es ist mehr Licht! Und besonders für die Kinder der Dunkelheit, die auf dieser Erde so viel zu erleiden hatten. Ich bin überzeugt, dass du jenseits der Schwelle jener großen Liebe begegnet bist, die wir Gott nennen. Sie behüte deinen Ausgang und Eingang in Ewigkeit.
Dein J. Z.

Mut zum Widerstand

Die Bibel hat eine Geschichte, in der mit besonderer Deutlichkeit geschildert wird, wie die mystische Erfahrung, das prophetische Wirken und die sozialrevolutionäre Energie zusammenhängen.

Knapp tausend Jahre vor Christus, als die Könige in den getrennten Reichen Juda und Israel regierten, kam aus der Wüste Elia, der Prophet. Er kam aus dem heutigen Jordanien in die Städte Israels und sah ein sattes Volk, eine korrupte Priesterschaft, ein selbstherrliches Königtum. Er kam als ein Kämpfer für den alten Glauben, den die Söhne Israels einst aus der Wüste mitgebracht hatten, als ein Kämpfer gegen den Niedergang von Recht und Sitte, gegen die Anmaßung der Herrschenden und die Vermischung der Religionen. Er wollte die Autorität der Menschen wieder ersetzen durch die Autorität Gottes und dem Interessenstreit aller gegen alle den Anspruch von Recht und Gerechtigkeit entgegensetzen. Er war Staatsfeind Nummer eins. Man suchte ihn, man jagte ihn. Immer wieder erschien er plötzlich und fegte unvermutet weg, was ihn störte. Souverän. Kompromisslos.

Aber dann kam der Rückschlag. Der König und sein Hof

waren stärker. Auf der Flucht vor den Dolchmännern der Königin, im Negeb, warf er sich unter einen Ginsterstrauch, wünschte sich den Tod und sagte: »Es reicht! Herr. Lass mich sterben. Ich erreiche auch nicht mehr als meine Väter.« Das hieß: Die Welt ist ein verdammter Haufen von Verbrechern und Schwächlingen. Und du, Gott, hast mich im Stich gelassen! Danach wanderte er weiter und gelangte an den heiligen Berg des Mose.

Dort fand er eine Höhle und blieb in ihr über Nacht. Er vergrub sich, so könnte man die Situation deuten, in der eigenen Seele. Da kam ein Wort von Gott zu ihm: »Was tust du hier, Elia?« Er antwortete: »Ich habe für den Gott Israels gekämpft, denn Israel hat seinen Bund mit Gott gebrochen und seine Propheten mit dem Schwert getötet. Ich bin allein übrig geblieben, und sie wollen mir das Leben nehmen.« Und er hörte die Stimme, die ihm antwortete: »Geh hinaus und tritt vor Gott, draußen am Berg. Dort wird Gott vor dir vorübergehen.« Da kam ein Sturm, der die Berge zerriß und die Felsen zerbrach, aber Gott war nicht im Sturm. Nach dem Sturm kam ein Erdbeben, aber Gott war nicht im Erdbeben. Nach dem Erdbeben kam das Feuer eines Blitzes, aber Gott war nicht im Feuer. Wo ist nun Gott? Nach dem Feuer kam ein stilles, sanftes Sausen. Als Elia das hörte, verhüllte er sein Gesicht mit dem Mantel, ging hinaus und trat in den Eingang der Höhle. Da kam eine Stimme zu ihm: »Was hast du hier zu tun, Elia? Geh wieder den Weg durch die Wüste nach Damaskus, setze Hasael zum König über Aram ein und Jehu zum König über Israel und salbe Elisa zu deinem Nachfolger als Prophet« (1. Könige 19,1–18).

Es war eine der großen mystischen Erfahrungen, die Elia widerfuhr. Elia hat gerade für den Orden der Karmeliter, zu dem Johannes vom Kreuz und Teresa von Avila gehörten, eine besondere Rolle gespielt. Er kam aus einem prophetischen und sozialpolitischen Einsatz zu einer mystischen Erfahrung, und die mystische Erfahrung gab ihm aufs neue den Auftrag, an seine prophetische Arbeit zu gehen. Mystik und Prophetie

*Des Glaubens Nacht –
so dunkel, dass wir nicht einmal
den Glauben suchen dürfen.
Es geschieht in der Gethsemanenacht,
wenn die letzten Freunde schlafen,
alle anderen deinen Untergang suchen
und Gott schweigt,
dass die Vereinigung geschieht.*

DAG HAMMARSKJÖLD

sind nicht Gegensätze, wie vielfach vermutet wird, sie gehen vielmehr auseinander hervor.

Man mag fragen, warum es selbst unter Christen so wenig geistige Selbständigkeit gibt, so viel Respekt vor zeitgebundenen Meinungen, so viel Ehrfurcht vor der augenblicklichen Macht und so wenig Unabhängigkeit des Urteils und des politischen Eingreifens. Es könnte aber durchaus mehr Weite um uns her entstehen und mehr an Konsequenz aus unserem Glauben an Christus. So war für viele Christen die Konsequenz ihres Mitleidens mit den Leiden der Schöpfung in den achtziger Jahren die, dass sie sich für den »grünen« Weg entschieden und für die unpopuläre Bemühung um den Schutz der Schöpfung, oder dass sie in den Zeiten der Friedensbewegung sich vor die Tore setzten, hinter denen die Weltmächte ihre tödlichen Symbole hüteten, leidend unter dem Unheil, das von dort aus drohte; und sie mussten es tun, obwohl manche Kirchen es ihren Pfarrern verboten, sich dort zu zeigen; und sie haben viel Spott, viel Verachtung und viele gerichtliche Urteile in Kauf genommen. Das aber ist prophetisches Tun. Es wird auch künftig ausreichend Gelegenheit dazu geben, denn es gibt viel Verschlafenheit, viel Zynismus, aber wenig Neues unter der Sonne. Es scheint aber unmöglich, die Fackel der Wahrheit durch das Gedränge zu tragen, ohne irgendeinem den Bart zu verbrennen.

Prophetie aber hat ihre größte Kraft in der mystischen Erfahrung, und die mystische Erfahrung ist der Ausweis des prophetischen Anspruchs. Wir sind keine Propheten, aber zweierlei gilt auch für uns. Zum einen: Glaube muß widerstandsfähig werden. Und zum anderen: Nur wer aufrecht zu stehen vermag, kann sinnvoll knien.

Die Verdrängung des Mystischen
durch die Kirchen
ist ein schlimmer und fortwährender Skandal,
der nicht länger zu ertragen ist.
Weil »wir nicht wissen, wer wir sind« –
wie Hildegard es ausdrückte –,
ist die menschliche Zivilisation so müde,
depressiv und phantasielos
im Umgang mit Arbeitslosigkeit,
Umweltverschmutzung,
der verzweifelten Jugend,
Ungerechtigkeit und Ungleichheit.
Solch eine Zivilisation
fördert im Grunde Süchte:
nach Drogen, Verbrechen,
Alkohol, Konsum, Militarismus.
Sie ermutigt uns, den Sinn im Leben
und den Schutz vor Feinden
in äußeren Stimulantien zu suchen,
weil wir unsere innere Kraft
so bedauerlich verloren haben.
Sie lässt die Armen in noch größere Armut fallen,
die Bequemen in eine unendliche Fülle
von Luxusartikeln
und die dazwischen in Groll
sowohl gegen Arme wie gegen Reiche.
Denn eine solche Kultur weiß nichts
und lehrt nichts
über das Finden echter Kraft.

MATTHEW FOX

Nachdenken über Gott

Was ist das – Wald?

Ein Freund erzählte mir von einem alten Förster, der ein langes Leben im Wald und für den Wald zugebracht hatte und am Ende fragte: »Was ist das eigentlich? Wald? Ich bin so viel mit ihm umgegangen, dass ich nicht mehr weiß, was das ist.« Im vertrauten Gespräch habe der alte Mann nur noch von Urwäldern gesprochen wie von etwas Heiligem, etwas Unheimlichem und Übermächtigem, von einem Dunkel, voll von geheimnisvollen Kräften, die nicht gestört sein wollten.

Ich habe, auch in diesem Buch, schon immer von Gott geredet. Könnte es mir nicht widerfahren, dass ich am Ende nicht mehr wüsste, wovon eigentlich ich rede? Könnte es nicht sein, dass, was wir Gott nennen, nicht viel mehr wäre als eine Verabredung, die man eben in den Jahrtausenden unserer Überlieferung getroffen hat? Es könnte doch sein, dass Gott in seiner hintergründigen Wirklichkeit ganz anders wäre, zerklüfteter, widersprüchlicher, aber auch unendlich reicher und tiefer und dass wir immer nur an seiner Oberfläche entlang reden. Und vielleicht führte mich das eigene Nachdenken – unabhängig von allen Traditionen – tiefer in sein Geheimnis hinein, soferne es ein Nachdenken wäre aus Erfahren und Erleiden.

*Ich schreibe mein ganzes Unglück
der einen Ursache zu,
dass ich gottlos gewesen bin.
Ein Mensch,
der die Verbindung mit Gott abgebrochen hat,
kann keinen Segen empfangen.
Alles Gerede davon,
dass ein jeder seines eigenen Glückes
Schmied sei,
ist Spreu.
Wenn der Herr nicht das Haus baut,
so arbeiten die Bauleute umsonst,
das ist die ganze Wahrheit.*

AUGUST STRINDBERG

Ein erster Versuch
Gott, die Person – Gott, das Meer

Wem immer eine christliche Erziehung zufiel, dem ist es selbstverständlich, dass Gott als »Person« anzusprechen sei und dass man vieles an ihm durch einen Vergleich mit einer menschlichen Person angemessen beschreibe. Gott handelt, Gott redet, er urteilt. Er hört und sieht, er denkt, er kommt und geht. Er spricht uns an. Er antwortet. Er liebt. Und das ist nicht so weit hergeholt. Wenn Gott denkende Menschen geschaffen hat, kann ihm selbst die Kraft zu denken nicht fremd sein. Schon das Alte Testament sagt: »Der das Ohr geschaffen hat, sollte der nicht hören? Der das Auge geschaffen hat, sollte der nicht sehen?« (Psalm 94,9). Sollte also dem, der leidensfähige Wesen wie dich und mich geschaffen hat, Leiden unbekannt sein? Angst auch und Glück und alle Regungen, die eine menschliche Seele bewegen? Gott, wie ihn das Christentum beschreibt, ist nichts Verschwimmendes, nichts Ungenaues, wie ja auch der Mensch selbst kein verschwimmendes, sondern ein konturiertes Wesen ist. Fähigkeiten wie Hören, Sehen, Denken, Planen, Urteilen, Empfinden gehören zum Wesen einer Person.

Einem Du gegenüber, einer Person, sagt die Bibel, ist die angemessene Haltung das Stehen, das Begegnen, das Fragen und Antworten. Einem Du gegenüber bin ich auf meine Identität angesprochen. Einem Du gegenüber kann ich den aufrechten Stand und den aufrechten Gang lernen. Einem Du gegenüber finde ich zu Selbstbewußtsein und Willen. So findet nach christlichem Glauben der Mensch zu seiner eigentlichen Gestalt, wenn er Gott gegenübertritt, das Ich dem großen Du. Und Glaube wäre dann ein Stehen einem Du gegenüber, eine Verbindung von Aufrechtstehen, Nachdenken, Rechenschaft-Geben, Sich-Beugen und wieder Stehen.

Aber das ist sicher nicht das Ganze. Wenn wir Gott als Person fassen, dann ist überdeutlich, dass wir uns selbst dabei zum Modell machen, nach dem Gott strukturiert sein soll,

Was wäre denn sonst der Mühe wert,
es zu begreifen,
wenn Gott unbegreiflich wäre?

F%RIEDRICH% H%EGEL%

Gott,
das ist das Denk-würdigste,
aber da versagt die Sprache.

M%ARTIN% H%EIDEGGER%

Gott,
der nicht im Mikroskop zu finden war,
rückt uns bedrohlich in die Rechnung.
Wer ihn nicht denken muß,
hat aufgehört zu denken.

M%AX% F%RISCH%

und dass dieses Modell seine Grenzen hat. Ich bin mein Leben lang, schon als Kind, die Ahnung nicht losgeworden, dies könne nur die eine Seite an Gott sein. Auch schon die Bibel deutet ja an, Gott sei nicht nur mir gegenüber wie eine Person, er sei vielmehr auch das Element, in dem ich lebe. Er umgebe mich, wie die Luft einen Vogel oder wie das Meer einen Fisch umgibt. »Ich gehe oder liege, so bist du um mich«, sagt der Psalm. Das Neue Testament spricht in vielen Worten davon, Gott sei auch in mir, und ich sei in Gott. Und das Lied von Tersteegen redet Gott an als »Luft, die alles füllet, drin wir immer schweben« oder als »Meer ohn Grund und Ende«. Das würde er bei einer »Person« so nicht sagen können.

Ist das aber so, dann komme ich rasch an eine Grenze, an der nichts mehr, was an uns Menschen erinnert, zutrifft. Dann ist Gott auch eine Art Fluidum, das durch alles hindurchgeht. Dann ist er auch eine Art Licht, das in allen Dingen ist. Dann sehe ich ihn in allen Elementen am Werk, in den Stoffen, in den Naturgesetzen, in der Evolution des Universums und dieser Erde.

Wenn ich zum Beispiel den Satz des Pythagoras rechne, dann ist Gott nicht außerhalb des Gesetzes, das sich da anwenden läßt, sondern in ihm. In den zwei kleinen und in dem großen Quadrat, und nicht nur dort, wohin die Mathematik nicht reicht.

Wenn ich den Unterdruck an der Oberfläche eines Tragflügels errechne, dann ist Gott nicht nur in dem Gesetz, das sich hier anwenden lässt, sondern auch in der tragenden Kraft, die das Flugzeug konkret hebt, und in dem Leichtmetall, an dem die Kraft angreift.

Aber dann ist Gott auch in mir. Ich bin ja selbst ein Teil dieses Universums. Auch in meinen Gedanken, mit denen ich ihm nähertrete.

Dann betrachte ich einen Stein, einen Busch, das Wasser in einem Bach und sehe in ihnen Wohnorte Gottes. Wie soll ich sonst von Allgegenwart reden? Ich fühle mit dem Stein in der Hand die Schwere Gottes, in einem Baum seine Vitalität, in

Du musst dich bis in den tiefsten Grund
deiner entledigen.
Unergründlich tief, aber wie?
Fiele ein Stein in ein abgrundtiefes Wasser,
der müsste immer weiter fallen;
denn er fände keinen Grund.
So sollte der Mensch unauslotbar tief sinken
und tief fallen in den unergründlichen Gott
und in ihn gegründet sein,
was an Schwerem auch auf ihn fiele,
inneres oder äußeres Leiden
oder auch eigene Mängel.
Dies alles sollte den Menschen
immer tiefer in Gott versinken lassen,
und er sollte seines eigenen Grundes
nie dabei gewahr werden,
nicht an ihn rühren,
nicht ihn trüben,
auch nicht nach seinem eigenen Selbst suchen,
er sollte Gott allein im Sinn haben,
in den er versunken ist.

HEINRICH SEUSE

der Erde seine Verletzlichkeit. Im Wind seine Ferne und seine vorüberflutende Nähe. In der Sonne seine strahlende Wärme. In der Nacht seine abgründige Dunkelheit. Dann stehe ich in einem ungeheuren Kraftfeld und nehme seine Kräfte auf.

Wer Gott nicht in dem Tisch findet, an dem er isst, oder in der eigenen Hand, die mit dem Werkzeug umgeht, wer ihn nicht in der Luft erfährt, die er atmet, und in dem Wasser, in dem er schwimmt, wird von Gegenwart Gottes nicht wirklich reden können. Wer sich aber auf solche Gedanken einlässt, der taucht alsbald in ein unendliches Meer der Gottesgegenwart ein.

Wenn aber das alles gelten soll, dann ist alles, was ich sehe an Bildern dieser Welt, Spiegel und Gleichnis seiner Gegenwart. Was wahr ist, ist die Wahrheit Gottes. Was lebt, ist das Leben Gottes. Was schön ist, ist seine Schönheit. Was leidet, in dem leidet Gott. Was stirbt, stirbt in ihn zurück. Gott ist das Meer alles dessen, was ist. Auch das Meer in mir selbst, das ich nicht ergründe. Glauben also könnte ich in diesem zweiten Sinn beschreiben als eine Art von »ozeanischem Bewusstsein«.

Gerne erkläre ich zum wiederholten Mal, was ich mit all dem über das Verhältnis Gottes zu seiner Welt meine. Immer wieder höre ich, dies sei »Pantheismus« und also mit dem christlichen Glauben nicht zu vereinbaren. Aber weiß denn, wer so urteilt, wovon er spricht? Sagte ich: »Gott ist der Stein«, oder: »Der Stein ist Gott«, so spräche ich »pantheistisch«. Es wäre dann kein Unterschied zwischen dem Ding und Gott. Sage ich aber: Gott ist im Stein, oder: Der Stein ist in Gott, dann drücke ich damit aus, was der Glaubenssatz von der »Allgegenwart« Gottes immer ausgesagt hat. Ich kann dann im Gegensatz zum Pantheismus von Pan-en-theismus sprechen. Ich unterscheide zwischen Gott und dem Geschöpf, ohne Gott in einen fernen Abstand zu verbannen. Wer nicht sagen will, Gott sei im Acker oder der Acker sei in Gott, der muß mir erklären, wo denn Gott und wo der Acker sonst seien.

*Alles auf Erden
ist vergänglich.
Einzig bleibt
das Angesicht des Herrn
voll Hoheit und Licht.*

Koran, Sure 55

*Niemals steigt die Sonne,
niemals sinkt sie,
ohne dass mein Sinn
nach dir stünde.
Niemals sitz ich
sprechend mit den Menschen,
ohne dass am Ende
du mein Wort bist.
Niemals trinke ich
dürstend einen Becher Wasser,
ohne dass ich im Glas
dein Bild schaute.
Keinen Hauch atme ich
in Trauer oder Freude,
ohne dass ich mit seiner Kraft
deiner gedächte.*

Al Halladsch Mansur

Ich bewahre also beide Gedanken. Gott, das Meer – Gott, die Person. Und am Ende weiß ich: In Gott sind beide Bilder bewahrt und zugleich überstiegen. Und vielleicht komme ich Gott dann am nächsten, wenn ich alles über ihn denke, was ich vermag, und es dann beiseite lege, weil es gewiß in Wahrheit alles noch einmal ganz anders ist.

Dabei wird uns deutlich, wie es sich überhaupt mit unserer menschlichen Erkenntnis verhält. Wo immer wir die Grenzen unserer Erkenntnis überschreiten – und wir tun das immer, wo wir über Gott nachzudenken beginnen –, da geschieht mit dem Gegenstand, den wir betrachten, etwas Charakteristisches: Er spaltet sich. Er tritt auseinander. Er teilt sich und tritt mir als Widerspruch gegenüber. Das ist immer so, und nicht nur bei Gott. Diese Widersprüche, denen wir dann begegnen, lassen sich auf keine Weise auflösen oder ausgleichen oder dialektisch überhöhen, sie bleiben vielmehr hartnäckig stehen. Und beide Seiten gelten, weil möglicherweise beide wahr sind. Sie gelten, wie der Physiker sagen würde, komplementär. Dieses Wort meint aber nicht den absurden Widerspruch. Es bedeutet vielmehr »gemeinsam ausfüllend«. Es bedeutet: Das eine gilt. Das andere gilt auch. Und beides zusammen, das ich mit meinem Verstand nicht zusammenbringe, macht vermutlich die Wirklichkeit des Gegenstandes aus, den ich betrachte.

Der Widerspruch zwischen der Person, die Gott sei, und dem Überpersönlichen, dem Fluidum, dem Meer, das er auch sei, gilt aber auch von uns Menschen selbst. Wir sind Personen, daran ist kein Zweifel, klar abgegrenzt, mit Hilfe eines Passes identifizierbar. Mit Namen, Wohnort, Herkunft, Beruf und einem datierbaren Anfang. Man kann uns fotografieren, man kann unsere Fingerabdrücke nehmen.

Viele reden heute aber auch von uns Menschen selbst so, als seien wir etwas Trans-personales. Sie meinen damit, es gebe Phänomene, die unsere personale Begrenztheit sprengen, wie etwa das seltsame kollektive Unbewusste, von dem C. G. Jung spricht. Wir sind also, was man an uns wahrnimmt, wir

Um zu Gott zu gelangen
und mit ihm sich zu vereinen,
muss die Seele mehr durch Nichtverstehen
als durch Verstehen,
in einem Vergessen aller Geschöpfe wandeln.
Denn das Veränderliche und Begreifliche
an den Geschöpfen
muss vertauscht werden
mit dem Unveränderlichen
und Unbegreiflichen:
mit Gott.

JOHANNES VOM KREUZ

sind aber auch, was uns mit dem gemeinsamen Wurzelwerk unserer Seele und mit dem Wurzelwerk der Seele anderer Menschen verknüpft. Wir sind alles, was uns nach außen hin mit der Biosphäre dieser Erde verbindet. Die Luft, die wir ein- und ausatmen, war einmal ein Teil von uns und nimmt Teile von uns nach außen mit. Der Kalk in unseren Knochen verbindet uns durch seinen ständigen Austausch durch die Nahrung mit dem Kalk in der Erde. Wir sind im Grunde nichts anderes als ein Geflecht von Durchgangswegen. Die Wärme, die in uns ist, tauscht sich ständig aus mit der Wärme, die um uns her ist. Was uns aber als Person definiert, unsere Haut, ist gerade keine Grenze, sondern eine Zone ständigen, sehr lebendigen Austausches, durch die wir uns ständig empfangen und durch die wir uns auch ständig nach draußen abgeben. Im Grunde verschwimmen wir völlig in unserer Welt. Wir haben Anteil an der Menschheit, am Tier, an der Pflanze, am Geist ebenso wie an der Materie, und mit all dem reichen wir weit über die Grenzen unserer Person hinaus. Wir haben teil ebenso an der Freiheit wie an Zwang und Gesetz, an der Geschichte, die vor uns war, an den archetypischen Bildern, in denen die Geschichte der Menschheit von Jahrtausenden sich niederschlägt. Und wenn wir gar mit einem anderen Menschen in Liebe verbunden sind, dann wissen wir, dass ein Gutteil unserer Person sich im anderen befindet, so sehr, dass wir nur noch die Hälfte von uns selbst sind, wenn er uns genommen wird.

Noch einmal: Wir reden von unserer Freiheit. Wir wissen uns verantwortlich und also frei. Es wäre Blindheit, diese Freiheit zu leugnen. Wenn ich aber mit irgendeinem Menschen befasst bin, der schuldig geworden ist, dann komme ich schnell zu der Feststellung: Von Freiheit zu seiner Tat kann keine Rede sein. Hat er sich denn sein Wesen selbst gegeben? Hat er sich seine Willenskraft selbst zugemessen? Hat er selbst veranlasst, dass er dieser Mensch mit seiner Biografie wurde? Hat er sich die Begegnungen selbst herausgesucht, die sein Bild von Leben und von ihm selbst geprägt haben? Hat er

*Der Ozean,
der alle geistigen Strömungen des Alls sammelt,
ist nicht nur etwas, sondern jemand.
Er hat ein Gesicht und ein Herz.*

Teilhard de Chardin

sein Schicksal einschließlich aller Fehlgriffe und Irrtümer selbst bestimmt? Niemand ist frei. Also: Freiheit zu behaupten ist eine Übertreibung. Aber Freiheit zu leugnen ist Blindheit.

In dem Maß, in dem ich frei bin, bin ich Person. In dem Maß, in dem ich ein Geflecht von unendlichen fremden Kräften und Einflüssen bin, bin ich unfrei. Und beides gilt. Wie beides zusammengeht, davon habe ich nicht den Schatten einer Ahnung. Das Erkenntnisproblem, das ich mit Gott habe, habe ich auch mit mir selbst. Und im Grunde kann ich mich selbst nur glauben.

Es war die einseitig personalistische Gottesvorstellung, der einseitige Theismus, der die weit differenzierteren Gottesvorstellungen der mystischen Tradition in der Neuzeit immer grundsätzlicher ausschloß bis hin zur Mystikfeindlichkeit der evangelischen Theologie der zwanziger bis fünfziger Jahre. Und wir können nicht übersehen, dass aus dieser einseitig theistischen Engführung der moderne Atheismus hervorgegangen ist. Feuerbach etwa hätte seine These, Gott sei nichts als eine ins Große projizierte Spiegelung des Menschen, nicht so überzeugend und wirksam darstellen können, wenn das christliche Gottesbild nicht tatsächlich so einseitig an der Personalität des Menschen orientiert gewesen wäre. Am Ich-Du-Gegenüber, das für uns Menschen und unsere Beziehungen charakteristisch ist.

Wenn aber umgekehrt heute viele vom »Ende des Theismus« sprechen, das heißt vom Ende des personalen Bildes von Gott, dann möchte ich dem energisch widersprechen. Warum denn halten wir die Gegensätze und Widersprüche, die unserem Verstand begegnen, so schlecht aus? Es könnte doch sein, dass wir erst dem Ganzen einer Wirklichkeit begegneten, wenn wir die Widersprüche, die sie uns darbietet, gelten ließen.

Wenn das alles so ist – was ist dann Glaube an Gott? Ich möchte eigentlich nicht wählen müssen zwischen einem persönlichen und einem überpersönlichen Gott. Ich möchte

Das Bild Gottes ist in allen Menschen
wesentlich und persönlich vorhanden.
Jeder besitzt es ganz,
vollständig und ungeteilt,
und alle zusammen
besitzen doch nur ein Bild.
Auf diese Weise sind wir alle eins,
innig vereint in unserem ewigen Bilde,
welches das Bild Gottes
und der Quell
all unseres Lebens in uns ist.

JAN VON RUYSBROEK

mich nach allen Seiten offen halten für die unberechenbaren Weisen, in denen Gott mir begegnen könnte und in denen mir erlaubt sein müsste, ihn zu ahnen.

Was sagt mir nun das Evangelium? Es sagt: Wende dich an Gott! Höre seine Stimme! Antworte ihm! Finde deine aufrechte Gestalt im Gegenüber zu ihm. Er sieht dich. Er hält dich in seiner Hand, auch wo du dich selbst nicht mehr in der Hand hast. Er bleibt dein klares Gegenüber, auch wo du selbst vor deinen Augen unklar wirst und verschwimmst. Sprich zu ihm als zu deinem Vater im Himmel.

Es meint also: Halte dich daran, dass Gott das Wesen einer Person hat über alles hinaus, was sonst über ihn zu sagen ist. Das Rätsel Gott hat ein Gesicht. Ein vertrauenswürdiges. Dein Vater im Himmel »weiß, was du brauchst«.

Gott ist ein Du. Dieses Du triffst du an, wenn du in dich hineinhorchst und seine Stimme vernimmst. Du triffst es an, wohin immer auf der Erde du blickst. Und Gott bleibt das Du. Er wird nie ein «Es«. Er spricht dich nicht an, als wärest du ein »Es«, sondern als das Du, das du für ihn bist. Gott ist nie etwas Allgemeines, sondern immer ein Du, ein tröstliches. Ein wissendes. Halte das fest.

Und halte fest, dass du selbst ein Gesicht hast. Ein unverwechselbares. Ein unverlierbares. Und dieses Gesicht bleibt dir auch in aller Begegnung mit Gott. Und wenn du dir entgleitest, wenn sich dir dein Gesicht im Spiegel zu verwischen scheint, wenn du an deiner Unverlierbarkeit zweifelst oder wenn dein Herz dich anklagt, »dann ist Gott größer als dein Herz und weiß alle Dinge« (1. Johannes 3,20).

Und noch eins sagt es: Das, was dir gegenüber ist, verwandelt dich. Du wandelst dich in das, was du siehst, was immer es sei. So schreibt Paulus:

> Wir schauen mit offenen Augen
> die Herrlichkeit Gottes
> wie in einem Spiegel

Gott stirbt nicht an dem Tag,
da wir aufhören,
an einen persönlichen Gott zu glauben.
Wir aber sterben in der Stunde,
da unser Dasein nicht mehr
vom Glanz des immer neu geschenkten Wunders
durchleuchtet wird,
dessen Quellen jenseits aller Vernunft liegen.

DAG HAMMARSKJÖLD

und werden dadurch (!) in sein Bild verwandelt, in eine Klarheit, die aus der Klarheit Gottes ist.
2. Korinther 3,18

Dass Gott weiß, ist das, was wir wissen sollen, wenn uns unser eigenes Wissen und Verstehen entgleiten. Dass er sieht, hört, mitfühlt. Dass er uns in seinem Wissen bewahrt. Wir brauchen also nicht alles zu wissen, weder über uns selbst noch über Gott. Es ist genug, dass Gott weiß.

Ein zweiter Versuch
Gott, der Ferne – Gott, der Nahe

Wie fern ist Gott? Oder: Wie nah? Gott ist mir unendlich fern, das ist das eine. Er ist der Heilige, der auf keine Weise in den Gedanken von Menschen Raum findet. Der ganz Andere. Und er ist mir unendlich nah; er kennt, wie der Psalm sagt, ein Wort auf meiner Zunge, ehe ich es ausspreche. Wie aber ist Gott abwesend? Wie ist er anwesend? Die Bibel antwortet: Gott, der Ferne, »kommt«. Gott ist der »Ankommende«.

Ich will ein wenig mit einem Vergleich spielen: Ein Bildhauer schafft ein Werk aus Holz oder Stein. Ist es vollendet, so ist es da. Es kann angeschaut, aufgestellt, verkauft und wieder ausgestellt werden. Es hat so lange etwas von bleibendem Sein an sich, bis es zerstört oder vergessen ist. Ganz anders der Musiker: Er schafft ein Musikstück. Aber Musik ist nicht da. Wenn sie für einen Augenblick da sein soll, muss sie gespielt werden. Immer neu. Immer durch einen neuen Versuch eines interpretierenden Künstlers muss sie wieder auf mich zukommen. Musik ist nie da. Sie kommt immer nur an, ohne danach vorhanden zu sein. Und darin liegt, was wir im Vergleich zur bildenden Kunst das »Geistigere« an der Musik nennen könnten, die höhere Weise des Seins. Eines Seins, das im Ankommen besteht. Ist Gott aber »im Ankommen«, so wird meine Beteiligung darin bestehen, dass ich horche, dass ich vernehme. Was im Ankommen ist, kann ich weder lehren noch lernen; ich kann es nur erfahren.

Ein anderes Beispiel: Es ist heller Tag. Das Licht ist da, meinen wir. Aber auch das Licht ist nichts Bestehendes, sondern etwas, das immer nur ankommt. Es muss ankommen, um da zu sein. Es ist nur im Ankommen vorhanden.

Von den Schildbürgern wird erzählt, sie hätten sich ein neues Rathaus gebaut, aber sie hätten vergessen, Fenster auszusparen. So war es in ihrem Rathaus dunkel. Da kamen sie auf die Idee mit den Säcken. Sie hielten der Sonne offene Säcke hin und ließen sie hineinscheinen. Danach schütteten sie die Säcke in ihrem Rathaus aus. Aber im Rathaus blieb es danach so dunkel wie in den Köpfen. Und wenn wir dabei bedenken, dass die Geschichte erzählt, das Rathaus sei dreieckig gewesen wie das christliche Gottesbild, dann bekommt die Geschichte eine erhebliche theologische Qualität. Jedenfalls gilt: Das Licht scheint in die Säcke, aber es ist danach nicht in den Säcken.

Die Bibel spricht von der seltsamen Tatsache, dass der nahe Gott erst kommen muss, um bei uns zu sein, und dass der ferne und fremde Gott immer schon auch der Ankommende sei. Sie spricht von Inspiration, also vom Ankommen des Geistes. Sie spricht von Inkarnation, also dem Kommen Gottes in der Gestalt eines Menschen. Sie spricht von einem Sein Gottes im Übergang, im Überschritt zu uns Menschen hin. So sagen wir: Christus kam in die Welt. In ihm kam und kommt Gott.

Es ist auch charakteristisch, dass wir kaum je von der Anwesenheit des Geistes Gottes sprechen, sondern immer nur bitten: »Komm, heiliger Geist!« Gleichzeitig aber sind wir davon überzeugt, dass er, wenn er nämlich wirklich der Geist Gottes ist, immer schon um uns her und in uns am Werk ist. Und wir fänden uns nur schwer damit ab, dass Gottes Geist

Wir sollten verstehen,
dass alles das Werk des Großen Geistes ist.
Wir sollten wissen,
dass er in allen Dingen ist:
in den Bäumen, den Gräsern,
den Flüssen, den Bergen
und all den vierbeinigen Tieren
und den geflügelten Völkern;
und was noch wichtiger ist:
Wir sollten verstehen,
dass er auch über allen diesen Dingen
und Wesen ist.

SCHWARZER HIRSCH

Er stets in allem,
er außerhalb von allem,
er über allem, er unter allem.
Gegenüber jedwedem
erhabener in seiner Macht,
niedriger als tragendes Sein,
äußerlicher durch seine Größe,
innerlicher, weil alles subtil durchziehend;
von oben herrschend, von unten tragend,
von außen umfassend, von innen durchdringend.
Und er ist nicht hier höher,
dort niedriger;
oder hier außen, dort innen;
sondern als ein und derselbe
ist er der Erhalter,
weil er stets vor allem da ist
und stets vor allem daseiend,
weil Alles-Erhalter.
Als ein und derselbe durchdringt er alles,
es umfassend,
und umgibt alles,
es durchdringend.

GREGOR DER GROSSE

erst kommen muss, um da zu sein. Und doch: Der Geist Gottes ist nur da, solange er »ankommt«.

Wir sagen auch: Dein Reich komme! Wir drücken damit aus, dass das Reich Gottes fern ist oder zukünftig, jedenfalls nicht da. Und auf der anderen Seite sagt Jesus: Das Reich Gottes ist innen in euch! In euch wächst es. Aber das Reich Gottes ist im Grunde weder fern noch nah. Es ist im Ankommen, und das ist seine Weise zu sein.

Wenn aber Gott in der Weise »da« ist, die wir mit »Ankommen« bezeichnen, und wenn er für uns nur in dieser Weise da ist, dann könnte die Zuversicht erlaubt sein, dass er bei mir in einer bekannten oder in einer unbekannten Weise, in der vertraut christlichen oder in einer ganz anderen, zu irgendeiner Zeit ankommen werde, oder auch, dass er immer schon, auch ehe ich es bemerke, im Ankommen ist. Und so könnte Gott zu einer Art Melodie werden, die in meinem Leben immer wieder erklingt, oder, wie die Bibel sagt, zum ankommenden »Licht auf meinem Weg«. Damit freilich, dass Gott ankommt, ist er mir näher, als ich selbst mir sein kann, und es geht mir ein Licht auf, das ich selbst mir nie schaffen könnte.

Denn auch hier spiegelt sich, was ich bin und was ich über Gott erfahre. Ich selbst bin mir zugleich sehr fern und sehr nah. Auch mir selbst gegenüber bin ich immer in einer Bewegung des Annäherns und des Entfernens, des Verlierens und des Wiederfindens. Dass wir alles Wichtige im Leben glauben müssen, zum Beispiel auch, was wir lieben oder hoffen, bedeutet ja eben, dass wir es nicht haben. Wir sind also stets auf dem Weg aus der Ferne zu uns selbst in die Nähe zu uns selbst und sind dabei im gelingenden Fall auf dem Wege, Menschen nicht zu sein, sondern zu werden. Der Liebende ist kein Habender, sondern ein Werdender. Auch die Liebe Gottes können wir weder beanspruchen noch erzwingen. Wenn sie ankommt, sola gratia, dann sind wir auf dem Wege zu einem menschlichen und immer menschlicheren Menschen.

Was also sagt das Evangelium dem, der so in seine Gedan-

Gott lebt in bleibender Unerkennbarkeit
über allem menschlichen Verstehen.
Doch das Innere des Menschen
ist ein Spiegel von Gott,
den wir beständig reinigen müssen.
Dort erfahren wir Gott im Symbol
und in dem steten Wunsch,
uns immer tiefer in Gott hinein auszustrecken.

GREGOR VON NAZIANZ

ken verstrickt über den nahen und den fernen Gott rätselt? Es sagt: Gott ist dir auf alle Fälle nahe. Halte das fest. Er kommt an, von Tag zu Tag, von Augenblick zu Augenblick. Er kam zu den Menschen, seit es Menschen gibt. Er kam zu dem Volk, das seinen Weg ging von Abraham bis Jesus und darüber hinaus. Er machte sich hörbar, spürbar, erfahrbar und wurde ihm wieder fremd und unbegreiflich, und er kam wieder, um ihm Frieden zu schaffen. Er ist der täglich Ankommende und wird es auch künftig sein.

Die Zukunft hat ihren Namen daher, dass etwas auf dich zu-kommt. Dass sie eine An-kunft bringt: die An-kunft Gottes. Wenn du nun sein Bild sein willst, dann sei eine oder einer, der überall dort an-kommt, wo auf sie oder ihn gewartet wird. Bleibe nicht in dir selbst. Steh nicht in der Ferne herum. Sei nahe den Menschen, den Geschöpfen und der ganzen Wirklichkeit, tu den Schritt aus dir hinaus jeden Tag und jeden Augenblick. Denn alles, was die Welt außer dir noch hat, wartet auf dein Kommen, auf deine Nähe, auf deine Güte. Du wirst dabei erfahren, dass dir Gott spürbarer entgegenkommt, wo du den Schritt auf irgendeinen Menschen zu gehst. Im Gesicht des Nachbarn, des Fremden, dem du ein Nachbar wirst, kommt Gott.

Karl Barth hat gesagt, die Wahrheit habe kein Sein. Sie komme an. Sie sei Ereignis. Und ähnlich Hölderlin:

> Lang ist die Zeit,
> es ereignet sich aber das Wahre.

Dann aber ist die Aufgabe von Christen, dem Wahren, wenn es denn kommt, einen Raum zu öffnen: sich selbst als das Zelt seiner Nähe in der augenblicklichen Gegenwart.

Ein dritter Versuch
Gott, die Fülle – Gott, das Nichts

Unsere Sprache hat zwei Worte, unter denen wir Menschen uns auch mit größter Mühe nichts vorstellen können: das Nichts und das Alles. Zwischen beidem siedelt sich das Vorstellbare an, das weniger ist als alles und mehr als das Nichts. Das macht erklärlich, dass unter den Mystikern sowohl das Alles als auch das Nichts, sowohl die Fülle als auch die Leere an die Stelle von Beschreibungen Gottes treten. Uns Menschen, so sagen sie, stehen die Worte nicht zur Verfügung, mit denen wir die Fülle Gottes fassen könnten, sie entgleitet uns, sobald wir sie fassen wollen, in ein gähnendes Nichts.

Dass Gott für die Bilder und Begriffe des Menschen zugleich das Alles und das Nichts ist, wissen die Mystiker aller Religionen. Das Nichts ist die Wohnstätte Gottes, und im Nichts schauen wir Gott. Im Nichts kann zwar ein Mensch weder leben noch denken, aber genau dorthin strebt der Mystiker unablässig. Umgekehrt spricht er vom Alles und will über alle getrennten Dinge hinaus das Ganze ergreifen. Und so sieht er immer zugleich den Durchbruch zur Einheit aller Dinge in Gott und die Präsenz Gottes in allen Dingen, die dadurch ihre eigentliche Wirklichkeit gewinnen.

Johannes vom Kreuz sagt, Gott sei »das sehende Nichts«. Das Nichts ist ja zunächst nicht wahrnehmbar. Es hat keine Eigenschaften, und keine Tätigkeiten sind ihm möglich. Und deshalb ist die Leere des Nichts so bedrohlich und so ängstigend. Aber nun hören wir, dieses Nichts sehe uns an. Was ist gemeint?

Gott wird, wo er für das Nichts steht, zum Nicht-Beschreibbaren, zum Unzugänglichen, zum nicht verstehbaren Abgrund, über den es nichts weiter zu sagen gibt. Aber dieses Nichts Gottes steht dabei zugleich für den Menschen selbst, in dem nichts beständig ist und der stets am Rande des Nichts steht und auf das Nichts zu. Wenn es nun dem Menschen gelingt, das eigene Nichts anzunehmen und zu beja-

Gott ist ein lauter Nichts,
ihn rührt kein Nun und Hier.
Je mehr du nach ihm greifst,
je mehr entwird er dir.

ANGELUS SILESIUS

Wo gelangt denn der hin,
der in Gott hineinhofft,
wenn nicht in sein eigenes Nichts?
Wohin sollte der entschwinden,
wenn nicht dorthin, woher er kam?
Er kam ja aus Gott
und dem eigenen Nichts.
Darum kehrt zu Gott zurück,
wer ins Nichts zurückkehrt.

MARTIN LUTHER

hen, so verliert das Nichts seine Schrecken und wird vertraut; es schaut uns an mit den Augen Gottes, freundlich und barmherzig, und es wird zu etwas, das aus dem Nichts, wenn es denn wirklich ein Nichts wäre, nie werden könnte: nämlich das Alles, das Gott ist. Indem Gott mich aber ansieht, gewinne ich selbst Augen, die sehen. Im Wandel vom Nichts zum Alles in Gott liegt das Geheimnis der Erleuchtung. Hier liegt auch die Quelle der Demut, die das Nichts annimmt, das der Mensch sich selbst ist, und so sein Schicksal zwischen Fülle und Nichts.

Wenn nun Gott als der Schöpfer der Welt angesehen wird, so ist er für Dionysius Areopagita das »Nichts«, aus dem die Schöpfung hervorging. Johannes Scotus Eriugena sagt: »Schöpfung ist das Hinabsteigen Gottes in die eigene Tiefe.« Und Jakob Böhme: »Gott hat alle Dinge aus Nichts gemacht, und dieses Nichts ist er selbst.« Ein ähnlicher Gedanke erscheint auch in der jüdischen Mystik des Mittelalters: Der verborgene Ungrund, das EIN SOF, ist von einem Strahlenkranz umgeben, in dem wie in einem Punkt der Anfang aufblitzt, aus dem schließlich die Dinge hervorgehen. Die Urschöpfung aus dem Nichts also geschieht in Gott selbst, der das Nichts ist.

Das Nichts, in dem Gott unerfahrbar wird, ist der Zielpunkt aller Mystik. Sie spricht statt vom Nichts auch von der Nacht als dem Ort, an dem einzig wir Gott schauen, weil es in ihr nichts zu schauen gibt. Das Nichts und die Nacht sind immer die erste und vorrangige Botschaft der mystischen Lehre, ehe sie von dem Gott zu reden wagt, der einerseits das Alles und die Überfülle ist und der sich uns andererseits in einer schmalen Menschengestalt gezeigt hat.

Was sagt das Evangelium? Es sagt: Du bist auf dieser Erde in verzweiflungsvollem Maß vom Nichts umgeben. Und sieh in dich hinein: Auch dort ist es so. Was aber auf dich zukommen will, ist die Fülle. Du triffst sie an in der Güte des Vaters, der dich ansieht überall, wo du irgendeinem Nichts ausgesetzt bist. Du triffst sie an auf dem Tisch, an den er dich ein-

*Da kommen Leute,
die reden von so großen,
überwesenhaften, überherrlichen Dingen,
ganz so,
als wären sie über alle Himmel geflogen,
und doch haben sie nie auch nur einen Schritt
aus sich selber getan
in der Erkenntnis ihres eigenen Nichts.
Wohl mögen sie
zu vernunftmäßiger Wahrheit gelangt sein,
aber zu der lebendigen Wahrheit,
die wirklich Wahrheit ist,
kommt niemand,
als auf dem Weg seines Nichts.*

JOHANNES TAULER

lädt. Du triffst sie an in dir selbst, dem Eingeladenen. Gott schafft sie in dir und du bringst dein Vertrauen mit. Mehr brauchst du nicht. Und du bringst deine Liebe mit. Mehr ist nicht gefordert. Und so wird das Nichts sich in nichts auflösen. Bleiben wird Gott, der die Fülle ist, und sein Reich, in dem die Fülle wohnt, und bleiben wird die Fülle in dir selbst.

Und wieder spiegelt das Bild Gottes sich in dem Bild, das wir von uns selbst haben: Wir kommen dem Nichts, das Gott ist, am nächsten, wenn wir unseres eigenen Nichts innegeworden sind. Wir können ein Ganzes und ein Alles und eine Fülle sein in dem Maß, in dem wir in unser eigenes Nichts abgestiegen sind. Und das alles ist das, was Gott, der das Nichts und das Alles zugleich ist, aus uns machen wird: nämlich der geliebte und über seinem Nichts gehaltene Mensch.

Ein vierter Versuch
Gott in der Höhe – Gott in der Tiefe

Es liegt für das Empfinden von uns Menschen dieser Erde nahe, Gott, den Weltherrscher, in der Höhe zu suchen. So sagt der Psalm 102:

> Er schaut von seiner heiligen Höhe.
> Gott schaut vom Himmel auf die Erde herab.

Dahinter steht zunächst die Vorstellung des alten Weltbildes, der Kosmos gliedere sich in die drei Stockwerke Himmel, Erde und Unterwelt, Gott aber gehöre zum oberen Reich, dem Himmel; »über den Wolken« habe er seinen Thron. Dahinter steht auch die uns allen selbstverständliche, die symbolische Vorstellung, alles Wertvolle habe mit »oben« zu tun, alles Wichtige, Erhabene, Göttliche sei »höher-wertig«, wohingegen das Böse, das Unwürdige und Minderwertige unten zu denken sei. So sei in einem Menschen eine »hohe«, das heißt edle, in einem anderen eine »niedrige« Gesinnung.

In beidem liegt heute die Gefahr von Missverständnissen. Das Weltbild der drei Stockwerke ist die mythische Vorstellung einer vergangenen Epoche. Die Gefahr liegt darin, dass ein Gott, der »in der Höhe thront«, selbst zu den Resten eines mythischen Denkens gezählt werden kann. Ihm haftet der Verdacht an, er sei mit dem alten Weltbild zugleich überholt und erledigt.

Der Sinnvorstellung von »Höhe« liegt aber auch der Gedanke nahe, Gott sei ein geistiges Wesen außerhalb und oberhalb der gewöhnlichen Dinge dieser Erde. Er habe wohl mehr mit dem Nachdenken zu tun als mit den täglichen Verrichtungen. Ihr liegt auch der andere Gedanke sehr nahe, es gelte, die »Tiefe« als etwas von Gott Abgewandtes zu verstehen und das Vitale, das Untere, das Elementare, das Natürliche, das Emotionale zu unterdrücken oder zu verdrängen. Und darin haben wir ja wohl einen jahrtausendealten Anschauungsunterricht.

Zum dritten liegt der Vorstellung vom »Gott in der Höhe« der Gedanke zugrunde, wer »oben« sei, habe das Recht zu herrschen. Gott sei also auf der Seite der Herrschenden, er verschaffe den Herrschenden aber nicht nur ihr Recht, Gesetze zu erlassen, sie aufzuheben und über Leben und Tod zu richten, sondern auch das Recht, Krieg zu führen, und er sei es, der den Heeren der Mächtigen den Sieg gebe. Die Fürsten seien eingesetzt »von Gottes Gnaden«, und ihr erhöht aufgestellter Thron stehe neben dem ebenfalls erhöht stehenden Altar den Menschen in den Niederungen gegenüber, den »Untertanen« oder den »Laien«.

In diesem Sinn war noch jede Religion, die diese Verbindung von Staatsmacht und himmlischem Regiment Gottes erlaubte, anerkannt, gefördert und geschützt, und auch die christlichen Kirchen waren in aller Regel, soweit sie nicht selbst Macht suchten, den jeweils Herrschenden von ganzem Herzen dienstbar. Sie waren auf diese Weise immer »oben«.

Die Seele kann es nicht ertragen,
dass Gott über ihr sei.
Wenn er nicht in ihr ist,
so kann sie nimmer zur Ruhe kommen.

MEISTER ECKHART

So wird die religiöse Sprache der Sprache der Höfe von Königen oder Kaisern angeglichen. »Gott, dem Allmächtigen, hat es gefallen, den und den aus diesem Leben abzurufen«, lautete noch vor kurzem die Ansage an den Gräbern. Das ist höfische Sprache. Was ein Herrscher tut, hängt nicht an irgendwelchen Begründungen oder Rechten, es braucht ihm nur zu »gefallen«, so kann er es tun. Und so fielen die Untertanen vor einem König auf die Knie, als wäre er Gott selbst.

Und wie ein irdischer Monarch als Stütze seines Throns eines Adels bedarf, der ihm ergeben ist, so wird der himmlische Hofstaat Gottes von Engeln und Seligen gebildet, und die Adligen von den Junkern und Grundbesitzern bis zu Herzögen und Erzherzögen rücken in die Sphäre des himmlischen Hofstaates, der Seligen und der Engel. Ganz unten aber hat der Teufel seinen Ort, der sich gegen Gott erhob und darum zum Teufel wurde; unten sind die Bösen, die Aufständischen, die Sozialisten, die Revolutionäre, die fragen: Sollte Gott gesagt haben, wir müssen den Fürsten untertan sein? Und alsbald hatte der Fürst das Recht, allen Widerstand blutig niederzufoltern und niederzuschlagen.

Und weiter: Was uns von Gott zukommt, so wurde früh empfunden, das kann der Mensch nicht verdienen. Es muß ihm als Geschenk zukommen, und es kann so wenig wie ein Geschenk gefordert werden. Das Wort »Gnade«, in dem etwas liegt wie freie Zuwendung, Freundlichkeit, Güte, Charme, etwas zum Leben Helfendes, etwas Rettendes und Förderndes, etwas von Segen, das Gott uns Menschen zuwendet, wird in der Hand von Fürsten und Herrschern zu einem Rechtsakt, der die wohlverdiente Strafe »gnädig« aufhebt. Die Fürsten waren zu allen Zeiten »gnädige Herren«, war ihre Herrschaft auch noch so brutal und ausbeuterisch.

In der alten Welt gab es Muttergöttinnen. Der weibliche Aspekt Gottes hatte ein eigenes Reich, nämlich die Erde, in der der Mütter gedacht wurde. Sie durchgeistigten das ganze praktische, vitale Leben, sie segneten es und gaben die praktische Weisheit, mit der die Menschen ihr Leben bestehen

*I*ch schwanke noch unter dem Stoß der Gnade,
und ich habe Angst wie ein Wesen,
das der große Wind fortgetragen hat
auf den Gipfel eines Berges,
die Spitze eines Turmes,
an irgendeinen Ort, eng,
zugespitzt und gefährlich,
und das nicht wagt, sich zu bewegen
aus Furcht, in die Tiefe zu stürzen.

O mein Gott, der du mich hältst, halte mich gut!
Hilf mir beim Hinabsteigen!

MARIE NOËL

konnten. Die Vatergötter hingegen wurden in der Höhe vorgestellt, und nach dem Ende der Mutterreligionen blieb für Gott nur noch das männliche Geschlecht und der Ort oben im Himmel. Das wiederum bedeutete, dass auch unter den Menschen der Mann oben stand und die Frau tief unter ihm; es entstand die patriarchale Welt- und Lebensordnung, an deren Ende wir heute endgültig angelangt sein sollten.

Das alles aber hat bewirkt, dass alle Staats- und Wirtschaftsordnungen in Europa, die von »law and order« geprägt waren, alle konservativen Vorstellungen, die die Herrschaftsverhältnisse bewahrten, mit dem christlichen Glauben leichter zu verbinden waren und es bis zum heutigen Tage sind als etwa sozialistische, und dass alle sozialrevolutionäre Energie in der christlichen Geschichte immer zugleich als Ketzerei und Irrglaube verfolgt worden ist, obwohl sich leicht zeigen lässt, dass Jesus mit sozialer Gerechtigkeit ungleich mehr im Sinn hatte als mit dem Schutz des Reichtums der Besitzenden.

Aber das eigentliche Unglück, das die Ansiedlung Gottes in der »Höhe« mit sich gebracht hat, war die Abspaltung des Dunklen in Gott selbst. Die Geschichte des christlichen Glaubens hat immer wieder zu einem verhängnisvollen Dualismus geführt, so, dass Gott als der Gute und Heilige die eine Hälfte der Welt repräsentierte, der Teufel aber die andere. So, dass auch der Mensch ein Repräsentant Gottes sein konnte, oder aber ein Repräsentant des Teufels oder des Bösen. Da aber Gott und das Böse einander feindlich gegenüberstanden, ergab sich aus diesem christlichen Dualismus die lange Geschichte christlicher Pogrome an allen denen, die man dem Teufel zurechnete: den Moslems in der Zeit der Kreuzzüge, den Hexen unter den Frauen, den bösen Ketzern, die man massenweise auf dem Scheiterhaufen verbrannte, und auf dem Weg über »christliche« Normalmeinungen, die sich in säkularem Zusammenhang durchzusetzen pflegen, ging die Rechtfertigung des Mordes an den »Minderwertigen« bis nach Auschwitz.

Die Ursprünge dieses Dualismus liegen nicht in der Bibel, auch wenn sich in ihr dualistische Bilder und Gedanken finden. Sie strömten vielmehr seit dem 6. Jahrhundert vor Christus aus der persischen Religion in das jüdische und danach in das christliche Denken ein. Das hat auch bewirkt, dass Jesus in wichtigen Punkten seines Lebens und seiner Lehre nicht verstanden werden konnte. Wenn zum Beispiel Jesus nicht von der Ausrottung böser Feinde, sondern von unserer Liebe zum Feind spricht oder vom Verzicht auf Gewalt in der Auseinandersetzung mit dem Bösen, so ist dieser Dualismus, den wir für natürlich halten, im Ansatz schon aufgehoben.

Das zweite Unglück des Dualismus betrifft uns Menschen selbst. Es war damit unmöglich gemacht, dass wir Menschen unsere dunklen Seiten in unser eigenes Gesamtbild integrieren konnten. Stattdessen wurden wir selbst gespalten in einen oberen und einen unteren Teil. Der Geist war oben, der Leib war minderwertig bis böse. Unser Wille war gut, unser tatsächliches Leben aber verdammungswürdig. Wir waren Kinder Gottes, zugleich aber durch und durch von dem, was man die Erbsünde nannte, verdorben. Die christliche Sündenlehre hat den christlichen Glauben tief verunstaltet. Denn auch uns selbst blieb danach nichts als der stetige und aussichtslose Kampf gegen uns selbst.

Wenn Jesus sagt, es gelte, das Böse durch das Gute zu befreien, dann ist das Böse bei ihm nichts für Zeit und Ewigkeit Festgelegtes, sondern etwas, das der Befreiung bedürftig ist. Jesus denkt in klaren Polaritäten, aber nicht in Gegensätzen.

Ein drittes Unglück wird uns heute mit neuer Schärfe bewusst: Die Neuzeit hat einen tiefen Schnitt vollzogen zwischen dem Menschen und der Natur, zwischen dem Denken und den Dingen. Der Mensch herrscht, die Natur dient ihm. Man muß, so hat der Begründer der modernen Naturwissenschaften, Francis Bacon, vor dreihundert Jahren gesagt, die Natur auf die Folter spannen, bis sie uns ihre letzten Geheimnisse herausgibt. Die Natur steht also dicht neben der Frau, die man der Hexerei beschuldigt, foltert und verbrennt. Diese Abspaltung der Natur aus dem Gesamtzusammenhang Gott und Welt hat zu dem zerstörerischen Umgang mit ihr geführt, der dem Menschen erlaubt, alles, was ihm nützt, auf Kosten der Natur durchzusetzen. Dass an dieser Stelle der Dualismus zwischen uns Menschen und der übrigen Natur dringend beendet werden muß, brauche ich nicht weiter zu begründen. Dass wir die Zusammenhänge finden, die wir verloren haben, davon wird das Überleben der Menschheit auf dieser Erde abhängen.

Wenn das Evangelium von Menschwerdung Gottes spricht, dann ist eine Herabbewegung Gottes gemeint aus seiner Höhe und zugleich eine neue Würde der Erde und des Menschenherzens zu einem Ort, an dem Gott erscheint. Die Aufhebung des Abstandes zwischen Höhe und Tiefe in unserem Nachdenken über Gott ist das erste Erfordernis unseres geistlichen Nachdenkens.

Hier liegt der eigentliche Sinn der Weihnachtsgeschichte und vor allem der ganzen Lehre von Christus. Dass Gott den Menschen nicht begegnet in der Machtfülle eines Herrschers und nicht im strahlenden Licht eines himmlischen Thronsaals, sondern dort, wo die Erde dunkel ist und von den nachgemachten Göttern, eben den Herrschenden, tyrannisiert wird, dass er begegnet in der Gestalt eines Kindes, das ist die eigentliche Aufhebung allen Dualismus. Da ist Gott nahe in allen Bereichen dieser Welt und unseres Denkens. Die Weihnachtsgeschichte spricht davon, die Abspaltungen in uns selbst könnten durch das Einwohnen Gottes in unseren dunkelsten Bereichen aufgehoben und beendet werden. Es könne etwas Neues in uns geschehen, das unsere innere Einheit und Ganzheit begründet.

Dasselbe spiegelt sich etwa bei Jesus in seinem Wort, er sei gegenwärtig in den Armen und den Leidenden, und wir sollten Gott dort unten suchen, wo unsere Bemühung um Gerechtigkeit gefragt ist. Gerechtigkeit ist danach die Anbindung des Unteren an das Obere.

Und noch tiefer: Das leitende Symbol des Christentums ist das schreckliche Zeichen des Kreuzes. Auf der tiefsten Sohle des Elends, des Unrechts, der Schmerzen und der Todesangst begegnet uns Gott, sagt das Evangelium. Unser Platz wird also bei den Geschlagenen und Unterdrückten sein, den Leidenden, den in den Schmutz Getretenen.

Es waren immer die machtlosen Einzelnen, die vom unteren Gott sprachen und die dementsprechend ihren Ort und ihren Weg unten suchten, nicht ohne den Haß der Oberen in Staat und Kirche auf sich zu ziehen. Vor allem waren es die Mystiker, die Gott nicht so sehr oben, als vielmehr nah bei uns auf der Erde suchten, in uns selbst und in der Tiefe, wie sie in der Seele von Menschen erlitten wird.

Von einem Rabbi wird erzählt, er habe einem anderen Rabbi gegenüber geklagt, er habe trotz jahrelangen Suchens Gott nirgendwo gefunden. Der andere habe ihm geantwortet: »Womöglich hast du dich nicht tief genug gebückt.« Vielleicht bücken wir modernen Herrenmenschen uns wirklich nicht tief genug, um dem wirklichen Gott zu begegnen.

Was also sagt das Evangelium dem, der so über die Höhe Gottes und die dunkle Tiefe der Welt und seines eigenen Herzens nachforscht? Es sagt: Suche nicht die Höhe, zu der du dich aufschwingen willst. Gott ist unten. Bei dir. In jedem noch so banalen Ding. In jedem noch so armseligen Menschen. Gott kam dir in Christus sehr nahe, unten, auf der untersten Sohle des Leidens und des Elends. Nimm deinen Ort an, an dem du lebst. Er hat mehr mit dem Unten zu tun als mit dem Oben. Und nimm alles in dein Herz, was unten, auf deiner Erde, erlitten wird. So wirst du nahe bei Gott sein und nahe an deiner eigenen Bestimmung. Erlösung geschieht immer unten. Suche sie nicht anderswo. Aber dort, am unteren Ort, geschieht sie.

Wer Gott so hat,
der nimmt Gott göttlich,
und dem leuchtet er in allen Dingen.
Denn alle Dinge schmecken nach Gott,
und Gottes Bild
wird ihm aus allen Dingen sichtbar.

Der Mensch muss lernen,
die Dinge zu durchbrechen
und seinen Gott darin zu ergreifen,
damit er ihn kraftvoll
in sich selbst hereinbilden kann.

MEISTER ECKHART

In der Herabkunft des Wortes Gottes
hat uns alle mütterliche Liebe umarmt.

HILDEGARD VON BINGEN

Ein fünfter Versuch
Gott, der Allmächtige – Gott, der Leidende

Es ist nicht neu, dass man an Gott die Frage richtet, wie denn seine Gerechtigkeit mit dem Leiden auf dieser Erde zu vereinbaren sei, die Frage nach der Theo-dizee, wie sie das 18. Jahrhundert formulierte. Die Antworten, die man sich damals gab, etwa die, die Gerechtigkeit Gottes sei unfraglich und die Welt sei die beste, die einer sich denken könne, leuchten uns heute nicht mehr ein.

Heute fragen sich die, die überhaupt nach Gott Ausschau halten, warum er, wenn er denn schon da sei, so tief ins Dunkel getaucht erscheine. Wozu das unermessliche Leiden, das überall auf dieser Erde erlitten wird, gut sein soll. Denn in vielen und gerade den aufmerksamen Menschen ist die Nacht tief. Die Fragen, die sie ins Dunkel hinein rufen, schaffen kein Licht. Es müsste jemand zeigen können, wo Helligkeit ist, aber wer kann das? Gerade sensible und nachdenkliche Menschen geraten leicht an die Grenze, an der die Schwermut beginnt, und stehen dann im Kampf für oder gegen den Gott, den sie erfahren. Sie ringen mit ihm, dem Unbegreiflichen, dem Schattenhaften, dem Gott mit dem dunklen Gesicht. Wie schrecklich aber das Leben und das Sterben sein kann, das weiß nicht nur der Mensch, der an seiner Krankheit zugrunde geht, das erfährt auch das Zebra, das an der Tränke von einem Krokodil gerissen wird, der Wurm, den eine Amsel aufpickt, oder der Bazillus, den ein vom Menschen erfundenes Medikament vergiftet. Hat das alles Gott gewollt, oder könnte es sein, dass außer ihm noch andere Mächte auf dieser Erde ihre Spuren hinterlassen haben? Denn das kleine Universum, unsere Erde, ist so wenig eine Heimat wie das große. Es ist so eingerichtet, dass es – um Leid und Qual unbekümmert – alles zerwalzt und zerquetscht, ob es ein Wurm ist oder ein Mensch wie Jesus von Nazaret. Und dieses große und andauernde Leiden nicht nur des Menschen, sondern der ganzen Schöpfung scheint Gott in eine unendliche Ferne wegzurücken.

Wer *einmal allzutief*
ins Aug dem Leben schaut,
dem wandelt sich die Harmonie der Sphären
zu einem einzigen Fluch und Schmerzensschrei,
vor dem, wenn ihn ein Gott im Himmel hörte,
schon lange dieser Gott geflohen wäre,
durch alle Ewigkeit gehetzt,
gepeitscht von diesem Schrei.

CHRISTIAN MORGENSTERN

Und ist es nicht Gott, der den Menschen so eingerichtet hat, dass er zu Krieg und Tyrannei, am Ende zu Völkermord in Form von Auschwitz fähig ist? Die Frage ist ungleich bedrängender als die alte Frage nach der Theodizee. Die jüdische Dichterin Mascha Kaléko hat ein Gedicht geschrieben:

> Ich möcht' in dieser Zeit nicht Herrgott sein
> und wohlbehütet hinter Wolken thronen,
> allwissend, dass die Bomben und Kanonen
> den roten Tod auf meine Söhne spei'n.
>
> Wie peinlich, einem Engelschor zu lauschen,
> da Kinderweinen durch die Lande gellt.
> Weißgott, ich möcht um alles in der Welt
> nicht mit dem lieben Gott im Himmel tauschen.

Und da wird die zweite Frage laut: Ist Gott überhaupt allmächtig? Oder könnte es nicht sein, da er doch in allen Dingen und Wesen seiner Schöpfung ist, dass er selbst mitleidet, was in seiner Schöpfung gelitten wird? Ist er also grausam oder vielleicht nur ohnmächtig? Ist er nun ein starker und ungerechter oder ein schwacher und leidender Gott? Bewegt ihn also, was da gelitten wird? Oder leidet er gar selbst? Und wenn es so sein sollte, was nützte das der leidenden Kreatur? Geht es den Menschen besser, wenn es auch Gott schlecht geht? Wenn wir an seiner Liebe festhalten, dann können wir denken, wer liebesfähig sei, sei auch leidensfähig, denn der Liebende öffnet sich dem Leiden, in das seine Liebe ihn führt, dem Leiden, gegen das er doch außer seiner Liebe nichts ausrichtet. Gott litte also nicht, weil er schwach wäre, sondern weil er liebte.

Entscheidend aber wird sein, wie wir unser Bild von Gott zum Elend dieser Welt in Beziehung setzen. Die Juden haben den Glauben ihrer Väter zu ihrer Sklaverei in Ägypten in Beziehung gesetzt und konnten danach von einem Gott sprechen, der die Freiheit der Menschen will. Die ersten Christen

Wenn du Gott dienen willst,
dann mache dein Herz bereit auf die Stunde,
in der du meinst, du habest Gott verloren.
Mache dein Herz fest
und habe einen langen Atem.
Verzweifle nicht zu schnell,
wenn du dich verstoßen glaubst.
Halte dich fest an Gott und lass ihn nicht los,
damit du am Ende immer fester stehst.

JESUS SIRACH 2,1–3

haben ihr Gottesbild zum Kreuz des Jesus von Nazaret in Beziehung gesetzt und fanden dabei ihr eigentliches Gottesbild. Und wir Heutigen werden gut daran tun, unser mitteleuropäisch christliches Gottesbild nicht nur zum Kreuz, sondern auch zum Elend in den Flüchtlingslagern und zu den Folterkellern dieser Erde in Beziehung zu setzen und also unsere Hoffnung zu bewahren auf eine Welt, in der »kein Leid mehr ist und kein Geschrei«. In der Urgemeinde der Christen jedenfalls diskutierten die Menschen nicht über die Allmacht Gottes, sondern lebten in ihrer Hoffnung auf die Veränderung der Welt. Sie sahen, wie ihnen Gott im leidenden und geschundenen Menschen nahekam.

Das Evangelium sagt mir: Sieh beides zusammen, die Macht Gottes und die Machtlosigkeit seines Christus. Und verstehe, wie du selbst durch den Machtverzicht Gottes erfüllt wirst mit der Macht der Machtlosigkeit. Du vertraust dich dem an, der von der Höhe seiner Macht zu dir kam, und weißt, dass dein Weg durch die Leiden dieses Lebens hindurch in die Auferstehung führt. Nicht nur in die Auferstehung deiner eigenen Person, sondern die Auferstehung dieser ganzen gequälten Erde.

In unserer eigenen Auferstehung aber werden wir Gott zu Gesicht bekommen und werden verstehen, an welchem Rätsel wir unser ganzes Leben lang ohne Erfolg herumgedacht haben. Sie wird uns Gelegenheit geben, unsere Fragen zu wiederholen. Wir dürfen offen lassen, was für eine Antwort wir empfangen werden und ob wir danach unsere Fragen weglegen können. Wir werden sehen.

Gott rief zu Mose aus dem Dornbusch.
Der Heilige, gelobt sei er, sprach zu ihm:
Fühlst du denn nicht,
dass ich mich in Schmerzen befinde,
genau, wie Israel sich in Schmerzen befindet?
Merke es an dem Ort, aus dem ich mit dir rede:
aus den Dornen.

RABBINISCHE GESCHICHTEN

So halte ich dich,
den übergewaltigen,
von seiner Liebe ohnmächtigen Gott
in den Armen
meines Herzens,
denn verloren hast du dich
an mich
und mich gelehrt,
wie ich's vermag,
an dich
ganz verloren zu sein.

MARIA ASSUMPTA

Ein letzter Versuch
Gott, das Licht – Gott, die Finsternis

»Ich bin das Licht der Welt«, sagt Jesus. Und das sagt er im Bewusstsein, der Bevollmächtigte eines Gottes zu sein, der seinem Wesen nach Licht ist. Klarheit. Eines Gottes, der der Finsternis widersteht. Aber unsere Fragen in die Zerklüftung unseres Gottesbildes hinein gehen weiter: Wie licht und wie dunkel ist Gott wirklich? Wie dunkel muß Gott sein angesichts der tiefen Dunkelheit, in der nicht nur die Menschengeschichte sich abspielt, sondern die ganze Schöpfung lebt und stirbt? Kommt sie nicht aus dem tiefen Abgrund, den wir Gott nennen?

Johannes sagt in seinem Prolog, der eine Art Schöpfungsgeschichte darstellt:

> Das Licht scheint in der Finsternis,
> aber die Finsternis hat es nicht begriffen.

»Finsternis.« Schon im Anfang der Schöpfung tut sich also der Abgrund auf. Tief. Dunkel. Gefährlich. Woher kommt die Finsternis? Der zweite Jesaja legt Gott das Wort in den Mund:

> Ich bin Gott, und außer mir ist keiner.
> Ich mache das Licht, und ich schaffe die Finsternis.
> Ich gebe Frieden und ich schaffe das Unheil.
> Ich bin Gott, der alles tut.
> Jesaja 45,6–7

Dieses Wort ist gesprochen in der Leidenszeit des jüdischen Volks im Exil in Babylon. Damals begegnete Juda der persischen Religion hautnah, als Kyrus Babylon besiegte und als Befreier der Juden auftrat, von den Juden als Sohn Gottes begrüßt und gepriesen. Aber diese Begegnung mit einer fremden Religion, die zugleich die politische Erlösung brachte, drohte den Juden etwas aufzudrängen, das sie bisher nicht gehabt

Gott ist ein lautrer Blitz
und auch ein dunkles Nicht,
das keine Kreatur beschaut mit ihrem Licht.
Gott ist ein Geist, ein Feu'r,
ein Wesen und ein Licht,
und ist doch wiederum auch dieses alles nicht.
Was Gott ist, weiß man nicht:
Er ist nicht Licht, nicht Geist,
nicht Wahrheit, Einheit, Eins,
nicht was man Gottheit heißt,
nicht Weisheit, nicht Verstand,
nicht Liebe, Wille, Güte,
kein Ding, kein Unding auch,
kein Wesen, kein Gemüte:
Er ist, was ich und du und keine Kreatur,
eh wir geworden sind, was ER ist, nie erfuhr.
Das überlichte Licht
schaut man in diesem Leben
nicht besser,
als wenn man ins Dunkle sich begeben.

ANGELUS SILESIUS

hatten: nämlich die Spaltung der Welt in ein Reich des Lichts und ein Reich der Finsternis, wie es der Religion Zoroasters (Zarathustras) eigentümlich war. Nach ihr kam das Gute vom Gott des Lichts, das Böse vom Gott der Finsternis. Ahura Mazda und Ahriman waren die Pole, zwischen die der Mensch gestellt war. Und es ist in hohem Maß erstaunlich, wie sich das Judentum dieser Gefahr erwehrte, nämlich so, dass es auf der Einheit Gottes bestand und ihn eben nicht teilte, obwohl der persische Einfluss sich später immer wieder bemerkbar machte. Aus derselben Zeit lesen wir:

> Wenn man alle Gefangenen auf Erden
> unter die Füße tritt,
> eines Mannes Recht vor dem Allerhöchsten beugt
> und eines Menschen Sache verdreht –
> sollte das Gott nicht sehen?
> Wer darf denn sagen,
> dass solches geschieht ohne Gottes Befehl
> und dass nicht Böses und Gutes komme
> aus dem Munde des Allerhöchsten?
> Klagelieder 3,34.38

Das heißt doch: Alles kommt von Gott, auch was uns sinnlos scheint, auch das, was wir böse nennen oder zerstörerisch. Es erklärt nicht viel, wenn wir das Geheimnis der Finsternis anders deuten, wenn wir etwa von einem Gegenspieler Gottes reden, von der »Macht der Finsternis« oder vom Teufel oder vom Satan. Denn wenn Gott Ursprung und Urkraft aller Dinge, aller Wesen und Ordnungen und Geschehnisse ist, ist er dann nicht auch der Ursprung seines eigenen Widersachers, wenn es denn einen solchen ernsthaft geben kann, und liegt der Ursprung der Gespaltenheit der Schöpfung nicht in einem Abgrund in Gott selbst? In seinem Schatten sozusagen? »Es ist Gott«, sagt Hiob in seiner Qual. »Wer sollte es sonst sein?«

Aber wer ist denn in der Bibel der »Satan«? In der Bibel gehört er zum Hofstaat Gottes. Er tritt nie als selbständige

In meiner Müdigkeit auf kahler Erde,
wenn ich zu schwach bin,
um Gott oder Menschen zu lieben...
Während der Nacht, Herr, wirst du mir treu sein.
In meiner Erschöpfung, wenn ich nicht mehr klar sehe,
wenn mein Herz erkaltet,
meine letzte Tugend
am Ende meiner Kräfte zusammensinkt
und einschläft wie eine alte Frau...
Während der Nacht, Herr, wirst du mir treu sein.
In meiner schwärzesten Nacht,
in dem schrecklichen Strudel, da Gott sich abwendet,
der Glaube zusammenbricht wie ein Wolkenschloss,
es keine Spur von Hoffnung mehr gibt,
nicht auf Erden, nicht im Himmel...
Während der Nacht, Herr, wirst du mir treu sein.
Im Tode, da alles schwindet, in der Nacht des Todes,
da die Seele nicht mehr Raum noch Zeit hat,
in dem Nichts,
wo ich weder mich noch irgendeinen finde...
Während der Nacht, Herr, wirst du mir treu sein.
In der Finsternis deines Seins,
in das ich mich stürzen werde,
wo von mir nur das sein wird, was du warst,
wo du allein sein wirst,
das einzige Sein, das von mir bleiben wird...
Während der Nacht, Herr, wirst du mir treu sein.
Du allein, der du bist
Ewig du.

MARIE NOËL

Macht auf, er steht vielmehr in Gottes Auftrag. Er ist vor dem Gericht Gottes sozusagen der beamtete Ankläger. »Satan« kann man auch übersetzen mit »Staatsanwalt«. Wir Menschen stehen vor dem Gerichtshof Gottes, und uns gegenüber tritt der Satan auf, der uns anklagt. Was er aber tut, tut er mit Erlaubnis Gottes oder auf seinen Befehl. Er gehört zu den »Gottessöhnen«, wie das Buch Hiob sagt, gerade in seiner schrecklichen Funktion. Und der Satan hält sich im Buch Hiob ja dann auch strikt an die Weisungen Gottes. Wem das neu ist oder wer es nicht glaubt, der lese das Vorspiel zum Buch Hiob (Ijob). Das geht so weit, dass auch ein »Engel Gottes« einmal als »Satan« bezeichnet wird, als nämlich ein Engel damit beauftragt wird, einem Menschen zu widerstehen. So sagt der Engel zu Bileam: »Ich bin gekommen, dir zum Satan!« Das heißt, um dir als dein Gegner zu widerstehen. Und der »böse Geist«, der über Saul kam, wird 1. Samuel 16 als »ein böser Geist von Gott« bezeichnet. Und wie wollen wir den Widerspruch verstehen, der zwischen 2. Samuel 24 und 1. Chronik 21 besteht, wo einerseits gesagt wird, Davids Volkszählung habe Gott veranlasst, andererseits aber, es sei der Satan gewesen? In all dem hat das alte Israel mit großer Kraft sich bemüht, die Welt vor dem Auseinanderbrechen in Finsternis und Licht zu bewahren und damit auch Gott selbst als Einheit von Licht und Finsternis zu verstehen.

Und hat Jesus in Gethsemane nicht eben das getan: nämlich mit letzter Kraft Gott und die Finsternis in eins zu setzen, wie seine Vorfahren es fünfhundert Jahre zuvor in Babylon taten, als er sich dem Willen Gottes fügte, der in seinem dunklen Schicksal zum Ausdruck kam, und kurz danach denen, die ihn festnahmen, sagte: Dies ist eure Stunde und die Macht der Finsternis, – so dass also der Wille Gottes und die Macht der Finsternis in eins rückten? Der Widerspruch bleibt. Selbst Jesus kommt nicht aus ihm heraus: Gott und die Finsternis können nicht voneinander gelöst werden.

Soll also beides gelten? Das eine: Es gibt eine Macht, die Gott widersteht. Eine Macht, die eine andere Herkunft hat als

*Gott
ist die überhelle Finsternis,
die allen Glanz
mit der Intensität ihres Dunkels
überstrahlt.*

DIONYSIOS AREOPAGITA

Gott. Eine Macht, die ein scheinbar ewiges Stehvermögen hat abseits von Gott. Und das andere: Aus Gott, aus dem Schatten Gottes sozusagen, kommt auch, was dunkel ist, was abgründig, was böse, was zerstörerisch?

Ich sehe keine Chance dafür, dass wir Menschen Gründe finden, uns für die eine von beiden Antworten zu entscheiden.

Gott wird mir zugleich liebenswert und abgründig, und unser eigener Auftrag wird eins mit dem Auftrag des Christus, nämlich Mittler zu sein nicht nur zwischen Gott und Mensch, nicht nur zwischen Gott und Welt, sondern auch Mittler, Leidender zwischen Gott und Gott. Und an dieser Stelle erscheint, was am Bild des Menschen für die ganze Bibel, für das Alte sowohl als das Neue Testament, das zentrale Merkmal ist: Dass der Mensch ein Mittler sei. Dass der Mensch vor Gott die Welt und die Menschen vertritt und vor der Welt und ihrem Elend Gott. Dass des Menschen Auftrag im Grunde der eines Engels sei, nämlich eines Boten Gottes und eines Mittlers Gott gegenüber.

Wir Menschen sehen uns, damit verglichen, immer zu klein. Wir sehen uns in unserer geringen Rolle und unserer geringen Wichtigkeit immer ganz unten. Wir fühlen uns als unser eigener kleiner Gott oder als ein Nichts. Dazwischen geschieht wenig. Dazwischen aber spielt sich unser eigentlicher Auftrag ab, unsere eigentliche Vollmacht, unsere unerhörte Berufung: Mittler zu sein zwischen »oben« und »unten«, Mittler zwischen »unten« und »oben«. Mittler des Evangeliums von der Liebe Gottes, das von Gott zu den Menschen durchdringen soll, und Mittler für die Angst und die Leiden der Menschen, denen wir beistehen sollen, vor Gott. Indem wir unseren Auftrag, Mittler zu sein, annehmen, tun wir, was das Evangelium sagt: Wir nehmen den Geist Gottes in Anspruch, den Geist, der immer zwischen Gott und der Erde wirkt, der »herabkommt« oder zu Gott hinführt. Und eben dies ist die Weise, in der Christus in uns Gestalt annimmt.

Ich fürchte freilich, ich sagte damit schon mehr, als ich wissen kann: Gott ist das lichte und das dunkle Geheimnis

Sei still,
sprach ich zu meiner Seele,
und lass das Dunkel über dich kommen!
Es wird das Dunkel Gottes sein.

T. S. ELIOT

zugleich, und keines von beiden kann ich mir jemals begreiflich machen. Ich könnte oder müsste am Ende sagen, was Hiob nach seinen langen Anklagen gegen Gott zuletzt gesagt hat: »Ich lege meine Hand auf meinen Mund.«

Aber das wäre keine Lösung. Denn so wenig der Machtbeweis Gottes im Buch Hiob den Klagen des Hiob gerecht geworden ist, so wenig ist Hiob seiner Rolle als denkender Mensch gegenüber Gott mit seinem Verstummen gerecht geworden. Gerade er müsste den Auftrag ernst nehmen: nämlich zu antworten, wenn Gott redet. Zu hören auch, was Gott hört, wenn die Menschen fragen, klagen oder schreien. Luther hat gesagt: Es muss jeder dem anderen ein Christus sein. Das heißt, ein Mittler zu Gott hin, ein Mittler Gottes zu den Menschen hin. Tut er das, dann bleibt er das Wort nicht schuldig, und sein Wort wird kein untertäniges, sondern ein ehrliches sein.

Was sagt aber das Evangelium zu diesem Widerspruch in Gott? Johannes schreibt, schlicht und gradlinig: »Gott ist Licht, und in ihm ist keine Finsternis« (1. Johannes 1,5). Er meint, wenn du in Gott bist, dann bist auch du Licht. Dann ist auch in dir keine Finsternis. Wenn Gott in dir ist, dann hat die Verurteilung, die du gegen dich selbst aussprechen könntest, keinen Sinn. Wenn du »aus Gott geboren bist«, dann verlass dich auf deine Herkunft mehr als auf deinen Zustand, den du vor Augen hast.

Wo bleibt aber die Finsternis? Wir dürfen sie sich selbst und ihrer Rätselhaftigkeit überlassen. Ob sie eine eigene Macht ist? Ob sie in Gott ist? Wir werden es nicht ergründen. Wir verlassen uns aber darauf, dass das Licht die Wirklichkeit wahrer spiegelt als alle noch so tiefe Finsternis. Dass unsere Zukunft vor allem nicht die Finsternis ist, sondern das Licht, das Gott ist und das wir sein werden.

Der Glaube ist ein Sprung über einen Abgrund. Den Abgrund in uns selbst. Den Abgrund in unserer Welt. Den Abgrund in Gott. Oder vielmehr: kein Sprung, den wir mit unseren eigenen Beinen schaffen könnten, sondern ein Flug in der Hand Gottes.

Der Mensch ist größer als er weiß

Vom Ursprung im Wasser

Noch immer sitzen wir, während wir mit diesen Gedanken beschäftigt sind, an unserem Platz vor der Holzhütte, unter den Kiefern am Meeresufer, einer Unendlichkeit gegenüber, vor der wir kleine bunte Punkte sind, kaum erwähnenswert in der Kürze unseres Nachmittags. Aber von uns, diesen Eintagespunkten, redet Jesus in hohen Tönen. Und nach ihm Paulus. Und noch einer, jener Geheimnisvolle, den wir Johannes nennen, obwohl wir nicht wissen, ob er der Johannes war, der mit Jesus als sein Lieblingsjünger durchs Land zog, oder ein ganz anderer. Jedenfalls hat er das Evangelium geschrieben, das uns als »von Johannes« überliefert ist.

Er fragt nach unseren Ursprüngen. Wenn wir denn so viel wert sein sollen, dann müssen wir eine andere Herkunft haben als unsere Herkunft aus Menschen, aus Eltern und Großeltern. Woher also kommen wir? Wohin sind wir zu gehen bestimmt? Was macht unseren Rang aus? Niemand hat je so groß von uns Menschen gedacht wie Johannes. Niemand hat unsere Herkunft so überschwänglich gefeiert. Niemand hat unsere Bestimmung so hoch angesetzt. Und wenn uns bei ihm nicht alles begreiflich scheint, so ist es doch gut, seinen Gedanken nachzuhängen wie dem Rauschen der Wellen am Ufer, die aus so großer Ferne zu uns kommen.

Ein Gespräch ist uns berichtet, das in irgendeiner Nacht stattfand. Ein berühmter Mann, ein Lehrer seines jüdischen Volks, kam zu Jesus. Vielleicht wollte er nicht gesehen werden, und so suchte er ihn in der Dunkelheit auf. Er hieß Nikodemus. Er wollte ihn befragen, weil ihm dieser Mann, dieser einfache Wanderprediger, unbegreiflich war. Weil er wusste und vielleicht fürchtete, dieser Mann komme von Gott. So redete er ihn an: »Meister, wir wissen, dass du ein Lehrer bist, der von Gott kommt.« Und Jesus antwortete ihm. Aber er sprach nicht von seinem eigenen Ausgangspunkt, sondern von dem des Nikodemus: »Wenn du nicht neu geboren wirst aus dem

Wasser und dem Geist, so kannst du nicht ins Reich Gottes kommen.« Und nach wenigen ratlosen Einwänden verstummte Nikodemus immer tiefer.

Vom Wasser spricht Jesus als von dem Element unserer Herkunft, und er spricht bei Johannes immer wieder von ihm. Was will er damit andeuten?

Zu der Frau aus Samaria, die er an einem Brunnen trifft, sagt er:

> Wer von dem Wasser, das ich ihm gebe,
> trinken wird,
> den wird in Ewigkeit nicht dürsten,
> vielmehr wird das Wasser, das ich ihm gebe,
> in ihm zu einer Quelle jenes Wassers werden,
> das in das ewige Leben mündet.
> Johannes 4,13.14

Die Heilung eines Gelähmten findet bei Johannes am Wasser des Teiches Betesda statt. Als Jesus einen Blinden heilt, sagt er ihm, er solle seine Augen in der Quelle Schiloach waschen. Den verängstigten Jüngern in ihrem Boot erscheint Jesus auf dem Wasser gehend. Auf der Hochzeit zu Kana wandelt sich Wasser in Wein. Immer wieder spielt das Wasser eine zentrale Rolle in den Geschichten des Johannes bis hin zu der schwebenden Atmosphäre jenes frühen Morgens am See, in der Jesus als der aus dem Tod Erstandene seinen Jüngern erscheint. Was ist denn »Wasser«, wenn es so wichtig ist? Was empfinden wir, wenn wir es sehen, wenn vor uns Meer ist, wenn wir durch Regen wandern, wenn wir Wolken aufsteigen sehen? Was regt es in unserer Seele an?

Das Wasser hat viele Gestalten. Es erscheint als Quelle, als Bach, als Fluss, als See und Meer. Als Wolke, als Nebel, als Schnee und Eis. Es fließt durch die Adern von Pflanzen und Tieren. Es löst sich auf in der Luft und wird zu unsichtbarer Feuchtigkeit. Es liegt als Tau auf den Gräsern. Es heilt als Moorsee oder Schwefelquelle. Es hat keine bleibende Gestalt.

*Mensch, in dem Ursprung
ist das Wasser rein und klar,
trinkst du nicht aus dem Quell,
so stehst du in Gefahr.*

ANGELUS SILESIUS

Es wandelt sich ständig und ist das Grundelement des Lebens eben durch seine Wandlungsfähigkeit. Es erinnert mich, der aus dem Wasser und mit dem Wasser lebt, daran, dass ich an dieser Wandlungsfähigkeit teilhaben muss, wenn ich denn leben will. Jeder Tag fordert mich in einer neuen Gestalt, und ich gehe, wenn ich wohlberaten bin, mit in dem großen Spiel der Wandlungen.

Ich muss einmal zur Wolke werden und frei über das Land reisen. Ich muss das andere Mal herabregnen und zur Pfütze in irgendeiner Ackerfurche werden. Ich muss mich reinigen lassen wie das Wasser in der Tiefe der Erde. Ich muss fließen und ruhen und wieder ans Licht kommen. Wenn ich meine Gestalt bewahren will, verliere ich mein Wesen. Nur wenn ich sie preisgebe, wächst sie mir am anderen Tag in neuem Sinn wieder zu.

Alles Lebendige gestaltet sich durch das Wasser; das Wasser selbst aber hat keine Gestalt. Was aber durch das Wasser lebt, lebt anders als das Wasser. Leben heißt wachsen, das Wasser aber wächst nicht. Leben heißt sich fortpflanzen, aber das Wasser kennt keine Abfolge von Generationen. Leben heißt, einen eigenen und besonderen Rhythmus finden und einhalten. Aber dem Wasser wird immer und überall der Rhythmus von fremden Kräften vorgeschrieben. Und doch: Es ist kein Leben möglich ohne das Wasser. Indem das Wasser kein eigenes Leben beansprucht, ist es die Urkraft alles Lebendigen. Es hat kein eigenes Licht, der Himmel gibt ihm seine Helligkeit. Die Sonne über ihm. Es hat keine eigene Farbe, seine Farbe empfängt es vom Baum am Ufer, der von ihm lebt.

Dabei fällt mir ein, dass vom »Knecht Gottes« gesagt wurde, er habe keine Gestalt noch Schönheit gehabt. Wenn ich ihm gleichen will, bin ich also selbst nicht wichtig. Ich muss finden, was es denn wert wäre, dass ich dafür lebte. Ich habe nicht die Wahl, mich zu behaupten oder mich hinzugeben, sondern nur die, von etwas aufgelöst zu werden, das es wert oder das es nicht wert ist. Immer ist etwas, das größer ist als ich. Ich soll, wie das Wasser zwischen See und Wolke, Regen

Willst du dahin gelangen, alles zu verkosten,
so suche in nichts Genuss.
Willst du dahin gelangen, alles zu wissen,
verlange in nichts, etwas zu wissen.
Willst du dahin gelangen, alles zu besitzen,
verlange in nichts, etwas zu besitzen;
willst du dahin gelangen, alles zu sein,
verlange in nichts, etwas zu sein.

JOHANNES VOM KREUZ

und Quelle, Fluss und See kreist, um ein Größeres kreisen: um die Sorge für das Leben um mich her, um Wahrheit und Gerechtigkeit, um das Wohl der Menschen und der Kreatur. Was das Wasser mir sagt, hört sich so an: »Wenn dir daran liegt, nicht zu vertrocknen, zu erstarren oder zu verkümmern, sondern immer wieder eine neue Gestalt zu gewinnen, dann achte darauf, dass du nicht deine eigene Gestalt meinst, sondern eine Gestalt des Daseins, die außerhalb deiner wächst und gedeiht und in die du dich eingibst. Indem du dich wandelst, bewirkst du das Bleibende.« Ich aber, der Mensch, bin beides, das Wasser – und die Gestalt, die durch seine Arbeit entsteht. Ich steige nicht zweimal in denselben Fluss, sagt Heraklit. Das ist wahr, und doch bewahrt der Fluss durch die Jahrtausende hin seine Identität.

Auch die Wandlung selbst hat viele Gestalten. Sie kann als Wachstum erscheinen, Wachstum von einem Zustand in den nächsten, vom Engeren zum Weiteren, vom Kleineren zum Größeren. Sie kann auch Wiederherstellung des Ursprünglichen sein, Heilung nach seiner Störung oder Zerstörung. Sie kann die Richtung meinen von einer undeutlichen Anfangsgestalt bis zu einer sich allmählich offenbarenden Zielgestalt. So redet die Bibel von einer Neuschöpfung des Geschaffenen, von einer Befreiung des Gebundenen und Verfestigten, von einer Richtungsänderung im Leben eines Menschen, von einer Erneuerung des müde und alt Gewordenen, von einer Neugeburt des schon dem Tod Verfallenen.

Natürlich wird die Zumutung, ich solle eine Wandlung an mir geschehen lassen, in mir Angst auslösen. Ich will ja der sein, der ich bin. Aber ich muss sehen, dass ein gut Teil der Leiden, die einen Menschen durch sein Leben hin belasten, aus eben dieser Angst besteht und aus der angestrengten Abwehr gegen die notwendige Wandlung seines äußeren oder inneren Menschen.

Ein Bild steht mir dabei vor Augen: das Wasser der Taufe und der getaufte Mensch. Sie bezeichnen miteinander die Wandlung des ichbezogenen Menschen in den hingebenden,

*Die Gottheit ist ein Brunn,
aus ihr kommt alles her
und läuft auch wieder hin.
Drum ist sie auch ein Meer.*

ANGELUS SILESIUS

des sterbenden in den auferstehenden. In einer solchen Wandlung aber verändert sich wohl unsere Gestalt, nicht aber unsere Person. Und darum sprechen wir in der Taufe einem Kind seinen Namen zu: die Zusage, es werde es selbst bleiben durch alle Wandlungen hindurch, die an ihm geschehen, durch sein ganzes Leben hin und bis in den Tod und das Leben bei Gott.

Auf vielen Bildern der christlichen Kunstgeschichte ist dargestellt, wie Jesus im Wasser des Jordan steht und von Johannes, der über ihm am Ufer steht, getauft wird. Viele davon zeigen, naiv oder tiefsinnig, den Sinn dieser Geschichte. Im strömenden Wasser, im Gefäß der Wandlung, geschieht eine neue Geburt. Wer so getauft wird, ist von da an nicht mehr nur ein Kind der Erde, sondern auch eine Tochter, ein Sohn des Himmels. »Dies ist mein lieber Sohn«, sagt Gott und gebraucht damit die uralte Einsetzungsformel, mit der die Könige der alten Welt ihre »Söhne«, das heißt ihre Stellvertreter, beriefen. Wer im Wasser steht, ist von oben her bestimmt, aber als Sohn oder als Tochter des Himmels nimmt er oder sie die Verantwortung für die Erde wahr. Den Geist, der auf den alten Bildern in Gestalt einer Taube sich herabschwingt, empfangen heißt absteigen, tief hinab in das Schicksal eines Menschen dieser Erde. Den Geist empfangen heißt die Tiefe nicht mehr fürchten.

Und davon ist die Rede, wenn von uns selbst, uns Menschen, die Rede ist. So »urspringen« auch wir, nach Worten Jakob Böhmes, »aus dem Quellgrund des grundlosen Gottes«, und unser Glaube ist ein Ur-sprung, der weit hinter den sichtbaren Dingen beginnt. Ostern aber war für unsere Vorfahren die Zeit, in der Quellen eine wichtige Rolle spielten, wenn das Schmelzwasser über die Bäche herabkam und die Quellen anschwollen und lebendiger als sonst murmelten oder rauschten. Da gingen die Frauen und Mädchen aus den Dörfern zu einer Quelle oder einem Brunnen hinaus am Ostermorgen vor Tag, zu der Stunde, in der nach dem Evangelium die Frauen ans Grab Jesu gingen und in der ihnen der lebendige Jesus begegnete. Wenn dann die Sonne aufging, tranken sie von dem Wasser und füllten ihre Krüge für die Daheimgebliebenen. Sie sammelten Frühlingsblumen und legten sie in die Quelle, wuschen die Augen mit dem Wasser und hofften auf diese Weise, wie das Wasser selbst jung und schön zu bleiben und Anteil zu gewinnen an der Weisheit. In ihren Krügen brachten sie das Osterwasser nach Hause und gaben es den Kindern, den Alten und den Tieren zu trinken, damit es sie vor Leid und Krankheit schütze. Sie feierten das Zeichen, dass da neues Leben aus der Erde kam, klar und rein und in grenzenloser Fülle. Und noch ich selbst habe diese Sitte als Kind kennengelernt und später mit unseren eigenen Kindern selbst geübt.

Wer aus der Fülle lebt, kann sich umströmen und tragen lassen. Er braucht nichts festzuhalten. Er empfängt Liebe, gibt sie zurück und empfängt sie neu. Er vertraut darauf, dass ein Zustand der Dürre und der »Trockenheit«, wie Johannes vom Kreuz sagt, in dem also kein Glaube gedeihen kann, nicht dauern wird. Er weiß, dass auch der andere Mensch, ja alles Lebendige, ein Herz hat, das sich ängstet vor dem Leben oder vor dem Tod und das wenig oder viel Kraft hat, zu leiden und seiner Angst zu widerstehen. Er weiß, dass er sein Leben führt mitten in einer leidensfähigen und der Liebe bedürftigen Schöpfung und dass sein Mitleiden nicht fehlen darf. Er hört die Kreatur reden, auch die wir stumm nennen, und er wird mitfühlen mit allen Geschöpfen, die zwischen Tod und Leben ihre vergängliche Gestalt finden und sich nach Erlösung sehnen.

Als kleiner Junge saß ich oft an den Quelltöpfen in den scharf eingeschnittenen Waldtälern der Schwäbischen Alb und sah zu, wie das Wasser aus den Felsen schoss. Ich stellte mir vor, wie lebendig es dort drinnen, tief in der Erde, zugehen müsse, dass es da in tiefer Dunkelheit Bäche und Flüsse geben müsse, Seen und auch Sümpfe, und wie merkwürdig es sei, dass das Quellwasser so rein ist, da es doch aus der Erde kommt. Erde könne also nicht schmutzig sein. Und wie erstaunlich es sei, dass es immer weiter und weiter fließt, durch

Wie töricht ist der Mann,
der aus der Pfütze trinkt
und die Fontäne lässt,
die ihm im Haus entspringt.

ANGELUS SILESIUS

Wer zur Quelle gehen kann,
der gehe nicht zum Wassertopf.

LEONARDO DA VINCI

die Jahrtausende hin, für die Leute der Steinzeit ebenso wie für uns.

An einem dieser Quelltöpfe, dem im Kleinen Lautertal, war damals eine bescheidene Gartenwirtschaft. Mir war immer rätselhaft, warum die Menschen dort Bier tranken, während neben ihnen wunderbar reines Wasser aus dem Felsen kam, das außer dem, dass es besser schmeckte, nichts kostete. Mir war unverständlich, warum man dieses Bier mit großen Eisbrocken kühlte, um es am Ende so frisch und kalt zu machen, wie das Wasser der Quelle nebenan ohnehin schon war. Ich habe seitdem immer versucht, das Künstliche vom Wesentlichen zu trennen, auch in den Dingen des Glaubens. Was quillt denn bei uns noch lebendig aus dem Felsen, und womit begnügen wir uns an unseren Biertischen?

Ich trinke noch heute am liebsten – neben der Milch, die von einer lebendigen Kuh kommt – reines Wasser. Ich habe damals mit Verwunderung gesehen, was den Männern an den Sonntagnachmittagen widerfuhr, wenn sie ein paar Gläser getrunken hatten, und ich wollte so kindisch und mit so eingenebeltem Verstand nicht durch mein Leben laufen. Wenn sie nicht mehr klar waren, fingen sie an zu streiten über tausend Dinge, die alle unwichtig waren. Und so war es für mich auch später immer nur begrenzt interessant, über das mitzureden, worüber man eben jetzt an den theologischen Biertischen stritt, solange die Quelle unbeachtet vorbeirauschte. Mir genügte zu sehen, wie das Wasser in den Bach drängte, immer und immer, und ich fand, ich begegnete in ihm mehr Leben und mehr Wahrheit.

Der schaffende Geist

»Aus Wasser und Geist geboren«, sagt Jesus. Wer ist der Geist? Der Geist ist Gott selbst, gegenwärtig auf dieser Erde in seiner schaffenden Kraft, in seiner bewegenden Lebendigkeit, wie sie seit Anbeginn der Welt im ganzen Universum wirksam ist und wie sie nun auch im Menschen erwachen will. Überall, wo immer dieser Geist des schaffenden Gottes am Werk ist, ist er derselbe wie Gott selbst, der Geber alles Lebendigen, aller heilenden, helfenden und segnenden Kraft. Gott ist nicht konkret zu erfahren, sein Geist, in dem er sozusagen aus sich heraustritt, ist es durchaus. Sind wir im Geist, so sind wir in Gott. Kommen wir aus dem Geist, so kommen wir aus Gott.

Wo der Geist am Werk ist, da wird der Mensch zu ungewohnten Gedanken fähig, da wird er fähig, etwas zu tun, zu dem er sonst nicht die Kraft hätte. Da gewinnt er eine Zuversicht, die er sonst nirgends her bekäme. Da wird er sich ändern, und da wird er seine Umwelt ändern. Was er dann tut, das ist nicht der Ausdruck seiner Wünsche, sondern seiner Hoffnung. Es ist Ausdruck der Liebe, die er empfangen hat. Er vermag seinen Glauben in Worte zu fassen. Er hat die Kraft, zu bewegen, zu steuern, weiterzuführen, zu heilen und zu versöhnen. Wer etwas tut, das der Geist Gottes ihm eingibt, der pflanzt etwas in die Welt in dem Vertrauen, dass die Kraft aus Gott darin weiterwirken wird. Wenn wir heute noch von der Kirche etwas halten und bereit sind, für sie einzustehen, dann deshalb, weil wir in ihr nach wie vor den Geist Gottes am Werk sehen, die Kraft zur Wandlung und Erlösung der Menschen dieser Erde.

»Geist Gottes« – es ist etwas Schwebendes in diesem Wort. Das hängt damit zusammen, dass mit dem Wort nicht nur Gott bezeichnet werden soll, sondern auf eine sehr eigentümliche Weise auch der Mensch. Denn »Geist Gottes«, das ist das Überschneidungsgebiet zwischen Gott und Mensch, und die unscharfen, flutenden Bilder vom Geist Gottes sind immer Bilder von Gott und vom Menschen zugleich. Da wird der Geist als Wind gesehen. »Der Wind bläst«, sagt Jesus, »und du hörst sein Sausen wohl, aber du weißt nicht, woher er kommt und wohin er geht.« Und Jesus sagt damit nicht: »So ist Gott!« Sondern: »So ist jeder, der aus dem Geist geboren ist.« Ungreifbar ist der Wind. Ungreifbar ein Mensch, der aus dem Geist lebt. Wer vom Menschen spricht und ihn auf sein erkennbares Maß festlegen will, hat von seinem Geheimnis nichts verstanden.

Da wird der Geist Gottes als Flug einer Taube gesehen. »Der Geist Gottes schwang sich herab vom Himmel, wie eine Taube sich herabschwingt.« Und diese Taube ist zugleich Zeichen des Geistes, der im Menschen seine beflügelnde Kraft zeigt und ohne den der Mensch nicht mehr gedacht werden kann.

Und da wird der Geist als ein Feuer gesehen. So berichtet die Pfingstgeschichte, in den verschlossenen Raum, in dem sich die verängstigten Christen versammelt hätten, sei ein Feuer hineingefahren und habe sie sozusagen umgeschmolzen. Und dieses Feuer war von da an nicht mehr nur ein Bild für den Geist Gottes, sondern ein Bild auch des Menschen, der von ihm entzündet ist. Luther sagt:

> Der heilige Geist – das ist die Flamme des Herzens, das Lust hat zu dem, was Gott gefällt.

Aber der Geist sagt vor allem etwas über unser Einwohnen in Gott und das Einwohnen Gottes in uns:

> Daran erkennen wir, dass wir in ihm bleiben und er in uns,
> dass er uns von seinem Geist gegeben hat.
> 1. Johannes 4,13

Der Geist tritt nach dem Abschied Jesu von dieser Erde auch an die Stelle des Christus:

*A*lles durchdringst du,
die Höhen,
die Tiefen
und jeglichen Abgrund.
Du bauest und bindest alles.

Durch dich träufeln die Wolken,
regt ihre Schwingen die Luft.
Durch dich birgt Wasser das harte Gestein,
rinnen die Bächlein
und quillt aus der Erde das frische Grün.

Du auch führest den Geist,
der deine Lehre trinkt,
ins Weite.
Wehest Weisheit in ihn
und mit der Weisheit die Freude.

HILDEGARD VON BINGEN

> Es ist gut, dass ich weggehe,
> denn wenn ich nicht weggehe,
> so kommt der Tröster nicht zu euch.
> Johannes 16,7

> Ihr kennt ihn (denn ihr kennt ja mich!),
> und er bleibt bei euch und wird in euch sein.
> Johannes 14,17

Von hier aus kommt Johannes zu ähnlichen Bildern und Vorstellungen wie Paulus. Bei ihm sagt Jesus im Vorblick auf den Tag, an dem der Geist einbricht:

> An jenem Tag werdet ihr erkennen,
> dass ich in meinem Vater bin,
> dass ihr in mir seid und ich in euch.
> Johannes 14,20

Oder:

> Wer mich liebt, der wird mein Wort festhalten.
> Mein Vater wird ihn lieben,
> und wir werden zu ihm kommen und Wohnung bei ihm nehmen.
> Johannes 14,23

Oder:

> Gott ist Liebe. Und wer in der Liebe bleibt,
> der bleibt in Gott und Gott bleibt in ihm.
> 1. Johannes 4,16

Oder:

> Niemand hat Gott je gesehen.
> Wenn wir uns untereinander lieben,
> so bleibt Gott in uns,
> und seine Liebe ist in uns vollendet.
> 1. Johannes 4,12

Wäre ich so bereit
und fände Gott soweit Raum in mir,
wie in unserem Herrn Jesus Christus,
er würde mich ebenso mit seiner Flut erfüllen.
Denn der Heilige Geist
kann sich nicht enthalten,
in all das zu fließen,
wo er Raum findet,
und soweit, wie er Raum findet.

MEISTER ECKHART

Aber Johannes sagt nicht nur, Gott wohne in uns, sondern auch umgekehrt, wir seien in Gott:

> Daran erkennen wir, dass wir in ihm sind...
> 1. Johannes 2,5

> Wenn in euch bleibt, was ihr von Anfang gehört habt,
> dann werdet auch ihr im Sohn und im Vater bleiben.
> 1. Johannes 2,24

Ähnliche Worte findet übrigens der Epheserbrief:

> Wenn ihr die Liebe Gottes erkennt,
> die alle Erkenntnis übertrifft,
> wird euch die ganze Fülle (!) Gottes ausfüllen.
> Epheser 3,19

Johannes und Paulus konnten dies alles so formulieren, weil unter den Christen dieser ersten Zeit mystische Erfahrungen gemacht wurden, die über das bloße Verstehen hinausführten. Und in der Geschichte der Kirche wurden aus ihnen mystische Deutungen der christlichen Existenz.

Der Unterschied gegenüber der Mystik des Paulus ist deutlich. Paulus kann sagen, wir seien »aus Gott, durch Gott und zu Gott hin« (Römer 11,36), aber er sagt nie, wir seien »in Gott«. Und auch sein Schüler Lukas sagt nur in Anlehnung an ein Zitat aus dem griechischen Denken: »In ihm leben, weben und sind wir« (Apostelgeschichte 17,28). In 1. Korinther 1,30 sagt Paulus, wir seien »aus Gott« und wir seien »in Christus«. In 1. Korinther 8,6: »Wir sind aus Gott und zu ihm hin«, aber er spricht nicht wie Johannes davon, wir seien »in Gott«. Bei Johannes wandelt sich, was wir »Christusmystik« genannt haben, in Gottesmystik, oder besser: Christus- und Gottesmystik werden zu fast austauschbaren Vorstellungen.

Johannes also spricht von einer dreifachen Mystik, in der

*In der Liebe zu bleiben
bedeutet Einlass zu finden in den Bezirk,
wo alle Dinge eins sind.*

MEISTER ECKHART

von der Gegenwart Gottes, des Christus und des Geistes zugleich geredet wird und bei der es im Grunde unerheblich ist, welche der Gestalten Gottes als »in uns« wohnend vorgestellt ist.

Und von dieser dreifachen Erfahrung aus nahmen die Väter der alten Kirche den Mut, von einer »Dreieinigkeit Gottes« zu sprechen, das heißt von der Vorstellung, Gott lasse sich in dreifacher Weise erfahren, und er sei doch immer und auf alle Fälle in sich ganz und eins.

Für uns heutige Christen aber scheint es wichtig, dass wir uns nicht fürchten vor der Kühnheit dieser Gedanken und dass wir uns ebenso nicht fürchten vor den großen, weit ausgreifenden Gedanken über uns selbst, die uns dabei einfallen könnten. Es könnten erlösende Gedanken sein, die Gott selbst uns zuspricht.

Johannes und die »Geburt aus Gott«

Aber wie kommt es zur Gegenwart des Geistes oder Gottes im Menschen? Wie kommt der Mensch dazu, in Gott zu sein? Johannes antwortet: So, dass du, Mensch, aus Gott geboren wirst. Es ist zu wenig, wenn du sagst: Ich bin von Gott geschaffen. Nein, du bist mehr, du bist aus Gott geboren. Ein Bäckermeister macht Brötchen. Er schafft sie, und am Ende verkauft er sie über den Ladentisch. Derselbe Mann hat Kinder. Die wird er nicht verkaufen. Geschaffen und geboren zu sein ist nicht dasselbe. Du bist, halte das fest, nicht nur ein Geschöpf, sondern eine Tochter oder ein Sohn Gottes.

> Die an ihn glaubten,
> die machte er zu Gottes Kindern, also Menschen,
> die nicht durch den Willen eines Mannes,
> sondern aus Gott geboren wurden.
> Johannes 1,13

*D*er *Punkt der Seligkeit besteht in dem allein:*
dass man muss wesentlich
aus Gott geboren sein.

ANGELUS SILESIUS

Jesus sagt zu Nikodemus:

> Wenn jemand nicht von oben her geboren wird,
> kann er das Reich Gottes nicht sehen...
> Johannes 3,3

Immer ist derselbe Vorgang gemeint: die Wandlung eines Menschen in eine Tochter, einen Sohn Gottes dadurch, dass der neue, aus Gott geborene Mensch in ihm Raum greift.

Meister Eckhart wandelt diesen Gedanken so, dass er von der Geburt nicht des Menschen aus dem Geist, sondern von einer Geburt Gottes in der Seele spricht, durch die ein Mensch fähig werde, ganz nach innen und ganz über sich hinaus als ein Repräsentant und Beauftragter Gottes zu leben und so seinen Willen einzubringen in den Willen Gottes und in die Zielsetzung hin auf sein Reich.

Ist das von uns Menschen zu hoch gedacht? Das ganze Evangelium, wenn es uns denn etwas bedeutet, redet in dieser Sprache. Wenn aber wir Christen uns gegenseitig nur noch als die Sünder, das heißt die zu ihrem Auftrag Unfähigen ansprechen, dann bleiben uns solche zentralen Gedanken fremd, und das Evangelium kann uns nicht verändern. An unserer Veränderung im Zeichen des Christus aber liegt nicht nur viel, sondern alles.

> Geliebte, lasst uns einander lieben,
> denn die Liebe ist aus Gott,
> und wer liebt, ist aus Gott geboren.
> 1. Johannes 4,7

»Geboren aus Gott«, das heißt doch: geboren aus der unerhörten schöpferischen Kraft, die in unserer Welt am Werk ist. Jesus hat gesagt: Das Reich Gottes will in dir wachsen. Gib ihm Grund und Raum. Und Johannes sagt: Das Reich Gottes, das in dir entstehen soll, ist identisch mit der Tochter, dem Sohn Gottes, die oder der in dir aufwachsen und zu seiner vollen Gestalt kommen will.

Die zweite Geburt geschieht aus dem Samen des Geistes Gottes, des Wortes Gottes oder Christus, der in uns wohnt durch den Glauben. In diesem Samen oder anderen Geburt vom Himmel liegt der ganze Christus mit allen himmlischen und ewigen Gütern – das ist: das Reich Gottes – ganz vollkommen, aber nicht offenbart in uns. Es muss erwartet, erkannt, gefunden, ergriffen, gefühlt und geschmeckt werden inwendig in uns, im inneren Grund der Seele.

Dieser Geist ist Gott selber in uns, und er ist unser Himmel und Reich. Er ist das Wort des Vaters oder Christus. Er ist der Schatz, im Acker verborgen; er ist das Senfkörnlein, die edle Perle.

Wir dürfen Christus oder den Himmel nicht außer uns, sondern in uns suchen. Darum, wenn wir beten: »Dein Reich komme«, wird nicht gemeint, dass es soll in uns kommen, denn es ist zuvor in uns. Sondern das will das Gebet, dass wir lernen, in uns zu finden, zu fühlen und zu schmecken das Reich Gottes, und dass sich der einfältige Mensch lerne recht betrachten, wie er eine Wohnung und Tempel Gottes ist.

VALENTIN WEIGEL

Wenn es uns gelingt, diese Gedanken wirklich zu fassen, dann wird Mut in uns entstehen, schöpferische Kraft, dann werden wir anfangen, fest und sicher auf dieser Erde zu stehen, wir werden offen und bereit sein, uns von den unerhörten Kräften, die aus Gott sind, wandeln, erfüllen und bestimmen zu lassen und unseren Weg voll Vertrauen zu gehen.

Die Töchter und Söhne Gottes

Kinder Gottes, wie es uns allen zugesprochen wird, sind »Töchter« oder »Söhne«. Das ist den Evangelien und den Briefen des Neuen Testaments gemeinsam. Was aber ist eine Tochter – was ist ein Sohn Gottes? Und was bedeutet es, dass speziell von Jesus immer wieder gesagt wird, er sei der »Sohn Gottes«? Und was bedeutet es nicht?

Im alten Orient, aus dem unsere Bibel stammt, war der Titel »Sohn Gottes« eine uralte Bezeichnung für Könige und Herrscher. Der altägyptische König galt als Sohn des Sonnengottes Re. Die Sumerer und Babylonier nannten ihre Könige Söhne dieses oder jenes Gottes. Noch im römischen Kaiserkult, also in sehr aufgeklärter Zeit, lebten solche uralten Vorstellungen fort, etwa in der Gestalt der Opfergottesdienste, mit denen man den Kaiser feierte. So wurde auch in Israel der König bei seiner Inthronisation als »Sohn Gottes« bezeichnet. Die Formel, mit der ein Mensch in Israel zum »Sohn Gottes« eingesetzt wurde, lautete:

> Gott spricht: Du bist mein Sohn,
> heute habe ich dich gezeugt.

»Heute«, das heißt während der Feier des Krönungsrituals. »Gezeugt« heißt: Ich stelle dich der Welt und den Menschen vor in deinem neuen Rang als mein Stellvertreter.

Das also will dies Kind (Christus) von uns,
dass es von uns getragen werde.
Es will von uns getragen sein,
damit wir schließlich sagen können:
dies Kind ist mein.
Davon wird dann das Herz weit und stark.
Es ist ja wahrlich wunderbar,
wie solch großer Schatz
sich in dem engen Räumlein eines Herzens
einschließen läßt.
Und das müsste täglich unsere Übung sein,
dass wir in Christus verwandelt werden
und von dieser Nahrung uns nährten.
So würde das Herz
mit aller Freude und Wollust durchgossen
und würde mutig wider alle Anfechtung:
Wer wollte auch dem etwas tun,
der mit Christus
im Glauben ein Ding geworden ist?

MARTIN LUTHER

Im Psalm 2,7 wird diese Formel im Blick auf den König von Juda so gebraucht:

> Gott spricht: Ich habe meinen König eingesetzt
> auf meinem heiligen Berg Zion.

Und der König bekennt dazu:

> Kundtun will ich den Ratschluss Gottes.
> Er hat zu mir gesagt:
> Du bist mein Sohn, heute habe ich dich gezeugt.

Im Psalm 45 preist der Sänger einen israelitischen König, und nach allerlei lobenden Worten redet er ihn in Vers 7 gar als »Gott« an:

> Gott, dein Thron bleibt immer und ewig;
> das Zepter deines Reiches ist ein gerechtes Zepter.
> Du liebst Gerechtigkeit und hassest gottloses Treiben,
> darum hat dich Jahwe, dein Gott, gesalbt
> mit dem Öl der Freude wie keinen deinesgleichen.

Und in Psalm 89,27 wird von einem Wort Gottes an David geredet:

> Du (Gott) hast gesagt:
> Ich habe einen Helden erweckt, der helfen soll,
> ich habe erhöht einen Auserwählten aus dem Volk.
> Ich habe gefunden meinen Knecht David,
> ich habe ihn gesalbt mit heiligem Öl...
> Ihn will ich zum erstgeborenen Sohn machen,
> zum höchsten unter den Königen auf Erden.

Der »eingeborene Sohn« ist unter den Vertretern Gottes auf der Erde der mit der höchsten Würde. Wenn also David als »erstgeborener Sohn Gottes« bezeichnet wird, dann bedeutet das nicht, dass er in irgendeinem genealogischen Sinn von Gott abstammt, es bedeutet vielmehr, dass Gott ihn, wie es hier heißt, unter den Menschen »gefunden«, ihn ausgewählt und eingesetzt hat. Der »Sohn« ist also nicht der Nachkomme oder der blutsverwandte Abkömmling, sondern der Bevollmächtigte, der im Auftrag Gottes regiert, der Stellvertreter, an dem die Menschen sich orientieren sollen, wenn sie wissen wollen, wer Gott sei und was Gott von ihnen wolle.

Diese Vorstellung spiegelt sich, sozusagen eine Ebene tiefer, in der Sitte, dass ein irdischer König einen »Sohn« berief. Der König suchte sich einen tüchtigen Mann, den er zu seinem Stellvertreter berief etwa in der Weise, wie Joseph in Ägypten vom Pharao zu seinem Bevollmächtigten erwählt und eingesetzt wurde, zu seinem Großwesir sozusagen. Er war damit nicht etwa der Nachfolger des Pharao, sondern nur während dessen Amtszeit sein erster Minister, sein »Sohn«. Er fuhr, wie die Josephsgeschichte sagt, auf dem Wagen des Pharao durchs Land, ordnete an, sprach Recht und übte die tatsächliche Regierung aus. »Nur um die Stufen des Throns« war der König höher als er. Der Sohn also ist der, der an der Stelle des regierenden Königs Gesetze erlässt, die Politik bestimmt und die sozialen Verhältnisse ordnet. Er wirkt sichtbar unter den Menschen, während der König, für die Menschen unsichtbar, in seinem Palast bleibt.

Wenn Jesus sagt:

> Der Vater richtet niemand,
> sondern alles Gericht hat er dem Sohn übergeben,
> Johannes 5,22

dann steht eben diese Vorstellung vom Sohn des Königs dahinter, der das Amt des Richters im Auftrag des Königs ausübt, der also als Sohn des Königs fungiert wie eine Ebene höher der König als Sohn Gottes.

Im selben Sinn und sogar mit der alten Formel aus dem Krönungsritual spricht die Taufgeschichte Jesu vom Sohn:

Die Reise nach innen

Ich sitze hier vor dir, Herr
aufrecht und entspannt, mit geradem Rückgrat.
Ich lasse mein Gewicht senkrecht
durch meinen Körper hinuntersinken
auf den Boden, auf dem ich sitze.

Ich halte meinen Geist fest in meinem Körper.
Ich widerstehe seinem Drang,
aus dem Fenster zu entweichen,
an jedem anderen Ort zu sein als an diesem hier,
in der Zeit nach vorn und hinten auszuweichen,
um der Gegenwart zu entkommen.
Sanft und fest halte ich meinen Geist dort,
wo mein Körper ist:
hier in diesem Raum.

In diesem gegenwärtigen Augenblick
lasse ich alle meine Pläne, Sorgen und Ängste los.
Ich lege sie jetzt in deine Hände, Herr.
Ich lockere den Griff, mit dem ich sie halte,
und lasse sie dir.
Für den Augenblick überlasse ich sie dir.
Ich warte auf dich – erwartungsvoll.
Du kommst auf mich zu,
und ich lasse mich von dir tragen.

Ich beginne die Reise nach innen.
Ich reise in mich hinein,
zum innersten Kern meines Seins, wo du wohnst.
An diesem tiefsten Punkt meines Wesens
bist du immer schon vor mir da,
schaffst, belebst, stärkst ohne Unterlass
meine ganze Person.

Und nun öffne ich meine Augen,
um dich in der Welt
der Dinge und Menschen zu schauen.
Ich nehme die Verantwortung für meine Zukunft
wieder auf mich.
Ich nehme meine Pläne, meine Sorgen,
meine Ängste wieder auf.
Ich ergreife aufs neue den Pflug.
Aber nun weiß ich,
dass deine Hand über der meinen liegt
und ihn mit der meinen ergreift.
Mit neuer Kraft trete ich die Reise nach außen
wieder an,
nicht mehr allein,
sondern mit meinem Schöpfer zusammen.

DAG HAMMARSKJÖLD

> Als Jesus getauft war, stieg er aus dem Wasser.
> Da tat sich ihm der Himmel auf,
> und er sah den Geist Gottes wie eine Taube herabfahren
> und über sich kommen.
> Und eine Stimme vom Himmel sprach:
> Das ist mein lieber Sohn, an dem ich Wohlgefallen habe.
>
> Mattäus 3,17

In dem Wort »Wohlgefallen« aber erscheint eine Formel wieder, die Jesaja 41,1 in Bezug auf den »Knecht Gottes« gebraucht:

> Siehe, das ist mein Knecht – ich halte ihn fest –
> und mein Auserwählter,
> an dem ich Wohlgefallen habe.
> Ich habe ihm meinen Geist gegeben,
> und er wird die Völker zurechtbringen...

So spricht auch Paulus in Römer 1,5–7 vom Wesen der Sohnschaft Jesu im Sinn seiner Bevollmächtigung:

> Paulus, Knecht Jesu Christi, zum Apostel berufen,
> erwählt, das Evangelium Gottes anzusagen...
> nämlich das Evangelium von seinem Sohn Jesus Christus,
> unserm Herrn,
> der seiner irdischen Herkunft nach
> aus dem Geschlecht Davids stammt,
> der aber durch die Kraft des heiligen Geistes
> eingesetzt ist als Sohn Gottes in Macht
> dadurch, dass er ihn aus dem Tode auferweckte.

Und es ist für die Auffassung der ältesten Christenheit charakteristisch, wie sie diese Einsetzung Jesu zum Sohn Gottes zeitlich verschieden sieht: Die einen meinten, in der Taufe, die anderen, wie hier Paulus, in der Auferstehung.

Bei Johannes empfängt Jesus Christus zugleich mit der Sohnschaft die Vollmacht, die Menschen, die ihn hören, zu Söhnen und Töchtern Gottes einzusetzen (Johannes 1,12; 1. Johannes 3). Bei Johannes klingt etwas von dem an, was später zum trinitarischen und christologischen Dogma geführt hat, das aber wohl bereits in der Auseinandersetzung mit der kulturellen Umwelt so formuliert worden ist: dass Jesus nämlich eins sei mit dem Vater und um der Menschen willen den Leib eines Menschen angenommen habe.

Auch ein anderes Merkmal eines Sohnes, eine andere Bedeutung von »Sohn« ist durchaus biblisch: nämlich der Ausdruck »Sohn eines Menschen« oder »Menschensohn«, der besagt: ein Wesen »nach Art eines Menschen«, wie man auch von »Gottessöhnen« sprach und die Engel meinte (Genesis 6,2), weil sie die Art Gottes an sich hätten. Wenn ein Orientale einen Menschen beschimpft als »Sohn einer Hündin«, so ist seine Absicht nicht, dessen Mutter zu beleidigen, sondern ihm zu sagen: »Du Mensch nach Art eines Hundes«, also »du Hund!« Und so werden auch wir Menschen als Söhne und Töchter Gottes bezeichnet, weil wir durch die Gnade Gottes etwas von seinem Wesen an uns tragen.

Und noch eins kommt hinzu: Als »Sohn Gottes« wird auch das ganze Volk Israel bezeichnet. Wenn Gott sich mit dem Volk Israel in der Stunde seiner Befreiung aus Ägypten verbunden hat, dann resultiert für Israel aus dieser besonderen Zugehörigkeit eine Art von »Sohnschaft«.

> Als Israel jung war, hatte ich ihn lieb
> und rief ihn, meinen Sohn, aus Ägypten,

sagt der Prophet Hosea vierhundert Jahre nach der Befreiung aus der Sklaverei (Hosea 11,1). Oder der zweite Jesaja hört Gott sagen, als das Exil in Babylon zu Ende gehen sollte:

Gott ist ein Gott der Gegenwart.
Wie er dich findet,
so nimmt und empfängt er dich,
nicht als das, was du gewesen,
sondern als das,
was du jetzt bist.

MEISTER ECKHART

> Bring her meine Söhne von ferne
> und meine Töchter vom Ende der Erde,
> alle, die mit meinem Namen genannt sind
> und die ich zu meiner Ehre geschaffen ... habe.
> Jesaja 43,6

Und aus diesem Bewusstsein Israels, »Sohn Gottes« zu sein, erwuchs auch der Anspruch der christlichen Gemeinde, aufgrund ihrer Zugehörigkeit zu Christus sei ihr die »Sohnschaft« verliehen, denn

> Ihr habt nicht den Geist von Knechten empfangen...
> sondern den Geist von Kindern,
> durch den wir rufen: Abba! Vater!
> Römer 8,15

»Kindschaft« meint dasselbe wie Sohnschaft, nur dass eben die Frauen miteinbezogen sind.

Und das ist nun wichtig: Wir bezeichnen Jesus als den »Christus«, das heißt in griechischer Sprache: den »Gesalbten«. In der Sprache der Bibel, dem Hebräischen, heißt dasselbe Wort »Messias«. Dieser Gesalbte ist der, von dem die Psalmen sprechen, der von Gott eingesetzte, durch seine »Salbung« ausgewiesene Sohn. Das Wort »Christus« und das Wort »Sohn« meinen dasselbe: den von Gott mit seinem Geist begabten und bevollmächtigten König.

Wenn wir nun aber von Christus sagen, er sei »Sohn Gottes«, dann sagen wir das auch über uns Töchter und Söhne Gottes selbst. Nicht das also ist das Neue, Fremde, was über Jesus Christus gesagt wird, er sei »Sohn Gottes«, sondern dies, dass eben dasselbe auch von uns Menschen gesagt wird. Christus ist »Sohn«. Und du, Frau oder Mann, du sollst das gleiche sein: Tochter oder Sohn Gottes. Fasse das! Halte es fest! Lass dich nicht um diese Würde, diesen Rang bringen. Nicht um die Freude, die Begeisterung, um den Mut und was alles eine solche Bezeichnung in dir auslösen mag. Geh unbefangen und ohne Angst in dich selbst hinein! Du begegnest der Tochter oder dem Sohn Gottes, die oder der in dir verborgen zum Leben gekommen ist.

Inspiration und Stellvertretung

Wenn das Evangelium von Jesus Christus spricht, dann hören wir aus den Namen, die da gebraucht werden: Er ist der, an dem der Geist Gottes sein Werk tut, er ist die Sprache, die der Geist Gottes spricht, er ist das Bild, die Ikone gleichsam, Gottes. Und wenn es von uns Menschen spricht, dann sagt es: Du, Mensch, bist der Ort, an dem der Geist Gottes sein Werk tun will, du bist die Sprache, die der Geist Gottes spricht, du bist das Bild des Christus, du bist die Ikone Gottes. Und wenn uns dabei schwindeln sollte, dann hören wir den ungeheuren Anspruch des Paulus, der in einer schwierigen Diskussion um seinen Auftrag einmal sagte: »Ich meine aber, ich habe auch den Geist Gottes.« Überall im Evangelium geht es um diese Spiegelung zwischen Christus und uns, ob Jesus sagt: »Ich bin Christus« oder Paulus feststellt: »Der Christus ist in mir.« In dir. In uns allen. Es gilt wohl, solche Spiegelungen erst einmal ganz ernst zu nehmen.

Was ist denn unser Lebensauftrag, wenn Gott uns einmal angesprochen hat? Zunächst doch wohl der, ein Ohr zu sein, ein aufnehmendes, so dass wir, sensibler als vorher, unsere Gedanken, unsere Wünsche und unsere Dankbarkeit für den Geist öffnen, damit die Welt ihre Wände öffnet und die Wahrheit und das Licht Gottes in diese unsere verschlossene Menschenwelt hereinkommen. Das ist es doch, dass wir danach selbst zu einem Wort werden, einem befreienden, entlastenden, heilenden Wort, zu einer Sprache, durch die andere das Gehör gewinnen für das, was der Geist Gottes ihnen sagen will. Dass etwas mit uns geschieht wie »Inspiration«, das heißt ein Eingehen des Geistes Gottes in uns, so dass wir selbst zu Trägern des Lebens und der Wahrheit werden.

Und was geschieht, wenn so der Geist unsere verschlossene Ichwelt öffnet? Dann werden wir zu Repräsentanten Gottes, zu seinen Stellvertretern. Denn die »Töchter« und die »Söhne« sind die Stellvertreter Gottes auf dieser Erde.

Inspiration und Stellvertretung also sind die entscheidenden Maßstäbe, an denen ich messen soll, wer ich bin. Wenn ich dazu bereit bin, kann ich offen sein gegenüber dem Geist Gottes. Ein Empfänger des Geistes. Inspiriertes Wesen und Gefäß Gottes. Wenn ich dazu bereit bin, kann ich ein Stellvertreter sein für Gott, kann ich für ihn in der Welt stehen, ihn darstellen, für ihn und in seinem Auftrag handeln. So viel also soll ich von mir halten: dass es der Sinn meiner Menschenjahre auf dieser Erde sei, offen zu sein für den Geist Gottes und stellvertretend für Gott in dieser Welt zu wirken.

Dass sie dies ernst nahmen, hat die Väter der Kirche in den ersten Jahrhunderten dahin geführt, dass sie von der »Dreieinigkeit Gottes« sprachen. Von Gott wird ja gesagt, er sei allgegenwärtig, das heißt das All und das Ganze, und wir selbst seien in ihm.

Von Gott wird zum anderen gesagt, er trete uns als das große Du gegenüber. In der Gestalt eines Menschen werde er sichtbar, greifbar, erkennbar, hörbar, in der Gestalt des Jesus Christus. Diesem großen Du sollen die Menschen begegnen, wenn sie mit uns zu tun haben.

Von Gott wird aber auch das Dritte gesagt, er lebe und wirke im Grund der menschlichen Seele. Sein Geist sei in uns und befähige uns, unseren Auftrag zu erfüllen, er lebe in uns als schaffende Kraft, und er sei in unseren eigenen Kräften und Gedanken am Werk. Vom dreieinigen Gott zu reden, als sähen wir ihn irgendwo in der Ferne und machten uns unsere Gedanken über die Art seiner Zusammensetzung, ist Unsinn. Die Lehre von der Dreieinigkeit ist die dreifache Spiegelung, in der Gott für uns und in uns erscheint, wenn wir das Evangelium ganz ernst nehmen. Und wer diese dreifache Spiegelung in uns nicht ernst nimmt, der kann auch von der Dreieinigkeit Gottes nicht sinnvoll reden.

So sagt Jesus nicht nur: »Ich bin das Licht der Welt«, sondern er fügt hinzu: »Ihr seid das Licht der Welt.« Er sagt: »Wer mir nachfolgt, wird nicht in der Finsternis irren, sondern im Licht und im Leben sein.« Und er fügt hinzu: »Lasst euer Licht leuchten!« Er sagt also: Bringt nun das Licht in die Welt! Zeigt es! Steht dafür ein! Ich bin das Licht, seid es nun mit mir, so dass es in der Welt hell wird.

Und sollten wir nicht den Mut finden, auch die anderen Worte, mit denen Jesus seinen Auftrag beschreibt, auf uns selbst zu beziehen? Er sagt: »Ich bin das Brot.« Und heißt das nicht: Werdet nun auch ihr zu dem Brot, von dem die Menschen leben können?

Er gibt den Seinen den Kelch und sagt: Das bin ich. Trinkt daraus! Und heißt das nicht auch: Ihr seid der Kelch, lasst von euch trinken? Gebt die Kraft weiter, die von mir, dem Weinstock, in die Reben ausgeht, so dass ich durch euch weiterfließe zu den Menschen.

Er bezeichnet sich selbst als den Hirten und sagt damit: Wo der Tod angreift, stehe ich. Und heißt das nun nicht zugleich: Ihr seid Hirten!? Wenn Menschen neben euch bedroht sind, dann steht für sie ein!

Oder er sagt: Ich bin die Tür. Wer durch mich eintritt, findet den Frieden. Seid nun selbst Türen! Seid keine Mauern, lasst ein, was kommen will. Geht durch die Tür, die ihr selbst seid, mit freiem und weitem Herzen und großer, erwartender Zuversicht.

Am Grab des Lazarus sagt Jesus: »Ich bin die Auferstehung, wer an mich glaubt, wird leben, auch wenn er stirbt.« Seid nun, da ich in euch bin, selbst Leben für die Menschen, die den Tod fürchten. Handelt an meiner Stelle für die Hoffnung.

Und zuletzt hören wir noch: »Ich bin der Weg, die Wahrheit und das Leben.« Nehmt ganz unmittelbar auf, was das für euch heißt, nämlich dass andere durch euch ihren Weg finden, dass sie durch euch der Wahrheit begegnen, dass sie durch eure Hingabe das Leben gewinnen! Aber nicht ihr werdet das bewirken, sondern ich, Christus. Wir werden dabei er-

Wenn die Christenheit
diesseits und jenseits des Meeres
sich besinnen wollte,
wie unermesslich viel
sie zu tun hat,
um das Elend zu lindern,
die Versinkenden zu retten,
den Heimatlosen
eine Heimat zu schaffen
und das Licht des Evangeliums
in die dunkelsten Winkel
scheinen zu lassen,
wir hätten wahrhaftig keine Zeit,
uns zu zanken um irdische Dinge.

FRIEDRICH VON BODELSCHWINGH

kennen, dass nicht wir das Licht sind, die Tür, der Hirte, das Brot, der Wein, die Wahrheit, das Leben und der Weg, sondern der Christus in uns, das heißt die Gegenwart Gottes in uns mit dem Gesicht des Christus. Dieser Christus aber sagt am Ende noch: Ich und der Vater sind eins. Alles also, was an Heilvollem in euch geschieht oder durch euch, kommt aus Gott selbst, dem Vater, für den ich stehe.

Gilt aber das alles, dann finde ich den Christus in mir nicht in frommer Beschauung, nicht in der Zurückgezogenheit aus der Welt und im Abstand von den Menschen. Dann bin ich durch eben den Christus in mir auf meinen Weg gewiesen und zu einem Leben voll Aufgaben, voll Tätigkeit, voll Gelingen oder Misslingen, voll hochgemutem Tun und voll von hingebendem Leiden. Es wird ein volles Menschenleben sein, in dem alles Raum hat und in dem alle, die mit mir zu tun haben, Raum finden. Ich werde kaum einen Tag finden, an dem ich nicht weiß, was ich tun soll. Und zugleich werde ich vom Erfolg dessen, was ich tue, nicht abhängen. Ich werde in Christus sein und er in mir, auch dann, wenn meine Arbeit für ihn seiner nicht würdig ist und ich selbst Grund habe, an mir irre zu werden.

Würde dies alles von den Christen, vor allem auch von den Amtsträgern unserer Kirchen, ernst genommen, dann gäbe es bei weitem nicht so viel Ängstlichkeit in den Kirchen, so viel Verzagtheit, so viel Resignation, so viel Schläfrigkeit und Mattigkeit, wie sie heute ihr Bild weithin bestimmen. Denn was durchhält, ist die Liebe Gottes, in der wir gefasst und bewahrt sind. Und entscheidend wird immer sein, was wir jetzt hören, was wir jetzt antworten, was wir jetzt in diesem Augenblick reden oder tun, und immer wird uns die Liebe und die Nähe Gottes in diesem Augenblick gewiss sein.

Wenn die Kirchen wieder zurückfinden
zu einem Geist,
der die Wirklichkeit durchdringt,
sie durchsäuert, formt und bildet,
statt sich ihr zu unterwerfen,
dann werden sie nicht Nachhut
der Entwicklungen,
sondern Vorhut und Wegweiser sein.

ROBERT JUNGK

Du sollst das Leben kennen
und von ihm erkannt werden
nach dem Maß deiner Durchsichtigkeit –
das heißt nach dem Maß deines Vermögens,
als Ziel zu verschwinden
und als Mittel zu bleiben.

Dag Hammarskjöld

Der Stolz des Bechers
ist sein Getränk,
seine Demut das Dienen.
Was bedeuten da seine Mängel?

Dag Hammarskjöld

Die Welt ist Tanz

*Ich bin nicht der Herr über die Erde,
sondern vielleicht eher ein Pulsschlag
ihres Herzens*

Der Mensch ist groß. Das halten wir fest. Und wir werden nie zu groß von ihm denken können. Aber es gibt auch die Karikatur dieser Größe, die Karikatur seiner Einzigkeit, die Karikatur seiner Bedeutung und Wichtigkeit. Und sie entstand im Lauf der Jahrhunderte gerade in unserem christlichen Westen. Sie entstand gerade durch das westliche Christentum und in ihm. Und mit dieser Karikatur gerät alles, was wahr und heilig ist, in die Lächerlichkeit.

Für Menschen des christlichen Westens steht im Mittelpunkt ihres Denkens und im Mittelpunkt ihrer Welt immer der Mensch. Was ist uns denn heilig? Bestenfalls das Interesse des Menschen. Die Welt, die Erde ist es nicht. Diese Erde sehen wir, auch wir Christen, als die Heimat vorwiegend des Menschen an, als seinen Acker, seine Spielwiese, sein Eigentum. Die Erde ist das Reservoir seiner Ausbeutung. Der Bereich seiner Herrschaft. Die Welt ist eine »Sache«, die ihm zur Verfügung steht, und alles in der Welt besteht aus »Sachen«. Nichts ist schützenswürdig, nicht Erde, nicht Wasser, nicht Luft, nicht Tier oder Pflanze. Alles darf nach Plan und Willkür des Menschen verändert, verdorben, zugrunde gerichtet werden. Schutzwürdig ist, wenn denn wirklich etwas geschützt werden soll, allein der Mensch. Es ist nicht lange her, dass dies zum ersten Mal, sehr zum Ärger vieler Zeitgenossen, kritisch angemerkt wurde.

Was ist denn unserem Glauben heilig? Der Mensch. Wir reden von der Freiheit des Menschen, seiner Einzigartigkeit, seiner Zuordnung zu dem väterlichen Gott. Wir reden von der Rechtfertigung des Menschen, seiner Versöhnung, seiner Erlösung. Wir kümmern uns um die Leiden der Menschen, um ihr Wohlergehen, um ihren Tod. Wir reden von einem Reich Gottes, das aus Gott und uns Menschen besteht, von der Seligkeit des Menschen, von seiner Wandlung, seiner Auferste-

Wenn die Menschheit
die bewundernswerte Schönheit des Universums
nicht erkennen will,
dann gehört sie aus ihm hinausgeworfen,
so, wie man einen Gast aus dem Haus wirft,
der die ihm angebotene Gastfreundschaft
nicht achtet.

Adelard von Bath

hung. Nur er gilt uns als Kind Gottes. Affen und Wale sind es nicht. Gibt es wirklich nichts, das irgendeine Art von Bedeutung hätte außer dem Menschen? Die Schöpfung, in der wir zu Hause sind, hat sie jedenfalls nicht.

Das war nicht immer so. Nicht immer stand der einzelne Mensch mit seinem Lebensrecht und seiner Innerlichkeit so ausschließlich im Mittelpunkt der Dinge. Erst als Humanismus und Renaissance den einzelnen Menschen, seine Freiheit und seine Würde auf den Schild hoben, als die Reformation es ihnen nachtat, als mit dem Philosophen Descartes und dem Naturwissenschaftler Francis Bacon das Zeitalter der Vernunft, der Technik und der Industrie begann, konnte auch der christliche Glaube sich so isoliert auf seine Beschäftigung mit dem Menschen zurückziehen. Er überließ die Verantwortung für das politische Leben dem Staat, sein Nachdenken über die Schöpfung der Naturwissenschaft und zog sich zurück auf die Zone, in der es allein noch um Gott und die Seele ging.

Aber die Schöpfung ist immerhin ein Thema unseres Glaubensbekenntnisses. Was hat es für einen Sinn, dass wir am Sonntag bekennen, wir glaubten an Gott, den Schöpfer des Himmels und der Erde, wenn uns zugleich die Erde so gleichgültig ist, wie sie es nun Jahrhunderte hindurch gewesen ist? Und diese Schöpfung ist in akuter Gefahr. Im Grund können wir wissen, dass jeder lügt, der behauptet zu wissen, wie dem kommenden Zusammenbruch der Lebenswelt auf unserem Planeten zu wehren sei. Viele, die es wissen, haben schon resigniert.

Nein, es gilt, endlich zu erwachen und gegen das ungeheure Unheil aufzustehen. Sich umzusehen. Den Streit nicht zu scheuen. Einzugreifen. Niemandem seine Ausreden zu gestatten. Sonst wird der von seiner Erde losgelöste Mensch die Erde weiter zerstören. Er wird weiter gierig und immer gieriger verbrauchen, was ihm erreichbar ist, und in der Massenkrankheit dieser Zeit, der Depression des Saturierten, immer tiefer versinken. Die Zeit eines allein um den Menschen he-

Gut ist:
Leben erhalten und fördern;
schlecht ist:
Leben hemmen und zerstören.
Sittlich sind wir,
wenn wir aus unserem Eigensinn heraustreten,
die Fremdheit den anderen Wesen gegenüber
ablegen, und alles,
was sich von ihrem Erleben um uns abspielt,
miterleben und miterleiden.
In dieser Eigenschaft erst
sind wir wahrhaft Menschen;
in ihr besitzen wir eine eigene,
unverlierbare, fort und fort entwickelbare,
sich orientierende Sittlichkeit.

Albert Schweitzer

rum zentrierten Christentums ist vorbei. Wer heute nicht sagen kann, wie sich der Glaube der Christen zur Erde, zum Kosmos, zum Universum verhält, redet nicht von einem zukunftsfähigen Glauben.

Ich habe nicht den Eindruck, ich stünde meiner Welt »gegenüber«. Ich habe auch nicht den Eindruck, ich sei ihr gegenüber etwas Besonderes, Höherwertiges. Ich fühle mich als ein lebendiges Organ in dem großen, lebendigen Leib dieser Erde.

Ich sage damit: Ich liebe euch, ihr Bäume, ihr Feldhasen, ihr Bäche und ihr Singvögel, ihr Wiesen und Sümpfe, ihr Meere, ihr Hochgebirge. Ich verbinde mich mit euch, mit der Leiblichkeit der Erde, mit der Kraft und mit ihren Leiden, mit allem, was da verwest und dem neuen Leben dient. Ich danke euch, dass ich unter euch allen, ihr wunderbaren Geschöpfe, leben darf, und ich wünsche euch Leben. Ich wünsche euch, dass ihr glücklich seid, dass ihr Träger des Lebens seid, jenes großen Lebens, das seit Jahrmilliarden über diese Erde wandert.

Ich atme mit in den Rhythmen dieser Erde. Was von außen in mich eindringt, wird in mir zum Leben, was in mir lebt, gebe ich weiter an alle Dinge. Ich bin ein kleines, lebendiges Teil im großen Strom. Gott aber ist der Geist des Universums, der in allem atmet.

Atmen. Offensein wie eine offene Tür gegenüber allen Dingen. Und nicht nur die Dinge und die lebendigen Wesen aufnehmen wie durch eine offene Tür, sondern auch Gottes Geist – das ist es, was ich meine, wenn ich von geistlichem Leben spreche.

In der chassidischen Frömmigkeit begegnen wir immer wieder der Vorstellung von der durchgeistigten Erde, der Vorstellung, die Materie sei erfüllt vom Geist Gottes und vom Feuer seiner Heiligkeit, Gott sei nicht irgendwo im Jenseits, sondern überall gegenwärtig, auch wo der Mensch trinkt, isst, schläft, tanzt oder liebt. Im Chassidismus ist es gerade nicht das Besondere am Mystiker, dass er zu seiner eigenen, isolierten Wahrheit durchzudringen und sie der Welt oder der allge-

*Nach meiner Auffassung ist der Kosmos in uns,
wie umgekehrt wir im Kosmos sind.
Wir gehören zum Universum ebenso,
wie es ein Teil von uns ist.*

Yehudi Menuhin

meinen religiösen Meinung entgegenzustellen versucht, er tritt vielmehr für den geistigen Zusammenhalt aller Dinge ein. Der Mystiker ist nicht der einsame Mensch, er ist vielmehr mit allem in grenzenloser Sympathie verbunden. Er lebt mit allen Geschöpfen und empfindet mit ihnen allen.

Mit dieser Sicht steht jene Auffassung von der Erde, die James E. Lovelock, der in Oxford lehrt, in seiner »Gaia-Hypothese« formuliert hat, in ferner Verwandtschaft. Nach ihr ist die Erde als ganze ein biologisch-physikalisch-chemisches System, das wir nur verstehen können nach Art eines großen Organismus. Nach ihr könnten wir sagen: Die Erde ist wie ein Mensch, ein Wesen mit eigenem Leib, eigener Seele und eigenem Geist. Sie ist nicht nur ein Ganzes, sie ist vielmehr ein schöpferisches Wesen, ein unablässig schaffendes und sich wandelndes, dem wir Menschen als kleine Zellen eingewoben sind, und wir leben so lange, wie unser Bewußtsein sich dem Gesamtbewußtsein der Erde sozusagen eindenkt, einempfindet, einlebt. Darin liegt nichts von Naturromantik; es ist vielmehr eine Vorstellung, die uns zu einiger Klarheit verhelfen kann über unsere Rolle auf diesem Planeten und die heute, da es um das Überleben dieser ganzen Erde geht, wichtig ist.

Mit dieser Gaia-Hypothese ist der dichte Zusammenhang aller lokalen und regionalen Ökosysteme mit dem Gesamtsystem der Erde ausgesagt. Mit ihr ist eine Wissenschaft gefordert, die sich in das Gesamtbewusstsein der Erde integriert. Ihre Absicht ist nicht mehr die Sicherung der Herrschaft des Menschen, sondern die Sorge um das gemeinsame Überleben. Wenn uns die drohende militärische Katastrophe heute dazu zwingt, nationale Außenpolitik durch Weltinnenpolitik zu ersetzen, so zwingt uns die drohende ökologische Katastrophe dazu, diese Weltinnenpolitik als Schöpfungspolitik anzulegen.

Nach der Bibel ist der Geist Gottes immer schon großräumiger gedacht, als dass er allein mit dem Menschen zu tun hätte. Er ist kein abgehobenes Bewusstsein, sondern die kon-

Die Seele ist wie ein Wind,
der über die Kräuter weht,
wie der Tau, der auf die Wiesen träufelt,
wie die Regenluft, die wachsen macht.
Desgleichen ströme der Mensch
ein Wohlwollen aus
auf alle, die da Sehnsucht tragen.
Ein Wind sei er, der den Elenden hilft,
ein Tau, der die Verlassenen tröstet.
Er sei wie die Regenluft,
die die Ermatteten aufrichtet
und sie mit Liebe erfüllt.

HILDEGARD VON BINGEN

kret schaffende Kraft Gottes. Er ist seine lebendige schöpferische Energie. Wo der Geist Gottes in der Bibel auftritt, da ist nichts von einer Bewegung von unten nach oben spürbar, als wäre der Geist etwas Höheres als die Materie, da ist vielmehr eine durchgehende Bewegung nach »unten« zu erkennen. Der Geist Gottes ist stets der mitten im Leben der Erde, der Völker, der einzelnen Menschen, der Wesen und der Dinge Ankommende und anders nicht vorstellbar. Da geschieht ein Schaffen Gottes in der »Tiefe« des Kosmos, da ergeht ein Wort an einen Menschen der Erde, da geschieht Menschwerdung Gottes in einem Menschen, oder da empfängt eine verängstigte Gruppe von Menschen »Feuer« und wird fähig, ihren Weg zuversichtlich zu gehen. Geist Gottes ist die Nähe Gottes dort, wo das Leben sich abspielt, nicht in einem Reich der Ideen sonstwo.

Ist nicht, was wir »christlichen Glauben« nennen, zu einem erschreckend schmalen Ausschnitt der Wahrheit verkümmert? Und liegt nicht der Schatz, von dem wir leben können, nach wie vor ungehoben im Acker? »Alles, was ist, ist gut«, sagt der Dichter des Buches der Weisheit. »Es ist aus Gott, und Gott ist ein Liebhaber des Lebens.«

Der Kolosserbrief und der kosmische Christus

Von alledem ist in einem großen Hymnus die Rede, der am Anfang des Briefes an die Kolosser steht. Zugegeben: Die Sprache dieses Hymnus gehört zum Fremdesten, das uns in der Bibel begegnet. Aber sehen wir genauer zu, dann lesen wir, was uns heute besonders wichtig sein muß, nämlich eine Auskunft über die Beziehung unseres Glaubens an Christus zu unserem Glauben an den Schöpfer dieser Welt. Es ist durchaus zu verstehen, dass dieses kurze und wichtige Stück unter uns so wenig bekannt und verstanden ist. Es lautet:

Mit Freude danken wir dem Vater,
der euch fähig gemacht hat,
mit den Heiligen zusammen sein Licht zu schauen.
Denn Gott hat uns errettet
aus der Macht der Finsternis
und hat uns versetzt in das Reich
seines geliebten Sohnes.
In ihm finden wir Erlösung
und Vergebung unserer Sünden.

Er, Christus, ist das Bild des unsichtbaren Gottes.
Er ist der Früheste unter allen Geschöpfen.
(Er ist das Grundmuster, das der Welt zugrunde
liegt.)
In ihm ist alles geschaffen,
was im Himmel und was auf der Erde ist,
das Sichtbare und das Unsichtbare,
auch alle Mächte und Kräfte der Natur,
alle Stoffe und Elemente, alle Ordnungen und Gesetze.
Es entstand alles aus ihm,
durch ihn und auf ihn hin.

Er steht am Anfang von allem,
und alles besteht in ihm.
Er ist auch das Haupt seiner Gemeinde,
die sein Leib ist.
Er ist die bestimmende Kraft,
wenn es um die Auferstehung vom Tode geht.
Er hat in allen Dingen den ersten Rang,
denn es hat der Fülle Gottes,
(seiner Weisheit und Schöpferkraft)
gefallen, in ihm zu wohnen
und alles in ihm zu versöhnen.
(Allen Streit, unter dem die Welt leidet,
den Streit zwischen Mächten und Gewalten,
zwischen Licht und Finsternis zu beenden,

> auch den Streit zwischen den Menschen
> und in ihnen selbst,
> so dass Frieden entsteht auf der Erde
> wie im Himmel.)
> Dafür ist er am Kreuz gestorben.
>
> Kolosser 1,12–20

Paulus (oder einer seiner Schüler) gebraucht hier eine Sprache, die uns sehr fremd anrührt, nämlich die Sprache einer kosmischen Mystik. Er redet von der Schöpfung der Welt und ihrem Bauplan, wenn er von Christus redet. Aus Gottes Geist und Wort ging der Kosmos hervor, seine Gestaltenfülle und seine Wachstumskraft, seine Gesetze und Ordnungen. Geist und Wort Gottes aber wird hörbar, schaubar und begreiflich in Christus.

Gott schuf nicht eine Welt, die nun auf sich selbst gestellt wäre, sondern er lebt und west und spricht weiter in ihr. Er ist dem Geschöpf für immer gegenwärtig. Die Stimme aber, mit der er spricht, ist uns in Christus begegnet.

Diese Welt aber läuft nicht ins Ungefähre oder in die Leere oder in die Sinnlosigkeit der Entropie, Gott hat ihr vielmehr ein Ziel gesteckt. Und dieses Ziel der Welt begegnet uns in Christus: die Vollendung im Reich Gottes und in der Freiheit der Geschöpfe. An Jesus Christus sollen wir ablesen, wohin der Pfeil der Weltgeschichte fliegen wird und wie weit er trägt.

Von Christus ist die Rede, aber seine Gestalt ist ins Ungeheure gewachsen, über den Rahmen der Zeit hinaus in den ersten Anfang und in die letzte Zukunft. Über den Rahmen des Raums hinaus in die Unabsehbarkeit des Alls. Über die begrenzte Wirklichkeit des geschichtlichen Jesus hinaus zu einer alles Geschehen durchwirkenden Energie.

Allzu lange haben wir die Reichweite unseres Glaubens an Christus eingegrenzt auf uns selbst. Wir entdecken aber gerade heute die Zusammenhänge, in denen wir stehen, besser, und vielleicht verstehen wir auch deutlicher, was die kosmische Mystik solcher Texte eigentlich sagen will.

Er, Gott, gab mir ein zuverlässiges Wissen
über das, was ist,
so dass ich den Bau der Welt erkenne
und das Wirken der Elemente,
Anfang, Ende und Mitte der Zeiten,
wie die Tage zu- und abnehmen,
wie die Jahreszeiten wechseln,
wie das Jahr umläuft und die Sterne stehen,
die Natur der lebendigen Wesen
und die Kraft der Raubtiere,
die Macht der Geister
und die Gedanken der Menschen,
die Vielfalt der Pflanzen
und die Kräfte der Wurzeln.
Das Verborgene ist mir vertraut
wie auch das, was am Tag liegt.
Denn aller Dinge Bildnerin,
die Weisheit Gottes, lehrte mich.

WEISHEIT 7,17–21

Sie will sagen: Wir verstehen, was Gott in der Schöpfung tut und ist, erst im Gegenüber zu Christus. Wenn Gott nicht das Gesicht des Christus trägt, erkennen wir von Gott nichts in dieser Welt. Denn wir erkennen Gott nur dort, wo er sich uns zuwendet. Die Welt aber können wir neu verstehen vom liebenden Plan und Willen Gottes, von seiner Väterlichkeit her. Und so wird Christus uns zum Sinnzeichen überhaupt, zu der Gestalt, in der sich das Dasein in seinem Zusammenhang offenbart. Er wird zur »Chiffre« für Gott. Zur wahrnehmbaren Menschenseite Gottes. Und dieses Christusgesicht Gottes nennen wir den »kosmischen Christus«.

In Christus also geht die Offenbarung Gottes fort. Er ist der Archetyp des Göttlichen, wie er sich in allem Geschaffenen segnend und friedenschaffend auswirkt. So hat es Sinn zu sagen, Gott sei Liebe, und zwar nicht nur zu uns Menschen, sondern zu seinem ganzen Werk. Er bleibe seiner Schöpfung bis zur Vollendung der Welt im Reich Gottes liebend verbunden. So verändert sich uns das Bild, das wir von Gott haben. Vielleicht werden unsere Bilder von Gott im Laufe unseres Lebens nicht genauer – nur in Kinderbüchern ist die Welt mit einfachen Strichen gezeichnet –, aber sie können leuchtender werden, tiefer, stärker. Die Farben dieser Erde gewinnen den Glanz eines Lichts, das nicht von dieser Erde ist. Christus ist sozusagen der Archetyp des uns brüderlich und väterlich, schwesterlich und mütterlich zugewandten Gottes. Er ist der Schlüssel zum Rätsel des Seins. Er ist die Gewähr für eine bewohnbare Welt.

Mein Geliebter (Christus) ist alles,
die Berge,
die bewaldeten einsamen Täler,
die unbewohnten Inseln,
die rauschenden Flüsse,
das Flüstern der lieblichen Lüfte;
die friedvolle Nacht,
die aufsteigende Morgenröte,
die schweigende Musik,
die klangvolle Einsamkeit
und das Heilige Mahl, das Leben gibt
und Liebe schafft.

JOHANNES VOM KREUZ

Durch seine Inkarnation
wohnt Christus der Welt inne…,
er ist in der Welt verwurzelt,
bis in das Herz des winzigsten Atoms.

TEILHARD DE CHARDIN

Alles ist Klang, alles ist Tanz

Reden wir also von der Schöpfung. Von jenem Gesamtlebenszusammenhang und Wirkgewebe, das wir Natur nennen und dessen innere Lebendigkeit und Kraft die Bibel mit »Geist Gottes« bezeichnet.

> Alles gehört dir, Gott, du Freund des Lebens,
> und in allem ist dein unvergänglicher Geist.
> Weisheit 12,1

Reden wir also von dem dichten Zusammenhang zwischen dem, was uns die Welt ist, und dem, was die Bibel den »Geist Gottes« nennt. Es wird eine der Schlüsselfragen sein für ein künftiges Nachdenken über den christlichen Glauben.

Was nennt die Bibel »Geist Gottes«? Sie beschreibt ihn in Bildern. Sie sagt: Er ist wie ein Feuer. Oder: Er ist wie ein Wind, von dem du nicht weißt, woher er kommt und wohin er geht. Er ist zu verstehen nach Art des leichtesten, des ungreifbarsten und des beweglichsten unter den Elementen: der bewegten Luft. Was will sie damit sagen?

Was Luft ist, kann mir ein Instrument erzählen. Es schwingt, es musiziert. Der Raum nimmt die Schwingung auf und trägt sie mit sich fort. Die Luft ist die Kraft, die übernimmt und überträgt. Die Schwingung erreicht nicht nur mein Ohr, sie erreicht jeden Gegenstand in ihrer Reichweite und weckt dieselbe Schwingung in ihm. Mein ganzer Körper ist in jedem Augenblick durchtönt von Schwingungen. Ich lebe in ihnen oder leide darunter. Dem Element Luft kann ich nicht entrinnen.

Ein Mensch sitzt da und flötet. Sein Atem treibt ein Luftband gegen das Labium. Dort bricht es sich in Wirbeln. Die Luftsäule im Innenraum des Instruments dringt unter Kreisen und Schwingen ins Freie, der Ton öffnet sich zum Raum, schwingt in seiner Resonanz mit und wird am Ende aufgenommen in der Wirbelkammer eines Ohrs. Denn die wirbeln-

Wie Saitenspiel
erklingt die Föhre auf dem Gipfel,
wenn der Wind durch die Zweige geht.
Wo hat er diese Kunst gelernt?

SAIGU NO NYOGO

de Schwingung hat sich im Gehörgang des Menschen zugleich das wirbelförmige Aufnahmeorgan geschaffen.

Klang entsteht, breitet sich aus, dehnt sich in der Zeit, läuft durch den Raum. Kugelförmig breitet er sich, spiralig oder gerichtet, schwingt zurück und kehrt wieder, weckt andere Klänge, die wieder ihrem eigenen Gesetz folgen. Und je nachdem, was da schwingt, kann der Ton heilen oder verletzen, lebendig machen oder einlullen, wach machen oder verführen. Da werden Schichten der Seele und des Leibes erreicht, die uns sonst unerreichbar sind. Und manchmal ist Musik die Kraft, die unseren Empfindungen und Gefühlen allererst ihre Form gibt.

Immer wieder fordert die Bibel den Menschen zum Singen auf. Er solle nicht nur reden, sondern das scheinbar ganz und gar Nutzlose tun: singen. Vor fünfhundert Jahren hat einer gesagt: »Das Urbild alles Spielens auf Flöten, Krummhörnern und Pfeifen, überhaupt der Musik, ist der Gesang.« Der Mensch soll also, ist gemeint, ehe er ein Instrument zur Hand nimmt, selbst zum Instrument werden mit dem ganzen Reichtum an Farben und Klängen seiner Stimme. Wenn ich aber singe, lasse ich meinen eigenen Rhythmus und die eigene innere Melodie mit der Luft spielen. Ich stimme, was an reinen oder unreinen Schwingungen in mir ist, auf einen reinen Ton. Mein Atem ist der Anfang. Indem ich atme, beginnt die Musik.

Nun ist nach Auffassung der Alten in allem, was ist, ein gemeinsames Feld von Schwingungen, und alles, was ist, ist eine einzige große Musik. Die Bewegungen der Gestirne wurden früh schon als Erreger der himmlischen Musik, der Harmonie der Sphären gedeutet. Nach der Erkenntnis einer sensibel gewordenen Naturwissenschaft, die heute behutsamer nach dem zu fragen beginnt, was die Welt »im Innersten zusammenhält«, besteht alles aus Klang. Aus staunenswert abgestimmter, harmonischer, berechenbarer, klingender und tragender Musik. Pythagoras hat gesagt: »Der Fels ist zu Stein gewordene Musik.« Die Welt ist also Klang. Da aber von Gott

Himmlischer Vater,
zwischen dir und mir
geht immerfort ein unbegreifliches Atmen,
worin ich viele Wunder
und unaussprechliche Dinge
erkenne und sehe.

Du bist die Sonne aller Augen
und die Lust aller Ohren,
du bist die Stimme aller Worte
und die Kraft aller Frömmigkeit,
du bist die Lehre aller Weisheit,
das Leben in allem Lebenden
und die Ordnung alles dessen, was ist.

MECHTHILD VON MAGDEBURG

gesagt wird, er »spreche«, ist sein Instrument der »Geist«, der als die tragende Luft beschrieben wird. Und da unser Menschenauftrag der ist, ein Instrument zu sein, auf dem alles, was ist, hörbar werden kann, auch das Sprechen Gottes, so liegt unser erster Auftrag darin, ein Resonanzraum für diese Bewegung der Sprache Gottes zu sein, also zu hören, zu antworten, mitzuschwingen und damit den großen singenden Chor der Geschöpfe dieser Erde zu vervollständigen. Ich muss also Raum, Luft, Wind in mir haben, um zu vernehmen, was zu mir dringen will.

Ich soll ein Instrument des Geistes Gottes sein, ein Ort des leisen, wortlosen Gesprächs Gottes mit sich selbst und mit mir. Der Geist weckt die Töne, die auf dem Instrument meiner Seele erklingen sollen. Der Geist nimmt sie auf, trägt sie zu Gott, und es beginnt etwas zu schwingen zwischen Himmel und Erde. Dann aber werden mir viele gerade im Protestantismus vernachlässigte Dinge wichtig sein. Wissen wir denn im Zusammenhang unseres Glaubens zu sagen, was Schönheit sei, was Schaffenskraft, was Sinnlichkeit, Erdverbundenheit, Mitgefühl oder was ein Fest und was ein Segen? Unsere Sündenfall- und Verstoßungstheologie, die für alles Weitere die Grundlage abgab, hat uns dies alles fremd gemacht.

Mit der modernen Naturwissenschaft sind in den letzten Jahrzehnten Veränderungen vorgegangen, an denen protestantisches Denken nicht vorbeigehen sollte. Von heutigen Physikern hören wir Worte wie dieses: Alles, was wir feststellen, ist Energie. Oder: Geist und Materie sind ein und dieselbe Realität. Oder: Wir sind eingesponnen in ein Informationsfeld aus Bewusstsein und Natur. Oder: Die Welt scheint außerhalb des Bewusstseins nicht zu existieren. Die Wirklichkeit ist im Grunde nichts als ein gewaltiger Gedanke. Oder: Alles an der Welt ist dynamisch. Oder auch: Geist und Materie sind sich gegenseitig einfaltende Projektionen einer größeren Wirklichkeit, die weder Materie noch Geist ist. Oder: Es gibt ein kosmisches Bewusstsein, das in alle Dinge hineinreicht.

*Ich sah Gott als einen Punkt.
Und indem ich das sah,
sah ich Gott in allen Dingen.
Gott wirkt in allen Kreaturen,
weil er der Mittelpunkt ist
von allem.*

JULIANE VON NORWICH

Alle Dinge haben an der Freiheit teil. Oder: Die Wirklichkeit gründet auf einer nichtmateriellen Dimension, einer bloßen Zahlenwolke.

Mir fällt auf, dass in der Naturphilosophie von heute immer wieder religiöse Vorstellungen aus der Mystik auftauchen. Zitate von Hildegard von Bingen oder Meister Eckhart geistern überall durch die physikalische Literatur. Ein Grundgedanke ist dabei immer wieder der, man müsse das Universum als Außenwelt eines Bewusstseins sehen.

Wir hören: Nichts ruht. Alles ist Bewegung. Aber es gibt keine Objekte, die sich bewegen. In der atomaren Struktur lösen sich die Dinge auf, und wir wissen nicht, was an ihnen wirklich ist. Alles ist ein großer Tanz, aber es gibt keinen Tänzer. Leute wie die Physiker Pagels oder Weinberg sagen: Das Universum ist eine in einem Code abgefasste Nachricht, und der Wissenschaftler hat die Aufgabe, diesen Code zu entschlüsseln. Er wird aber am Ende nur seine Deutung in der Hand haben und nie die Wirklichkeit.

Wenn in der heutigen Theologie einige vom »kosmischen Tanz« sprechen wie David Steindl-Rast oder Matthew Fox, dann bleiben sie in der Sprechweise der alten mystischen Tradition und greifen zugleich auf, was von der heutigen Naturwissenschaft her aufs Neue auf uns zukommt. Sie reden mit Kepler von einer höheren Ordnung, die in einem Tanz besteht, in einer harmonia mundi, von einer Welt, die Musik ist.

Tanz ist Losgelöstsein, ist befreite Bewegung, er ist wache Lebendigkeit. Wer tanzt, stimmt sich auf den Rhythmus ein und wird mit der Musik selbst lebendig. Und so wird ihm die Wirklichkeit bis in ihre innerste Struktur, die leuchtet und glüht, durchscheinend auf ihr Geheimnis hin, auf Gott.

Denn jeder Ort ist heiliger Boden, und es gilt, ganz dort zu sein. Jede Zeit ist heilige Zeit. Sonnenaufgang und -untergang, Mondphasen und Stunden, Augenblicke und die Zeit zwischen den Augenblicken wollen eingehalten sein. Es ist der musikalische Mensch in uns, der das bemerkt. Es ist der Maler in uns, in dem die farbige Wirklichkeit sich eine neue

Ich lobe den Tanz,
denn er befreit den Menschen
von der Schwere der Dinge,
bindet den Vereinzelten
zur Gemeinschaft.

Ich lobe den Tanz,
der alles fordert und fördert,
Gesundheit und klaren Geist
und eine beschwingte Seele.
Tanz ist Verwandlung
des Raumes, der Zeit des Menschen,
der dauernd in Gefahr ist
zu zerfallen, ganz Hirn,
Wille oder Gefühl zu werden.

Der Tanz dagegen fordert
den ganzen Menschen,
der in seiner Mitte verankert ist,
frei von der Begehrlichkeit
nach Menschen und Dingen
und von der Dämonie
der Verlassenheit im eigenen Ich.

Der Tanz fordert den befreiten,
den schwingenden Menschen
im Gleichgewicht aller Kräfte.

Ich lobe den Tanz.

O Mensch, lerne tanzen,
sonst wissen die Engel im Himmel mit dir
nichts anzufangen.

AURELIUS AUGUSTINUS ZUGESCHRIEBEN

Gestalt gibt. Es ist der Dichter in uns, der die Erfahrung zum Lied macht. Es ist der Tänzer, der nachschreitet oder nachspielt, was im Tanz aller Dinge geschieht. Es ist der Mensch in uns, der die schönen Dinge liebt wie ein Bild an der Wand oder den Ton einer Flöte oder das Licht der Morgensonne in den Ästen.

Der kosmische Tanz will unsere Wandlung. Er will, dass wir die Ruhe in unseren Überzeugungen und Meinungen hinter uns lassen und uns umformen lassen, bis alles an uns Bewegung ist. Der entscheidende Punkt im Tanz ist der Wendepunkt, an dem wir unsere Richtung ändern, um neu aufzubrechen.

So sprechen wir vom »Gipfelerlebnis«, das heißt vom Innewerden des großen Tanzes. Ein Gipfelerlebnis kündigt sich an damit, dass alles seine Wichtigkeit verliert, was nicht ihm zugehört. Damit, dass wir ein »Nichts« erfahren, das nur insofern ein »Nichts« ist, als wir unfähig sind, es zu beschreiben. Über das »Nichts« eines Gipfelerlebnisses denken wir nicht nach. Wir fühlen nicht, was wir fühlen, und erfahren nicht, was wir erfahren. Wir reflektieren nicht darüber, was das sei, was wir erleben. Wir werden aber unser selbst dabei inne. Und wir erfahren, was uns im Gipfelerlebnis begegnet, als wahr, auch wenn wir niemandem sagen könnten, was es gewesen sei. Wir vergessen uns. Und wir sind darin am stärksten wir selbst. Wir können vielleicht nur sagen: Ja! Das ist es!

Wo sind wir denn, wenn uns eine solche Gipfelerfahrung trifft? Wir sind nirgendwo, und wir sind zugleich in allen Dingen, in allen Kräften, in allem, was lebt und ist. Wir sind wie ein Schmetterling plötzlich hier und ebenso plötzlich wieder auf und davon. Und während der kurzen Sekunde der Überwältigung sind wir dort, wo alles immer jetzt ist. Wir erfahren uns ganz als uns selbst, und wir sehen zugleich, dass wir ganz unwichtig sind, dass wichtig nur der Tanz ist, in dem wir uns bewegen. Der Tanz zwischen Leben und Tod und Leben. Und dass wir nicht aus ihm herausfallen können.

*M*ein *Wunsch und Wille ward ergriffen von jener Liebeskraft, die still und einig im Kreis die Sonne führt und alle Sterne.*

Dante Alighieri

Wir könnten auch sagen: Es gibt nichts als die Gnade, die uns erfüllt oder nicht erfüllt. Die uns trifft oder nicht trifft, unabhängig davon, ob wir sie verdient oder erarbeitet haben oder nicht. Wir könnten auch sagen: Die Erfahrung des kosmischen Tanzes ist die höchste Form des Gebets; sie ist geschenkte Kontemplation. Die aber drückt nichts aus als Dankbarkeit. Für das Leben. Für den Tag. Für die Gnade der Wandlung.

Das aber ist der Sinn der Feier, des Fests. Alles kann zur Feier werden, wenn wir alles so betrachten, wie es sich unserer Achtsamkeit darbietet und unserer Dankbarkeit. Vielleicht kann es doch auch uns modernen Menschen gelingen, in den großen Gesang der Schöpfung mit unserem eigenen Lied einzustimmen und den zu rühmen, von dem und durch den und zu dem alle Dinge sind.

Schöpferische Energie

Das aber bedeutet auch viel für uns selbst und unseren Zustand. Die Depression, so sagte ich, ist eine Grundkrankheit dieser Zeit. Sie hängt mit einer anderen, heimlicheren Krankheit zusammen: mit der Auszehrung der schöpferischen Phantasie bei Millionen Menschen. Beide verbinden sich dort, wo die Angst vor einer Wirklichkeit herrscht, die man nicht mehr zu gestalten vermag. Diese Krankheiten drücken sich gemeinsam dort aus, wo man in die Gewalt flüchtet im Kleinen und im Großen, zuletzt in die unzähligen Kriege, die alle nur besagen, dass uns andere Weisen, Konflikte zu lösen, nicht einfallen. Sie drücken sich aus in der reaktionären Grundverfassung unseres politischen Lebens. Man gleicht sich an, man passt sich ein, und auch Drogenkonsum und Aussteigertum sind Folgen dieser unbewältigten Ohnmacht. Vor der Angst schützt die Apathie. Die Welt ist ohne Rand und ohne Mitte, und die schöpferische Gestaltungskraft der

*Alles, was vergangen ist,
alles, was gegenwärtig ist,
alles, was zukünftig ist,
das erschafft Gott im Innersten der Seele.*

MEISTER ECKHART

Menschen kann sich nicht mehr zutrauen, ihr eine sinnvolle Gestalt und ein menschliches Gesicht zu geben. Wem fällt denn heute ein, wie mit Arbeitslosigkeit umzugehen sei, etwa durch eine neue Art der Verteilung von Arbeit? Und wenn einem etwas einfiele, würde er nicht durch die Apathie der vielen und ihre Fixierung auf die eigenen Bedürfnisse augenblicklich auf den Boden der sogenannten Sachzwänge, das heißt Denkzwänge, zurückgezwungen? Und fällt unseren Kirchen noch etwas ein – senkrecht von oben sozusagen – etwas, aus dem eine Zukunft hervorgehen kann, oder kennen sie nur immer wieder die Flucht nach rückwärts in das Gewohnte und Gewesene oder die Flucht nach draußen in irgendeine neue Form der Anpassung an ihre Zeit? Was für Visionen haben wir noch, die uns zeigen könnten, wie eine glaubwürdige Kirche aussehen könnte oder eine bessere, eine gerechtere Menschenwelt?

Wissen wir noch davon, dass wir, die »in Christus« sind, zur Gestaltung unserer kleinen und großen Welt berufen sind? Spiegelt sich in uns die Schöpferkraft Gottes mit all ihrem Reichtum? Und wissen wir noch, dass in uns und durch uns und um uns her jenes Neue und Größere und der Zukunft Zugewandte entstehen soll, das Jesus das Reich Gottes nennt und das uns aus der Gefangenschaft im Vorhandenen befreien soll?

Meister Eckhart deutet an, Gott schaffe die Zukunft seiner Schöpfung vorweg in der Seele des Menschen. Er schaffe in der Seele die Bilder, die Vorstellungen, die Ideen, aus denen das Neue hervorgehe. Wir sind also Mitschöpfer mit Gott, Instrumente seines Schaffens. Dann aber werden alle gewohnten Ordnungen und Regeln, die uns bisher bestimmt haben, unwichtig. Dann denken wir über sie hinaus und fassen Fähigkeiten ins Auge, die für die kommende Zeit höheren Rang haben werden. An ihrer Spitze wird eine liebende, schöpferische Phantasie liegen. Denn ich glaube im Ernst, dass von ihr das Überleben der Menschheit in den nächsten hundert Jahren abhängen wird. Gehorsam galt bislang als eine der christ-

Die ganze Welt
ist vor dir wie ein Stäublein auf der Waage
und wie ein Tropfen des Morgentaus,
der zur Erde fällt.

Du aber liebst alles, was ist.
Wie könnte denn etwas bleiben,
was du nicht wolltest?
Oder wie könnte Bestand haben,
was du nicht gerufen hättest?

Du bewahrst alles,
denn es ist dein, Herr,
du Liebhaber des Lebens,
und in allem
ist dein unvergänglicher Geist.

WEISHEIT 11,22–12,1

lichen Haupttugenden, Gehorsam aber nicht gegen Gott, sondern mehr gegenüber den Verabredungen, die man in den Kirchen in Jahrhunderten erzwungen hat. Gehen wir aber mit dem um, was Gott in unserer Seele wirken will, dann werden wir lernen, unserer eigenen Kreativität als einem Zeichen der Schöpferkraft Gottes zu vertrauen.

Und woher nehmen wir den Mut dazu? Über den Westportalen romanischer oder gotischer Kirchen oder im Chorgewölbe über dem Altar steht oft der herrschende oder der richtende Christus. Er steht in einem Rahmen, den wir die »Mandorla« nennen, die mandelförmige Figur, die oben und unten in eine Spitze ausläuft. Was ist der Sinn dieser Mandorla? Die Figur entsteht, wenn zwei nebeneinanderstehende Kreise sich ein Stück weit überschneiden. Im Überschneidungsfeld der beiden Kreise aber steht oder thront der Christus.

Im Überschneidungsgebiet also zwischen unserer und der uns abgewandten, unzugänglichen Welt, zwischen Himmel und Erde erscheint der Christus. Er hat der Erde den Himmel geöffnet, in ihm sind nun Himmel und Erde einander offen zugewandt. Die Mandorla ist damit zweierlei: Sie ist ein Symbol für die Inkarnation, die Menschwerdung Gottes, und sie ist ein Symbol für den kosmischen Christus, für seine Präsenz im Universum, für ihn, in den die Urnatur, auch die Urreligionen eingefasst sind.

Um die Mandorla her erscheinen oft die vier bekannten Tiere, die von Christus reden und die vier Evangelisten repräsentieren: Stier, Löwe, Adler und Mensch. Was bedeuten sie? Und wie kam es dazu, dass sie für die vier Evangelisten stehen? In der Antike sprach man von »Cheruben« oder »Cherubim«, das heißt von Wächtern vor Gottes Thronsaal. Sie waren riesige, mächtige Mischwesen in der Gestalt von Stieren mit Löwenpranken, Adlerflügeln und einem menschlichen Gesicht. Insbesondere aus Assyrien sind grandiose, aus Stein gehauene Cheruben dieser Art erhalten, wie sie auch dem Alten Testament bekannt waren. Nach der Vertreibung von Adam und Eva stellte Gott solche Wächterfiguren vor dem

Eingang des Paradieses auf, um dem Menschen die Rückkehr zu versperren, und im Tempel in Jerusalem standen im Allerheiligsten des Tempels zwei solcher Figuren rechts und links der Bundeslade als Wächter des Thronsitzes Gottes.

Nun schildern die Briefe des Neuen Testaments immer wieder eine Art Machtwechsel im Kosmos. Wo bislang unberechenbare und gefährliche Mächte und Gewalten herrschten, die Mächte des Schicksals und des Todes, da habe Christus ihre Macht gebrochen und selbst seine Herrschaft aufgerichtet. Er habe Himmel und Erde nicht gegeneinander abgegrenzt, Himmel und Erde seien einander nicht mehr feindlich, es bedürfe also von da an keiner kosmischen Wächter mehr. »Der Cherub steht nicht mehr dafür«, singen wir in einem Weihnachtslied. Die vier zur mythischen Macht verbundenen Wesen lösen sich voneinander, und es entstehen einfache lebendige Geschöpfe, ein Stier, der nicht mehr als ein Stier ist, ein Löwe, ein Adler, ein Mensch. Die Schöpfung also findet zurück zu ihrer ursprünglich gemeinten Gestalt, wie auch schon der Schöpfungsbericht mit großer Betonung sagt, Gott habe ein jedes Tier »nach seiner Art« geschaffen. Und so stehen am Ende diese vier Tiere, die die Schöpfung repräsentieren, um die Mandorla und um den kosmischen Christus her. Sie reden von Christus, sie zeigen ihn den Menschen und werden zu den vier Evangelisten, die uns von Jesus Christus berichten.

Majestas Christi, kosmischer Christus, das ist der Inbegriff einer Welt, die in sich ganz und gut ist, weil sie in Gott ist. Für uns ist nach Christus auch der kosmische Abgrund Ort des Erbarmens Gottes, und in ihm bergen wir uns, wo immer unsere eigene Seele sich finden mag. Zugleich aber sehen wir uns – in einem kühnen Vorgriff – dazu bestimmt, diesen Christus zu spiegeln und auf das Ziel unseres Daseins und auf das Ziel aller Dinge hin zum Ebenbild Gottes zu werden. Denn eben dieser Christus soll ja in uns geboren werden, in uns wachsen und seine volle Gestalt erreichen. Hier liegt die Mitte und das Herzstück dessen, was der christliche Glaube über uns Menschen sagt.

Gott ist uns näher denn unsere eigene Seele.
Er ist der Grund, darin die Seele gründet.
Er ist das Bindeglied,
das zusammenhält
unser Wesen und unser physisches Sein,
so dass sie niemals zu trennen sind.
In Gott ruht unsere Seele in wahrer Ruhe.
In Gott steht unsere Seele in sicherer Kraft.
In Gott ist unsere Seele innig verwurzelt
in ewiger Liebe.

JULIANE VON NORWICH

Mitleiden mit der Schöpfung

Es gibt eine Grundwahrheit, die uns und den kommenden Generationen unausweichlich zugemutet ist und die mit dem christlichen Glauben vom kosmischen Christus eng zusammenhängt: nämlich, dass alles, was ist und was lebt, eins ist, dass es mit allem zusammengehört, dass alles wechselseitig von allem abhängt und dass alle Lebensvorgänge ein wechselseitiges Fließen von Kräften sind, die alles durchströmen. Das gilt von dem Zusammenhang innerhalb der Menschenwelt, es gilt aber auch durch die ganze Schöpfung hin zwischen Mensch und Tier und Pflanze, zwischen Pflanze und Stein. Die Welt ist eine vom Geist bis zur Materie und vom Stern bis zur Mikrobe. Das Leben auf diesem Planeten wird in Kürze davon abhängen, ob dies in unser menschliches Bewusstsein eingeht.

Dieses Bewusstsein von den alles beherrschenden und alles durchziehenden Verbindungen und Wechselbeziehungen nenne ich hier »Mitgefühl«. Das Mitgefühl wird eine der Tugenden der Zukunft sein. Es war sie immer, aber es wird sie in einer Unentbehrlichkeit werden, von der wir bislang kaum eine Ahnung besitzen. Das gemeinsame Leben von Mensch und Erde wird davon abhängen, ob dieses Mitgefühl unser Denken und Tun bestimmen wird oder nicht. Es äußert sich in Sorgfalt, Aufmerksamkeit, Rücksicht, Behutsamkeit, in der Fähigkeit, eigene Interessen zurückzustellen, und in Liebe zu allem, das des Mitgefühls bedarf, um leben zu können. Mitgefühl ist Ehrfurcht vor dem Wehrlosen, dem Schwachen, dem Tod Verfallenen, und es ist ein Geschenk des Lebens an den, der leidet unter dem Mangel an Lebenskraft und Lebendigkeit. Mitgefühl ist der Ausgangspunkt für jeden sozialen Wandel und jeden Versuch, die Schöpfung zu bewahren oder den Frieden zu finden oder die Gerechtigkeit. Zum Bewusstsein der Zusammengehörigkeit gehört der Gedanke des Opfers, denn alles lebendige Leben lebt vom Geheimnis der Stellvertretung des einen für den anderen ebenso, wie es vom Opfer

Mein Bruder bat die Vögel um Verzeihung.
Das scheint sinnlos zu sein,
und doch tat er recht,
denn alles ist wie ein Ozean;
alles fließt und berührt sich.
An einem Ende der Welt
verursachst du eine Bewegung,
und am anderen Ende der Welt hallt sie wider.
Mag es sinnlos sein,
die Vögel um Verzeihung zu bitten,
doch den Vögeln, den Kindern und allen Tieren
wäre es leichter in deiner Nähe,
wenn du selbst mehr Geist in dir hättest.
Alles ist wie ein Ozean, sage ich euch.

STAREZ SOSSIMA IN DEN »BRÜDERN KARAMASOFF«
VON FJODOR DOSTOJEWSKIJ

Das Gurren der Taube

Eine Taube ruft am Morgen mir ins Ohr,
singt betrübte Weisen durch das Waldrevier;
ihres Freundes denkt sie und der guten Zeit,
weint aus Kummer und erregt den Kummer mir.
O, ihr Weinen hat den Schlaf mir oft geraubt,
und geraubt hat oft den Schlaf mein Weinen ihr.
Meine Klage, ach, versteht sie nicht,
ihre Klage – ich versteh sie nicht von ihr.
Aber dass ihr etwas fehlt, das fühl ich wohl,
dass mir etwas fehlt, das fühlt sie wohl mit mir.

ABU BEKR ASCH-SCHIBLI

des einen um des anderen willen lebt. Mitgefühl hat mit Demut zu tun. Es ist kein Mitleid »von oben her«. Es ist das Bewusstsein gemeinsamer und wechselseitiger Verflechtungen. Es wird zum Mitdenken und Mithandeln und am Ende zum Mitsterbenkönnen. Und es ist bei Jesus im Mitgefühl Gottes begründet: »Seid barmherzig, wie euer Vater im Himmel barmherzig ist.« Am Ende, sagt uns Jesus, werden wir gefragt werden, wieviel wir geliebt haben.

Hier endet sowohl die naive Naturwissenschaft, in der sich die Herrschaft des Menschen über die Natur ausdrückt, als auch die naive Naturromantik. Denn damit wird uns die Welt der Schöpfung nicht etwa vertrauter, sondern auf vielerlei Weise fremder. Sie bringt uns nicht nur ihre Schönheit entgegen, sondern auch harte Anforderungen an unsere Nachdenklichkeit und an unsere Fähigkeit, uns zu unserer bescheidenen Rolle im großen Spiel zu bekennen.

Und hier beginnt sich eine christliche Ethik abzuzeichnen, die uns bisher fremd war. Ein ethischer Grundsatz heißt heute zum Beispiel:

> Alles hängt mit allem zusammen. Auch du selbst.

Ein anderer lautet so:

> Nichts, was du tust oder unterlässt, bleibt ohne Wirkung.

Ein dritter:

> Wir wissen sehr wenig; was wir aber verstehen, das genügt nicht, um unserem Gewissen Gewissheit zu geben.

Ein vierter:

> Es ist nicht alles machbar. Es ist nicht erlaubt, alles zu tun, was wir tun könnten.

Ein fünfter:

> Alles hinterlässt Reste und Restrisiken.
> Alles bleibt irgendwo und bleibt wirksam.

Was neu in die christliche Ethik hineinkommen muss, ist der Gedanke der Verträglichkeit dessen, was ich tue. Ob es für die Umwelt verträglich ist, ob es sozial verträglich ist, ob es im Zusammenhang der internationalen Politik verträglich ist und ob es für kommende Generationen verträglich ist. Was »Nächstenliebe« ist, über die man oft so nachlässig spricht, wird sich künftig an solchen Kontrollgedanken zeigen.

Himmlische Musik

Die Denker der alten Welt und noch des Mittelalters stellten sich, wie schon gesagt, vor, der Kosmos bestehe aus ineinander liegenden, schalenartigen Kristallkugeln, die sich ineinander bewegen. Sie seien aber so vollkommen in ihrer Kugelgestalt, dass in ihnen eine wunderbare Musik, die Musik der Sphären, entstünde. Bis hin zu Kepler reicht diese Vorstellung. In seinem wunderbaren Werk »harmonia mundi« drückt er diesen Gedanken aus.

Nach Kepler aber treten diese Harmonien nicht nur in der Musik auf. Er findet sie auch in den Metren der Dichter, im Rhythmus des Tänzers, in den Farben – bei den Refraktionswinkeln der einzelnen Farben des Regenbogens – im Geruch oder Geschmack, in den Gliedern des menschlichen Körpers, in der Architektur und vor allem eben in den Bewegungsgeschwindigkeiten der Planeten. In diesen Rhythmen aber liege die »weltbildende Kraft«, aus der das, was ist, immer neu hervorgeht.

Wir Menschen sind nicht die Urheber dieser Wahrheit, wir sind aber ihre Instrumente. Wir sind Durchgangsort für et-

Groß ist unser Herr und groß seine Macht
und seiner Weisheit kein Ende.
Lobet ihn, Sonne, Mond und Planeten,
in welcher Sprache immer
euer Loblied dem Schöpfer erklingen mag.
Lobet ihn, ihr himmlischen Harmonien,
und auch ihr, die Zeugen und Bestätiger
seiner enthüllten Wahrheiten!
Und du, meine Seele,
singe die Ehre des Herrn dein Leben lang!
Von ihm und durch ihn und zu ihm sind alle Dinge,
die sichtbaren und unsichtbaren.
Ihm allein sei Ehre und Ruhm
von Ewigkeit zu Ewigkeit!

Ich danke dir, Schöpfer und Herr,
dass du mir diese Freude an deiner Schöpfung,
das Entzücken über die Werke deiner Hände
geschenkt hast.
Ich habe die Herrlichkeit deiner Werke
den Menschen kundgetan,
so weit mein endlicher Geist
deine Unendlichkeit zu fassen vermochte.
Wo ich etwas gesagt habe, was deiner unwürdig ist,
oder wo ich der eigenen Ehre nachgetrachtet habe,
da vergib mir in Gnaden.

JOHANNES KEPLER

was, das kommt und geht. Wir können wissen, dass wir entbehrlich sind und dennoch, als Instrumente, unentbehrlich. Keiner unserer Gedanken ist zu Ende gedacht. Es werden immer andere Gedanken nachfolgen müssen, und alles Erkannte bedarf der Veränderung, der Bewährung und der Wandlung. Wir sind unterwegs unter den Wolken und mit dem Wind und haben kein Ziel, sondern immer nur Rastplätze unseres Denkens und unseres Glaubens. Wir sind dankbar für jede Begegnung und dürfen auch die Abschiede bejahen. Wir sind dankbar dafür, dass der Geist Gottes nahe ist, und versuchen, »geistesgegenwärtig« zu tun, was die Stunde will. Denn jeder Klang hat seine Zeit. Er schwingt auf und verklingt. Wir dürfen also beenden, was seine Stunde gehabt hat. Wir gehen uns selbst voraus, lassen uns vom nächsten Augenblick auffangen. Wir vertrauen der Gnade, die wir erfahren und die, wenn sie will, uns wieder begegnet.

Und so werden wir selbst eine kleine Melodie in der großen Musik, und die heilende Kraft der Schwingung und des rhythmischen Geschehens wirkt auch in uns selbst. Und wir beginnen zu wissen, dass es Welten gibt, die über unseren kleinen Verstand und seine Reichweite hinaus sich ausbreiten. Wir beginnen zu wissen, dass die Kräfte, die die Geschichte vorwärtstreiben, nicht allein die unseren sind. Vor allem wird uns deutlich sein, dass die Stufenleiter der Geschöpfe mit einiger Gewissheit höher reicht als nur bis zum homo sapiens und dass die Rede von Engeln und von Mächten alles andere ist als ein Relikt aus vergangenen Zeiten, dass sie vielmehr eine Notwendigkeit ist für den, der wissen will, woher für die Zukunft die rettenden und heilenden, erlösenden und befreienden Kräfte kommen sollen.

Wenn aber in dieser Welt allen Misstönen zum Trotz zuletzt alles in einer großen Musik zusammenstimmt, dann liegt darin die Hoffnung, dass auch die Menschen oder die Menschheit als ganze fähig seien, sich zu wandeln. Dann ist der Glaube an den schöpferischen Geist die eigentliche Gegenkraft gegen jene Denkzwänge, die uns so oft festbannen,

*Gleich wie die Einheit ist in jeder Zahl,
so ist auch Gott, der Ein', in Dingen überall.*

ANGELUS SILESIUS

*Mensch, nichts ist unvollkommen,
der Kies gleicht dem Rubin.
Der Frosch ist ja so schön wie Engel Seraphin.*

ANGELUS SILESIUS

und wir können wissen, dass die Erde Schöpfung ist und der Geist Gottes noch immer in ihr am Werk.

Einmal im Jahr, auf seinem Höhepunkt im späten Frühjahr, feiern wir das Fest der »Himmelfahrt«. Mit ihm freilich verbindet sich eher eine große Verlegenheit als große Festfreude. Und in der Tat: »Himmelfahrt« ist für das, was gemeint ist, ein kindliches Wort, ein ungeschicktes, und wir haben Mühe, es zu verstehen. Denn das wollen und können wir nicht mehr sagen: Von hier unten nach dort oben, wo die Wolken sind, stieg Christus hinauf. Himmel ist ja, abseits aller astronomischen Vorstellungen, der Ort Gottes. Aber wo ist Gott? Er ist doch wohl überall, oben ebenso wie unten, in uns selbst und in allen Dingen.

»Himmel« — das ist ein Ausdruck für die überlegene Gegenwart Gottes in der Welt, es ist im Grunde ein Wort für Gott selbst. Christus also, wenn er in den Himmel einging, hat teil an der universellen Gegenwart Gottes in der Welt. Es bedeutet: Was Jesus in dem kleinen Umkreis von Galiläa und Jerusalem gesagt und getan hat, bekommt universelle Bedeutung. Und es wird zur Anrede an uns.

Jesus hat Leben gestiftet. Das Universum also hat nicht seinen Tod vor sich, sondern das Reich Gottes. Unsere Aufgabe aber kann nicht mehr sein, was den Tod bewirkt.

Jesus war der Heilende. Das Universum ist also kein Feind. Es bedroht nicht. Es verletzt nicht. Unsere Sache kann nicht sein, was die Welt krank macht.

Jesus ist den Weg des wehrlosen Liebens gegangen. Das Universum ist durchwirkt von seiner Hingabe, und wir lesen an Jesus ab, wohin der Weg der Menschheit noch gehen kann und soll: in eine Seinsstufe, auf der Hingabe mehr gilt als Macht.

Jesus hat sich im Übergang von seinem begrenzten irdischen Sein in das Sein bei Gott geweitet. Wir aber sind nun berufen, nach ihm hinüberzugehen und uns zu weiten zu einem Sein in ungleich weiteren Grenzen, als die hiesigen sind.

Reden wir vom Himmel, dann reden wir nicht nur von dem geistigen Hintergrund der Dinge, in dem der Mensch seine ei-

In allem, was ein Indianer tut, findet ihr die Form des Kreises wieder, denn die Kraft der Welt wirkt immer in Kreisen, und alles strebt danach, rund zu sein. Einst, als wir ein starkes und glückliches Volk waren, kam unsere ganze Kraft aus dem heiligen Ring unseres Volkes, und solange dieser Ring nicht zerbrochen war, ging es den Menschen gut. Der blühende Baum war der lebendige Mittelpunkt des Ringes, und der Kreis der vier Himmelsrichtungen nährte ihn. Der Osten gab Frieden und Licht, der Süden gab Wärme, der Westen gab Regen, und der Norden mit seinen eisigen Stürmen verlieh Kraft und Ausdauer.

Alles, was die Kraft der Welt bewirkt, vollzieht sich in einem Kreis. Der Himmel ist rund, und ich habe gehört, dass die Erde rund wie ein Ball ist, so wie die Sterne auch. Der Wind in seiner größten Stärke bildet Wirbel. Vögel bauen ihre Nester rund, denn sie haben die gleiche Religion wie wir. Die Sonne steigt empor und neigt sich in einem Kreis.

Das gleiche tut der Mond, und beide sind rund. Auch die Jahreszeiten in ihrem Wechsel bilden einen großen Kreis und kehren immer wieder. Das Leben des Menschen beschreibt einen Kreis von Kindheit zu Kindheit, und so ist es mit allem, was eine Kraft bewegt.

Unsere Zelte waren rund wie Vogelnester und immer im Kreis aufgestellt, dem Ring unseres Volkes – ein Nest aus vielen Nestern, in dem wir nach dem Willen des Großen Geistes unsere Kinder hegten und großzogen.

HEHAKA SAPA

gentliche Heimat und sein eigentliches Ziel hat, und nicht nur davon, dass demnach der Mensch in dieser Welt immer in einem gewissen Sinn und Maß ein Fremdling sein wird, sein muss und sein will; wir reden auch von dem umgekehrten Gedanken, dass der Mensch, stellvertretend für den Kosmos, von dem Ziel weiß, dem die Welt insgesamt entgegengeht, und dass also im Menschen der Kosmos zum Bewusstsein seiner Bestimmung gelangt.

Als das mittelalterliche Weltbild zerbrach, das die Erdkugel als die ruhende Mitte des Universums empfunden hatte, da ging mit ihm auch ein Gleichnis verloren, das etwas Gültiges ausgesagt hatte: dass nämlich die Erde und mit ihr der Mensch letztlich nicht in Gefahr seien, dass der Mensch und mit ihm die Erde geborgen und gesichert seien.

Für den mittelalterlichen Menschen war diese Erde seine Heimat. Er selbst aber ruhte mit seiner Erde zusammen in der Hand Gottes. Dann geschah, was den Bruch zwischen Mittelalter und Neuzeit bezeichnet: Zum Entsetzen des damaligen Menschen fing nach Auskunft der Astronomen diese Erde plötzlich an zu laufen. Und Gottes Hand? Wer weiß, ob ein so haltlos durch den Raum eilender Körper wie die Erde noch in Gottes Hand sei! Es schien für lange Zeit so, als solle alles, was der christliche Glaube über Gott und den Menschen wusste, ihm mit der ruhenden Erde zugleich aus der Hand gerissen werden.

Wir Heutigen haben durchaus die Freiheit, unsere Geborgenheit in der Hand Gottes zu glauben, ob nun unsere Erde in der Mitte der Welt ruht oder wie ein Staubkorn durch das All treibt. Die Baumeister der mittelalterlichen Kathedralen setzten die großen Rosetten in die Westseiten. Geborgenheit meinten sie mit der himmlischen Rose, die vom vollkommenen Gott und vom himmlischen Menschen redet, von dem runden, schönen, ganzen Dasein, das nicht verfliegt oder zerspringt, sondern unversehrt ist und unversehrt bleibt, so gewiss wir in Jesus Christus den Gott finden, dem seine Welt kostbar genug ist, dass er sie in seiner Hand hält.

Es liegt darin auch eine wunderbare Entlastung für unser ganzes Leben. Wir brauchen nichts Großes zu werden, wir brauchen weder berühmte noch geniale Menschen oder auch Heilige zu sein, sondern nichts als achtsame Hörer auf die Musik Gottes. Deshalb sagt die Bibel: Höre! Höre, Israel! und ordnet damit Gott und Mensch in ihr genaues Verhältnis. So ist die Stille der Raum, in dem ein Wort ergeht. Denn wenn Gott ein sprechender Gott ist, dann ist das ganze Dasein und das ganze Universum ein Wort an uns. Alles redet. Alles musiziert. Wir antworten mit unserem Glauben und mit dem Tanz unseres Lebens und bewegen uns mit alledem mitten im Sinn.

Liebe ist ein Überfluss an Kraft,
die den erfüllt,
der nicht an sich selbst denkt.

DAG HAMMARSKJÖLD

Licht über der Zukunft

Auferstehung

Wenn wir in die Zukunft blicken, soweit unser menschliches Auge zu Bildern der Zukunft gelangen kann, was für Farben sehen wir? Was ist die Zukunft von uns Menschen, die Zukunft der Menschheit, die Zukunft des Kosmos, die Zukunft der satanischen Gegenmacht? Die Zukunft von uns Menschen ist die Auferstehung.

Über wenig hat man in den Kirchen und um sie her in den letzten fünf Jahrzehnten erregter gestritten als über die Ostergeschichten der Evangelien. Soll man diese Geschichten als Beleg dafür ansehen, dass Jesus wirklich auferstanden sei und also heute lebe? Oder wollten sie nur sagen, an der Gestalt des Jesus von Nazaret sei etwas für alle Zeiten Bedeutsames? Oder wollen sie nur sagen, die Anhänger Jesu hätten nach seinem katastrophalen Ende wieder Mut gefasst?

Dabei hängt sich die Debatte merkwürdigerweise an die Frage, ob das Grab wirklich leer gewesen sei, als wäre das nicht eines der unwichtigsten Randprobleme, über die man gerne so oder anders denken kann. Man hatte Mühe, sich die Erscheinungen Jesu nach seinem Tode vorzustellen, und stritt über diese Nebensache. Und bis zum heutigen Tage stehen sich die Parteien bis an die Zähne bewaffnet gegenüber. Die einen sagen: Das Grab war leer. Anders gibt es keine Auferstehung. Die anderen: Das Grab war nicht leer. Also gibt es keine Auferstehung. Wo sind wir eigentlich? Und wie weit entfernt leben wir von dem, was auf uns zukommt?

Was ich sicher weiß, ist nur: Mein eigenes Grab, in das man mich eines nicht fernen Tages versenken wird, wird keineswegs leer sein. Und ich glaube dennoch, dass ich auferstehen werde. Warum soll denn der Leib, der in dieser Welt seinen Dienst getan hat, nicht gerne im Grab sein und sich in ihm auflösen, bis er anderen Wesen, die leben wollen, das Leben weiterreicht? Warum soll aus meinem Leib, wenn er zu Erde geworden ist, nicht eines Tages ein Löwenzahn wachsen, ein schönes, lebendiges Wesen mit einer goldenen Blüte?

Wenn es so etwas wie Zukunftsmusik gibt,
dann war sie damals,
dann ist sie am Ostermorgen an der Zeit:
Zur Begrüßung des neuen Menschen,
über den der Tod nicht mehr herrscht.
Das müsste freilich eine Musik sein –
nicht nur für Flöten und Geigen,
nicht nur für Trompeten, Orgel und Kontrabass,
sondern für die ganze Schöpfung geschrieben,
für jede seufzende Kreatur,
so dass alle Welt einstimmen
und Groß und Klein, und sei es unter Tränen,
wirklich jauchzen kann,
ja so, dass selbst die stummen Dinge
und die groben Klötze mitsummen und
mitbrummen müssen:
Ein neuer Mensch ist da,
geheimnisvoll uns allen weit voraus,
aber doch eben da.

EBERHARD JÜNGEL

Wenn ich einem Kind die Auferstehung erklären müsste, würde ich es folgendermaßen tun, und ich wünschte mir, dass diese schlichte Sprache auch ein Theologe begreifen könnte:

Ein Kind fragt: Wo sind die Toten? Es hat gesehen, wie man einen Sarg in die Erde gesenkt hat, und darin lag der Großvater. Wo ist der Großvater nun? Ist es nicht kalt für ihn im Grab? Wird er nicht nass, wenn es regnet? Ist es nicht schrecklich eng und dunkel da unten in der Erde?

Und ich erkläre ihm: Unseren Körper brauchen wir hier auf dieser Erde. Wenn wir hinübergehen in das andere Leben, brauchen wir ihn nicht mehr. Der Körper ist wie ein Kleid. Ein Kleid ist wichtig, wenn es kalt ist und der Wind weht. Es macht warm und kann auch schön sein. Aber abends, wenn wir schlafen gehen, ziehen wir unser Kleid aus und hängen es über einen Stuhl.

Wenn jemand stirbt, zieht er seinen Körper aus wie ein Kleid. Das Kleid legt man in die Erde. Man braucht es nicht mehr. Der Mensch bekommt von Gott ein neues Kleid, und das ist noch schöner als das, das er hier getragen hat.

Da unten im Grab liegt also nicht der Großvater. Der ist anderswo, wohin wir ihn nicht begleiten können. Aber wir gehen immer wieder zu seinem Grab und schmücken es mit Blumen, weil wir ihn noch immer lieben und an ihn denken. Und wir danken Gott, dass wir ihn nicht nur in ein Grab, sondern vor allem in seine Hände legen durften.

Manchmal aber merken Menschen, die besonders aufmerksam sind, wie ein Mensch, den sie begraben haben, mit ihnen Verbindung aufnimmt, ihnen erscheint oder zu ihnen spricht. Denn die Toten sind nicht weit weg, und die Wand ist dünn zwischen unserer Welt und der größeren, der Welt Gottes.

Wer nun mystische Erfahrungen wie die der Jünger am Grab Jesu für Legenden oder fromme Erfindungen hält, kann nicht über Auferstehung reden. Wie sie aber wirklich geschieht und was ich dabei erleben werde, darüber werde ich rechtzeitig, nämlich dann, wenn sie geschieht, die nötige Klarheit gewinnen.

Aber weiter: Wir können auch darüber staunen, dass die Botschaft unserer westlichen Kirchen immer oder fast immer nur von der Auferstehung der Menschen spricht und von der Auferstehung des Einzelnen, als liege der Sinn des Christus-Geschehens darin, uns Menschen unser individuelles ewiges Glück zu verschaffen.

Die russische Kirche hat aus den Anfängen der christlichen Zeit einen Gedanken bewahrt, der uns im europäischen und amerikanischen Westen zu unserem Unheil schon lange verlorengegangen ist, den nämlich: Was Christus geschehen sei, dass er nämlich auferstand aus dem Tode, und was uns Menschen geschehen wird, dass wir auferstehen, das werde auch der ganzen Erde geschehen: Auferstehung. Wir westlichen Christen haben durch lange Zeiträume unsere Hoffnung in die Auferstehung des Menschen gesetzt und empfanden darum kein Unrecht, wenn wir die Erde zugrunde richteten. Die östlichen Christen setzten ihre Hoffnung auf die Auferstehung auch der Erde und übten lange schon jenes Mitempfinden und Mitleiden mit ihr ein, ohne das etwas wie Christsein in unseren Tagen nicht mehr vorstellbar ist. Das Himmelreich, so lesen wir, ist nicht die andere, sondern die ganze Welt. Was konnten wir in unseren westlichen Kirchen schon mit dem Wort des Paulus anfangen, die Kreatur sehne sich nach Erlösung, auch die Kreatur gehe der Freiheit der Kinder Gottes entgegen? Was konnten wir damit anfangen, dass er sagt, wir Menschen sollen uns der Kreatur gegenüber als »Söhne Gottes« offenbaren (Römer 8,20–23)? Das war und ist von jeher ein für uns fremdartiger, wenn nicht exotischer Gedanke.

Aber kann es denn der Sinn unseres Glaubens sein, die Weltgeschichte und die Geschichte der Erde auf die Familientragödie zwischen Gott und uns Menschen einzuschränken? Kann es der Sinn unseres Glaubens sein, unsere eigene Erlösung für den einzigen Sinn des Christusgeschehens zu halten? In der russischen Frömmigkeit spielt die »Verklärung des Christus auf dem Berg«, also sein Gestaltwandel, den wir auf ungezählten Ikonen geschildert finden, eine für uns westliche Christen ganz ungewöhnliche Rolle: jene Geschichte, die erzählt, Christus habe sich verwandelt, er sei transparent geworden auf das Licht hin und Gott habe zu den Jüngern über diesen Christus gesprochen. Mit der Transparenz des Christus auf Gott hin aber wurde die Erde überhaupt, in die er mit seiner Menschwerdung und noch einmal in seinem Tode einging, transparent.

Wenn der Starez Sossima sagt: »Liebe die Erde...«, dann meint er die nach russischem Glauben auf Gott hin transparente Erde. Denn alles, was ist, ist ein einziger Leib, aus einem einzigen Geist geschaffen und in einer einzigen, kosmischen Seele lebend, und ihre Transparenz und Sakramentalität verbindet alle Dinge.

Ich stelle mir vor, dass meine Auferstehung mir eine Ausweitung nicht nur meines Bewusstseins, sondern meines ganzen Seins bringen wird. Ich höre Jesus etwa so: Du kannst dich dehnen. Dich weiten. In die Zukunft hinaus aus deiner kleinen Zeit. In das Reich Gottes hinaus aus dem kleinen Saatkorn in dir selbst, wie in einer Frucht, einem Baum. Darin liegt der Sinn deines Daseins. Und wenn du um dich Menschen siehst, dann dehne dich, weite dich aus deinem engen Ich hinaus in die Barmherzigkeit, in das Mitgefühl, in die Liebe. Schotte dich nicht ab, maure dich nicht ein, sondern öffne dich allem, was dir begegnet. Du wirst eines Tages in eine größere Welt eingehen und wirst Bürger einer größeren, weiteren Wirklichkeit sein, die ich das Reich Gottes nenne. Wenn du also nicht weißt, was du tun sollst, dann tu etwas, durch das du dich dehnst, nicht deine Macht, deinen Besitz, deine Bedeutung, sondern dich selbst. Du nimmst deine Auferstehung vorweg. Werde so weit dabei, dass du staunen kannst über alle die Überraschungen, die diese Erde dir bietet, und vorauszublicken vermagst auf die Veränderungen und Weitungen, die die Auferstehung dir bringen wird.

Denn eine große Veränderung ist die Zukunft, und der Tod ist der große Verwandler. Er wird so lange unser Feind sein,

*Liebe die Erde und küsse sie.
Küsse die Erde unermüdlich. Liebe unersättlich.
Liebe alle und liebe alles.
Suche die Begeisterung
und die Ekstase der Liebe...
Und halte diese deine Begeisterung hoch,
denn sie ist ein großes Geschenk Gottes,
das nicht vielen verliehen wird,
sondern nur den Auserwählten.*

STAREZ SOSSIMA IN DEN »BRÜDERN KARAMASOFF«
VON FJODOR DOSTEJEWSKIJ

bis wir fähig geworden sind, ihn als unseren Bruder zu erkennen. Und das Leben wird uns so lange fremd bleiben, bis wir es erkennen als den großen Tanz zwischen Geburt, Leben, Tod, Geburt und Leben, und bis wir es so lieben, wie es sich abspielt. Und wir werden an unserem Leben, unserem Glück, unserem Besitz, unserer Macht so lange festhalten, bis uns aufgeht, dass alles Festhalten von irgendetwas, und sei es noch so wertvoll, dem Spiel des Lebens widerspricht. Wer also den Tod fürchtet oder hasst, der vergisst, dass alles Leben Verwandlung ist.

Ich vermute, dass wir überwältigt sein werden von der Schönheit und Lebenskraft jener Wirklichkeit, die Jesus das Reich Gottes nennt, und von der Liebe, die uns begegnen wird. Die Auferstehung ist einen Traum wert. Alles, was an Heil und an Leben auf uns zukommt, ist es wert, vorausgeträumt zu werden.

Weltvollendung

Das heimliche Thema, das uns auf unserem bisherigen Weg begleitet hat, bestand in zwei einander entgegenstehenden Gedanken:

Einmal: Wir sollten sorgsam darauf achten, das Bild, das wir uns von Gott machen, nicht zu vereinfachen, sondern die Widersprüche und die Gegensätze stehen zu lassen und auszuhalten und einzuüben, was wir das komplementäre Denken nennen. Es kommt, auch unter Christen, allzu leicht zu schlichten Lösungen.

Zum anderen: Wir sollten das Ganze nicht aus den Augen verlieren, das Ganze unserer eigenen Person, das Ganze der Welt und die Ganzheit und Einheit Gottes, und nichts auslassen. Alles einbegreifen: oben und unten, Geist und Materie, Licht und Finsternis, Gott und Satan, und am Ende zu einem komplexen Bild kommen. Wir sahen, dass im Aushalten der

Widersprüche der landläufige Dualismus, auch der christliche, sich auflösen muss.

Das Thema begleitet uns weiter, wenn wir uns nun fragen, wohin denn die Geschichte, die Geschichte des Menschen, die Geschichte dessen, was wir das Böse nennen, am Ende ziele.

Mir ist vor mehr als fünfzig Jahren das Wort Hölderlins begegnet, mit dem er seinen »Hyperion« schließt: »Eins zu sein mit allem, was lebt…« Es hat mich seitdem in vielerlei Bedeutung begleitet. Als ich ein Schüler war, fand ich in ihm den Traum von der mystischen Einheit zwischen der Seele und der Welt. Als ich den Krieg erlebte, war es mir eine Zuflucht, wenn mir die Welt der Menschen mit ihren Lügen und Verbrechen unerträglich wurde. Als ich erwachsen war, fand ich in ihm die Anweisung, das Elend der Menschen und der Geschöpfe dieser Erde wie mein eigenes mitzuerfahren. Heute, da ich alt bin, finde ich in ihm die Deutung des großen Zusammenhangs zwischen allen Schichten und Dimensionen, der mich auch weiter umgeben wird über dieses Leben auf dieser Erde hinaus. Eines sein mit allem. Mit dem lebendigen, umfassenden und alles durchdringenden Geist. Nicht abgetrennt sein von der Erde. Nicht allem anderen arrogant gegenüberstehen, sondern ihm zugehören und so dem Fluch der Wurzellosigkeit nicht verfallen, der die Ursache so vieler Krankheiten ist, denen die Seelen moderner Menschen zum Opfer fallen. Nicht dem Hass gegen die Schönheit und Würde der Dinge verpflichtet sein, der heute dieses »alles, was lebt« zerstört.

Ich habe erzählt, wie für mich als Kind die Dinge nicht eigentlich aus festem Stoff bestanden, wie ich sie durchscheinend erlebte, als wären sie aus Kristall, wie ich sie atmen fühlte, auch jeden Stein, als wäre er ein lebendiges Wesen. Ich habe von jeher den großen Rhythmus empfunden, der sie in Bewegung hält, die Wärme, die sie durchströmt, und wie sie von einem großen Gedanken miteinander verbunden sind und von einem weiten, lichten und sehr lebendigen Horizont umgriffen. Und mir scheint durch alle diese Jahrzehnte hin nur dies die offene Frage, ob unser Herz und unsere Denkversuche so groß sind und so offen, dass sie Raum haben für die unendliche Fülle, in der sie sind.

Aber nun ein wenig nüchterner: Es gibt ja eine Grenzziehung, die wir immer und überall respektieren und von der ich noch nie überzeugt war, dass sie der Wirklichkeit entspricht: eben die Trennung zwischen Diesseits und Jenseits.

Wir stellen uns gerne vor, dies seien zwei getrennte Teile der Welt, oder gar, was wir das Diesseits nennen, sei die einzige Welt, die es gebe. Aber beides ist wohl ein Irrtum. Was heißt denn »Jenseits«? Wenn ich einem Goldfisch ein Gedicht von Hölderlin vorlese, so darf ich sicher sein, dass es für ihn jenseitig bleibt. Es findet in seinem Diesseits keine Resonanz. Es dringt nicht bis zu ihm durch. Er steht dem Gedicht in der ahnungslosen Ferne gegenüber, in der wir Menschen etwa dem Gesang der Engel ahnungslos gegenüberstehen.

Jedes Wesen dieser Erde hat seine eigene Umwelt, und jedes dürfte wohl die seine für die einzige halten, die es wirklich gibt. Ein Maulwurf hat eine Welt mit anderen Grenzen als ein Maikäfer oder ein Pottwal. Jedes hat Sinne mit einer anderen Aufgabe und Reichweite. Jedes hat seine Mauer zwischen Diesseits und Jenseits anderswo. Aber hinter jeder Grenze der Sinne des einen oder des anderen setzt sich die Wirklichkeit fort. Über jeder Mauer an der Grenze einer solchen »Welt« dehnt sich derselbe Himmel, und keiner Grenze irgendeiner Sinneswahrnehmung sollte man glauben, dass sie das Ende der Welt markiere. Aber wir Menschen teilen die Welt in völlig naiver Weise so, dass unsere spezielle Fähigkeit, zu sehen, zu hören, zu denken, zum Maß dafür wird, wo das »Jenseits« einsetze. Diesseits ist alles, was sich messen, wägen und zählen lässt, was wir untersuchen, beweisen oder benutzen. Jenseits ist alles, was nicht so recht wirklich ist: Engel, Teufel, Gott oder die Toten.

Als was wollen wir denn unsere Welt ansehen? Als eine Sammlung von harten Gegenständen, von Straßen, Häusern,

Du weißt, dass hinter den Wäldern blau
die großen Berge sind.
Und heute nur ist der Himmel grau
und die Erde blind.

Du weißt, dass über den Wolken schwer
die schönen Sterne stehn,
und heute nur ist aus dem goldenen Heer
kein einziger zu sehn.

Und warum glaubst du dann nicht auch,
dass uns die Wolke Welt
nur heute als ein flüchtiger Hauch
die Ewigkeit verstellt?

                EUGEN ROTH

Maschinen, Geräten? Ist sie nicht viel eher ein großes Spiel, ein lebendiger Kampf und ein Tanz von Kräften, von Bewegungen und schwingenden Energien, der sich manchmal jenseits und manchmal diesseits unserer Grenzen abspielt?

Es ist auch sonst in unserer Welt nicht alles gleich deutlich. Den Baum, der mir nahe ist, sehe ich klar und kräftig, den zweiten, der ferner steht, sehe ich weicher und weniger klar, den dritten, im Hintergrund, nur noch blass und verschwommen. Die Grenze zwischen Sehen und Nichtsehen ist nicht hart und scharf, sondern weich und tief gestaffelt. Manches weiß ich. Manches vermute ich. Manches ahne ich. Vieles und am Ende das Wichtigste glaube ich, und doch wage ich es, auf das, was ich glaube, mein Leben zu gründen.

Und es ist grundlegend wichtig zu sehen, dass die Worte Diesseits und Jenseits nichts aussagen über die Struktur der Welt, sondern nur etwas darüber, was mit meinem menschlichen Erkenntnisvermögen erreichbar ist und was nicht. Denn die Dinge um mich her sind nicht dicht, nicht stumpf, sondern durchscheinend. Wir ahnen heute, dass, was uns die Wissenschaft als unsere Welt beschreibt, bei weitem nicht das Ganze ist. Wir können heute wieder den Mut fassen, unsere Erfahrungen ernst zu nehmen und unsere Ahnungen, unsere Schau über den Horizont unserer kleinen Welt hinaus.

Wenn ich sterbe, so denke ich mir, werde ich einen Raum betreten, der mir bisher fremd und nur meinem Glauben zugänglich war. Er war jenseitig und wird im Tod und in der Auferstehung zu meinem Diesseits. Dabei wird nichts anderes geschehen als hier schon bei jeder neuen Einsicht: dass nämlich meine Welt weiter wird, mein Diesseits größer. Vieles wird mir auch dann noch verborgen sein, jenseitig sozusagen, aber mein Blick wird tiefer in die Hintergründe eindringen, ich werde Gottes Geheimnis in einer neuen Weise ahnen und auch das Geheimnis, das ich mir selbst bin.

Aber unsere Welt ist nicht geteilt. Sie ist vielmehr ein großes Spiel, ein Tanz von Kräften, von Bewegungen und Energien, die sich oft jenseits und manchmal diesseits unserer Erkenntnisgrenzen abspielen. Und wir könnten ahnen, dass hinter den Dingen, hinter Kräften und Gesetzen eine unendliche Welt von Kräften ist, die wir »geistig« nennen können, und dass es möglich ist, sich mit ihnen zu verbinden.

Es wird überhaupt darum gehen, Grenzen zu überwinden. Wir gebrauchen heute gerne den Ausdruck »Spiritualität«. Früher sprach man von Frömmigkeit. Aber in dem Wort Spiritualität liegt der Gedanke, dass alles geistliche Leben, alle Frömmigkeit, ein Geschenk des Geistes Gottes sei. Was will der Geist Gottes, wenn er uns in die Spiritualität führt? Spiritualität macht wach, macht aufmerksam auf das, was uns begegnet, auch und besonders, wenn es uns fremd ist. Sie zeigt sich in der Bereitschaft zur Ehrfurcht vor der Gotteserfahrung anderer. Sie zeigt sich unter anderem in einem gewissen Spürsinn für das Heilige, das uns in einer fremden Gestalt begegnet. So werden für uns heute auch fremde Religionen nicht mehr die Gegner sein, denen wir zu widerstehen hätten, sie werden unsere Ehrfurcht wecken vor Wegen Gottes zu Menschen, die uns fremd sind. Wir werden im Gespräch leben mit allem, was Menschen je von Gott, der Welt und sich selbst erkannt haben, und nichts wird uns verächtlich oder hassenswert sein. Und wir werden zu unserem eigenen Glauben finden und in ihm dankbar und geborgen leben, ohne irgendeinen Menschen des Irrtums oder der Verführung zu verdächtigen. Wo Wahrheit gemeinsam gesucht wird, werden wir Menschen mehr Wahrheit finden als wir von unserem eigenen Ort aus zu finden vermöchten.

Die Welt ist eine vom Staubkorn bis zu den fünfundzwanzig Dimensionen, von denen die Physiker reden, und bis zu der Dimension, in der die Toten und die Engel leben, in der unser Schicksal gewoben wird, und bis hin zu Gott selbst. Nirgends ist eine Trennung. Es gibt objektiv keine Grenzen, und die vorhandenen Grenzen, die unsere Sinne uns vortäuschen, sind überschreitbar. Es kann etwas durch sie hindurch zu uns gelangen, und wir unsererseits können durch sie hindurch ahnen, schauen, horchen und glauben.

Dazu kommen aber, wenn wir über die Welt nachdenken, die merkwürdigen Erscheinungen der Zeit, des Vergehens, des Augenblicks, der Vergangenheit und der Zukunft. Was hat es damit auf sich?

Wir dürfen ja mit einiger Nüchternheit annehmen, dass diese Welt, so gewiss sie irgendeinen Anfang gehabt hat, auch einem Ende entgegengeht. Und dass möglicherweise dieses Ende unendlich langsam verlaufen wird bis in den Kältetod des Universums, oder dass es in einer Umwandlung bestehen wird, von der wir nicht den Schatten einer Ahnung haben.

An dieser Stelle müssen wir wohl zunächst einmal über Zeit und Ewigkeit ganz anders nachdenken, als wir es uns seit etwa vierhundert Jahren angewöhnt haben. Für Newton und die moderne Naturwissenschaft war die Zeit eine Art Pfeil in eine unendliche Zukunft, immer geradeaus, und sie näherte sich dabei keinem Ende. Heute, nach Einstein, denkt die Physik über die Zeit anders. Sie denkt über ihren Anfang und ihr Ende ebenso nach wie über die variable Geschwindigkeit, mit der sie abläuft, wie auch – vorsichtig – über die Möglichkeit einer Umkehrung der Zeit, die dann von der Zukunft in die Vergangenheit verlaufe.

Das aber kommt wesentlich näher an die Vorstellungen der Bibel heran als die Vorstellung vom unendlichen Zeitpfeil. Das Wort für Ewigkeit im Alten Testament, Olam, ebenso wie das Wort für Ewigkeit im Neuen Testament, Aion, meinten eine Weltepoche, einen Zeitzyklus, der irgendwann beginnt und irgendwann in sich zurückkehrt und endet. Das gilt auch für die altgriechische Philosophie. So sagt die Bibel, Gott sei Gott von Ewigkeit zu Ewigkeit, er überdaure also den Wechsel der Zeitzyklen, den Wechsel von Weltepochen. Oder sie spricht von »Ewigkeiten« im Plural.

Von hier aus verstehen wir, was Paulus sagt: Es gebe einen alten Äon, eine alte Ewigkeit, die nahe an ihrem Ende sei, und einen neuen Äon, eine neue Ewigkeit, die schon begonnen habe. Es gebe also eine Geschichte, in der wir als Menschen leben, einen Weltzyklus, der uns einigermaßen vertraut ist, und einen anderen, der sich mit dem alten überschneidet, am Ende aber über ihn hinausführen wird. Wir lebten im Überschneidungsgebiet zwischen zwei Ewigkeiten, zwischen zwei Weltzyklen.

Wir Menschen aber sollten, so Paulus, zusehen, dass wir ungeachtet der Aufgabe, das Leben in der alten Ewigkeit zu bestehen, Anteil gewönnen an der neuen Ewigkeit, dass wir also mit unserem Glauben schon jetzt den Überschritt vollzögen in den neuen Zyklus, der mitten in der Zeit dieser Schöpfung beginne. Dieser neue Aion habe bereits begonnen, und er werde weit über die Reichweite des alten Aion hinausführen. Wir ahnen dabei, dass wir mit unseren traditionellen Vorstellungen vom ewigen Heil und von der ewigen Verdammnis möglicherweise auf einer sehr falschen Spur sind, wenn wir von einem unendlichen, gradlinigen Zeitpfeil reden.

Von hier aus verstehen wir auch besser, was die Bibel mit Weltende meint: nämlich eben den Übergang von dem einen in den anderen Zeitzyklus, der in einem Abbruch und einem Neuanfang bestehen werde und der durch die Person Jesu Christi dargestellt sei. In ihm vollziehe sich die Versöhnung jener Gegensätze, von denen der alte Zeitzyklus charakterisiert sei. Der Neuanfang des neuen Äons bringe eine Versöhnung all jener Widersprüche und Gegensätze, von denen wir gesprochen haben.

So spricht zum Beispiel der wunderbare Hymnus von Kolosser 1, in dem es unter anderem heißt:

> Das wollte Gott:
> Aller Streit, unter dem die Welt leidet,
> zwischen Mächten und Gewalten,
> zwischen Licht und Finsternis,
> der Streit zwischen Menschen oder
> zwischen den Menschen und Gott
> sollte durch Christus beendet werden
> und die widerstreitenden Kräfte versöhnt
> und Friede entstehen

auf der Erde wie im Himmel.
Dafür ist er gestorben...
Kolosser 1,19–20

Dieser Hymnus wendet sich gegen die Verengung, in der der christliche Glaube normalerweise eingeschlossen bleibt, die nämlich, dass der Sinn des Christusgeschehens das Heil des Menschen allein sei, dass es im Grunde nichts Wichtigeres gebe, als was zwischen Gott und den Menschen spiele: die Versöhnung des Menschen, die Rechtfertigung des Menschen, das ewige Leben für die Menschen, das Reich Gottes, das wieder aus Gott und dem Menschen bestehe. Die Sicht dieses Hymnus geht über diese kleinformatige Theologie hinaus in kosmische Zusammenhänge. Die große Spaltung der Welt in Licht und Finsternis, in Gott und Abgrund wird aufgehoben. Auch und gerade das Böse wird versöhnt. Alles, was wir an widergöttlichen Mächten kennen, kehrt zurück in Gott.

Der 1. Korintherbrief sagt dasselbe mit anderen Worten:

Am Ende aber wird Christus das Reich
Gott, dem Vater, übergeben,
nachdem alle Macht von Menschen
und von dämonischen Kräften aufgehoben ist.
Sein Reich wird so lange bestehen,
bis alle Feinde Gottes überwunden sind.
Als letzter dieser Feinde wird der Tod
sein Ende finden...
Alles wird ihm zu Füßen liegen,
freilich – das ist selbstverständlich –
der Eine ausgenommen,
der ihm solche Macht über alles gegeben hat:
Gott selbst.
So wird zuletzt der Sohn sich vor dem beugen,
der ihm alles übergeben hat,
damit am Ende Gott alles in allem sei.
1. Korinther 15,20–28

Der Karfreitag
verkündet einen Generalpardon
über die ganze Welt,
und dieser Generalpardon
wird noch offenbar werden,
denn nicht umsonst hing Jesus am Kreuz...
Wer dieses Größte nicht zu denken vermag,
weiß nichts von einem Karfreitag.

JOHANN CHRISTOPH BLUMHARDT

Dass Gott irgend etwas oder jemand
in der ganzen Welt aufgebe,
davon kann keine Rede sein,
weder heute noch in alle Ewigkeit.
Das Ende muss heißen:
Siehe da, alles ist Gottes.
Jesus kommt als der,
der die Sünde der Welt getragen hat.
Jesus kann richten, aber nicht verdammen.
Das will ich verkündigt haben
bis in die unterste Hölle
und werde nicht zuschanden werden. ...
Jesus ist nicht gekommen,
die Welt hinzurichten,
sondern sie herzurichten.

CHRISTOPH BLUMHARDT

Ein erleuchteter Mensch
ist auch ein Priester der Natur;
er kennt Segen und Fluch und weiß,
wie auch die Natur
vom Fluche zu befreien ist.

JOHANN MICHAEL HAHN

Paulus stellt sich vor, am vorläufigen Ende der Geschichte und der Menschenwelt werde noch immer ein Reich des Bösen einem Reich des Lichts gegenüberstehen, dem Reich der Seligen ein Reich der Verdammten. So deutet er in eine ferne Zukunft und sagt das Einfache, das von Anfang an im Evangelium ausgesagt war: dass alles Leid und Geschrei, alles Elend und alle Gewalt ein Ende haben werden und zuletzt Gott alles in allem sein, alles durchdringen und alles überstrahlen werde. Grenzenlose Gegenwart Gottes – das sei das Ende der Zeit und das Merkmal des vollendeten Neuanfangs. Denn Christus selbst ist ja nicht, was wir uns immer wieder gerne vorstellen möchten, der Lichtheld, der mit der Waffe über alle Bösen triumphiert. Er ist vielmehr der große Versöhnende, der »die Feindschaft«, das heißt die Spaltung, beendet.

Davon aber, ob diese Welt eine Einheit zwischen unserem Diesseits und unserem Jenseits ist, ein zusammenhängender und zusammenwirkender Organismus gleichsam, wird es abhängen, ob dem grauenhaften Zerstörungswerk des Menschen auf dieser Erde am Ende gewehrt werden und ob diese Erde eine rettende Verwandlung erfahren kann. Wenn das, was wir unsere »Wirklichkeit« nennen, das Ganze ist, dann gibt es keine Hoffnung. Dann hängt alles von Vernunft und Verantwortungsbewusstsein des Menschen ab, und über die Reichweite dieser beiden Kräfte unter den Menschen keine Satire zu schreiben fällt schwer. Unvernunft und Verantwortungslosigkeit beherrschen das Geschehen auf dieser Erde in der Politik ebenso souverän wie in der Wirtschaft oder der Wissenschaft. Noch immer ist der Menschheit nicht aufgegangen, wie zwangsläufig alles auf eine globale Katastrophe zuläuft, und noch immer haben die Warnungen derer, die klar sehen, die Ohren derer nicht erreicht, die das Geschehen auf dieser Erde zu verantworten haben. Wenn es von uns Menschen abhängt, dass die Biosphäre auf dieser Erde gerettet wird, habe ich keine Hoffnung für die Erde.

Wie also steht es um die Zukunft der Welt? Ich nehme an, dass diese Welt, so gewiss sie irgendeinen Anfang gehabt hat,

*Was bedeutet alles irdische Glück
gegen die Verheißung:
Wo ich bin,
werdet ihr auch sein?*

DAG HAMMARSKJÖLD

irgendein Ende haben wird. So gewiss aber Gott an ihrem Anfang stand, so gewiss wird er an ihrem Ende stehen. So gewiss eine Schöpfung geschah und geschieht, wird am Ende nicht das Nichts stehen, sondern eine neue Schöpfung. Wenn ich das Ende sehe und den Abbruch, dann sehe ich zugleich den Anfang eines Neuen. Und ich kann die Hoffnung festhalten, dass es mit den Verbrechen und den Torheiten der Menschen, mit Tyrannen, Geldmenschen, Folterknechten und mit den Tränen der Gequälten ein Ende nehmen wird und ein Anfang geschieht, den ich – unbeholfen genug – mit dem Evangelium »Reich Gottes« nennen darf.

Das Ende der Hölle

Es gibt eine merkwürdige Notiz im ersten Petrusbrief: Jesus sei nach seinem Tode in die Unterwelt abgestiegen und habe den Geistern im Gefängnis das Evangelium gebracht (3,18 bis 20). Darin liegt etwas Ähnliches wie der Gedanke von der Versöhnung zwischen den verfeindeten Mächten in der Welt. Jesus sei also als der Einbeziehende, als der Bruder derer, die einer gottverlassenen, unteren Gegend dieser Welt angehörten, zu ihnen abgestiegen.

Das bedeutet: Er kam nicht, um zu besiegen, sondern um heimzuführen, die Toten nämlich, die Verstoßenen, die Verlorenen, die Verdammten und am Ende – davon allerdings bin ich überzeugt – auch den Repräsentanten des Bösen, den Satan oder wie wir ihn nennen wollen, damit, wie Paulus 1. Korinther 15,28 sagt, »Gott alles in allem sei«. Eine dualistische Weltsicht, die neben dem Himmel eine ewige Hölle vorhersieht, steht zu allem im Widerspruch, was wir über den schaffenden Gott und über das Wesen und das Werk des Christus glauben oder wissen.

Jeder von uns spiegelt die Welt, wie er sie sieht oder sie glaubt. Jeder von uns hat ein Totenreich in sich, eine Unterwelt, die er in der Regel sorgsam verriegelt. Die Psychologen sprechen von unserem »Schatten« oder unserem »dunklen Bruder«; und gemeint ist, dass da eine Zone in uns sei, in der nicht das Leben, sondern der Tod regiert, von der also nicht Leben, sondern Tod ausgeht. Dass aber Christus in das Reich der Toten abgestiegen sei, bedeutet für uns, dass er auch dorthin absteigt, wo in uns selbst das Reich des Todes ist, wo, wie wir salopp zu sagen pflegen, bei uns die »Leichen im Keller« liegen.

Wir wissen heute wieder mehr davon, wie unmittelbar die Erkenntnisse und Erfahrungen unserer Vorfahren in unserer Seele gegenwärtig sind, ihre Ängste, ihre Versäumnisse, ihre Lebensversuche und ihre Bemühungen um Erkenntnis. Sie sind ein stets wirksames Erbe in uns. Sie leben sozusagen in der Tiefe unserer Seele, als wohnten sie in den Höhlen der Erde unter unseren Füßen. Die Notiz vom Abstieg des Christus in das Gefängnis der Toten will sagen, er sei dorthin abgestiegen, wo die Vergangenheit der Menschheit aufbewahrt ist, und habe dort die Gefangenen befreit. Die Vergangenheit also sei verändert. Wir könnten uns mit ihr versöhnen. Die Weltgeschichte sei nicht mehr das erbarmungslose Weltgericht. Vielmehr stehe der Christus, der das Tor zum Gefängnis aufgesprengt hat, am Anfang der Wandlung alles dessen, was war, und führe die Gefangenen ins Freie eines neuen Weges.

Was also ist mit dem eingewurzelten Höllenglauben unter den Christen? Was ist mit dem ewigen Konzentrationslager, das die einen sich vorstellen, oder dem »totalen Nichtsein«, wie andere es sich denken, oder mit der »unentrinnbaren Gottesferne«?

Der Gedanke einer ewigen Hölle ist – und das ist noch nicht das Wichtigste – absolut unmenschlich. Er bedeutet, dass wohl ca. 99 Prozent der Menschheit, zum Beispiel alle, die nie von Christus hörten, oder alle, denen eine Kirche den Glauben an Christus genommen hat, in ihr enden werden, oder alle, die irgendeiner anderen Religion angehörten.

Wichtiger noch ist, dass diese Logik der Hölle in letzter

Konsequenz atheistisch ist. Der freie Mensch ist Gott und hat die Wahl zum Himmel oder zur Hölle. Gott muss sich an unsere Entscheidung halten. Der freie Mensch ist seines eigenen Glückes Schmied und sein eigener Henker. Er verfügt nicht nur über sein Leben hier, sondern auch über sein ewiges Schicksal. Da wir selbst entscheiden, brauchen wir für Himmel und Hölle keinen Gott, sagt Jürgen Moltmann mit Recht.

Das Evangelium kommt vielmehr in der Chiffre von der Höllenfahrt Christi zum Ausdruck; er betritt das Reich der Gottesferne, um die Verdammten zu Gott zurückzubringen. Das war der letzte Sinn seines Erdenlebens gewesen. Und das war der Sinn seines Todes.

Das Bild vom Abstieg des Christus zu den Geistern im Gefängnis sagt: Wohin du immer abstürzen solltest, tiefer noch ist dir die Hand Gottes entgegengehalten, die dich auffängt. Jede Tiefe ist ein Ort Gottes. Die Vorstellung von einer Hölle als des absurden Ortes, an dem Gott nicht wäre, ist damit überwunden.

Die Heimkehr des Bösen

Und was wird geschehen mit dem, das wir das Böse nennen, im Kleinen oder im Großen, mit dem Bösen in uns Menschen, mit dem Dämonischen und Zerstörenden und am Ende mit dem, den wir den Satan nennen, ob er nun in Gott zu denken sei oder ihm entgegengesetzt?

Die Antwort gibt Paulus: Am Ende der Dinge werden das Leid und der Streit und zuletzt auch der Tod aufgehoben. Am Ende wird Gott »alles in allem« sein. Wenn aber das gelten soll, dann müssen wir einen Gedanken fassen, der in der Geschichte der Kirche immer wieder, vorsichtig, behutsam umspielt worden ist, ohne je zum gemeinsamen Bekenntnis erhoben worden zu sein: den Gedanken von der »Allversöhnung«, der »Wiederbringung aller«, der »Apokatastasis panton«.

Gewiss, es mag Mühe bereiten, sich vorzustellen, auch der Satan selbst werde eines Tages unter die Kinder Gottes heimkehren mit allen, die er in seiner Gewalt hatte. Aber wer soll denn am Ende das größere Stehvermögen besitzen? Das Böse oder der versöhnende Christus? Wem soll die Ewigkeit gehören? Der festgeschriebenen Spaltung oder dem Gottesreich? So ungewohnt uns dieser Gedanke berühren mag, es führt im Grunde kein Weg an ihm vorbei.

Der schwäbische Seher und Seelsorger Michael Hahn (1758 bis 1819), nach dem heute die »Hahnsche Gemeinschaft« heißt, hat von diesen Zusammenhängen rund um den Gedanken von der Wiederbringung aller Dinge Wichtiges gesagt. Er sagte: »Gott ist Liebe. Aber auch in der Finsternis muss etwas von Gott lebendig sein. Denn etwas, in dem Gott nicht ist, kann nicht leben und nicht sein. Es gibt kein selbständiges Böses.«

Bemerkenswert ist, dass Hahn die biblische Bedeutung des Wortes »Ewigkeit« als einer zyklischen Zeitform schon damals verstanden hat. Er sagt: Es gibt mehrere Ewigkeiten. »Bedenken Sie«, schreibt er, »dass Ewigkeit nicht Unendlichkeit heißt, so werden Sie finden, dass man die Wiederbringung aller Dinge sogar mit Texten beweisen kann, mit welchen man dagegen gestritten hat.«

Die Lehre von der Wiederbringung aller hat eine lange Geschichte. Sie wurde seit der frühen Kirche immer wieder zur Sprache gebracht, und sie wurde von der Amtskirche immer wieder verworfen. Man fürchtete, man könne die Menschen ohne Drohung mit ewigen Strafen nicht disziplinieren und zu moralischem Tun zwingen, und merkte nicht, dass man sich damit zu dem, was Jesus gebracht hat, in Gegensatz stellte. Es ist auch charakteristisch, dass sie im 5. Jahrhundert auf Befehl des römischen Kaisers, also wohl aus Staatsräson, endgültig verdammt wurde. Viele gerieten dadurch, dass sie von der Wiederbringung aller redeten, an den Rand der Rechtgläubigkeit. So Origenes, Gregor von Nyssa, Eriugena, Juliana von Norwich, die Brüder vom gemeinsamen Leben im Mittelalter, aber

*Die Unterfassung aller Sünde
durch die unendliche Liebe Gottes
legt den Gedanken nahe,
dass die Sünde, das Böse,
endlich sein muss
und an der sie umgreifenden Liebe
auch ihr Ende findet.*

Hans Urs von Balthasar

auch Bengel, Oetinger, Schleiermacher, Albert Schweitzer, die Herrnhuter, die beiden Blumhardts, die religiösen Sozialisten Hermann Kutter und Leonhard Ragaz und vor allem Karl Barth. Und bei den Mystikern klingt sie immer wieder an. Unter ihnen wurde sie wie eine Geheimlehre weitergegeben, eben weil sie offiziell verboten war. Die Seligkeit ist nach Michael Hahn »erst dann vollendet, wenn die arme Kreatur im Ganzen zusammen selig ist im vollkommenen Sinn«.

Ich glaube also, dass der, den wir den Satan nennen, die »Macht der Finsternis«, am Ende unter die Kinder Gottes heimkehren wird, bis am Ziel, wie Paulus sagt, Gott alles in allem sein wird und sich zeigt, dass auch der Satan nichts war als ein Geschöpf im Schatten Gottes oder der Schatten Gottes selbst. Ich glaube, dass es sich bei der christlichen Zukunftsvorstellung letzten Endes um eine Art Integration Gottes selbst handelt.

Ich glaube nicht, dass wir unverändert ins Paradies wechseln werden, wenn wir sterben. Einfach so. Ich glaube vielmehr, dass wir drüben durch allerlei Schmerzen und Ängste und Engen gehen werden, bis das an uns, das sich für das Reich Gottes nicht eignet, aus uns ausgeschieden ist. Aber ich glaube, dass auch die Bösesten unter den Bösen, die Hitlers und die Stalins und ihre Geistesverwandten, am Ende eine Befreiung vor sich haben werden, die sie von ihrer schrecklichen Lebensgeschichte löst.

Führt unsere Hoffnung uns aber auf die Wiederbringung aller Dinge in Gott zu, dann fügt sich auch unser kleines vorläufiges Schicksal auf dieser Erde schon in diese Zielrichtung. Dann gilt das Wort, in dem der Mann aus Nazaret von der Überwindung der Feindschaft durch Freundlichkeit spricht, schon für unseren gegenwärtigen Weg auf dieser Erde.

Am Ende wird alles einfach

Mit all dem bewegen wir uns in einem Labyrinth, aus dem wir nur herausfinden, wenn uns jemand einen Faden in die Hand gibt, der uns zum Ausgang hinführt. Wir wissen nicht, wir glauben. Wir hoffen, wir suchen und verlassen uns darauf, dass wir selbst gefunden sind.

In der Kathedrale von Chartres ist im Fußboden des Mittelschiffs die Figur eines Labyrinths in Stein eingelassen. Wenn ich das Kirchenschiff vom Hauptportal aus betrete, gelange ich auf den verschlungenen Weg dieses Labyrinths, der mich zunächst einmal durch die Windungen eines Suchwegs führt, zweimal nah an die Mitte, dann aber wieder an den Rand und von da aus plötzlich in die Mitte. Es ist ein Suchen und ein Gehen, das über Umwege und scheinbares Erreichen der Mitte und neue Enttäuschung die Mitte am Ende doch erreicht.

Das Labyrinth hat seinen Ursprung auf Kreta, wo der mythische Architekt Daedalus das unterirdische Höhlensystem baute, in dessen Mitte der Minotaurus, das Todesuntier, hauste. Theseus, der athenische Held, geht in das Labyrinth, tötet den Minotaurus und findet mit Hilfe eines Fadenknäuels, das ihm Ariadne mitgab, wieder ins Freie.

Das Labyrinth hatte zunächst die Struktur eines unterirdischen Heiligtums der großen Mutter, wie es zum Beispiel auf Kreta in mehreren Höhlen anzutreffen ist. Nach Einbruch der patriarchalen Epoche wurde die Urmutter zum Drachen, dem der junge Held zum Opfer zu fallen droht. Das Labyrinth aber wandelt danach seinen Sinn. Es bildet die Suchwege ab, in die der Mensch gerät, wenn er sich seinem Gehirn mit seinen Windungen anvertraut, den verschlungenen Pfaden des Denkens, die der aus mythischer Gebundenheit erwachende menschliche Geist betritt und in denen er sich zunächst einmal nicht zurechtfindet. Ein Denken, das zunächst nicht ins Freie führt, sondern in eine Unterwelt unabsehbarer Gefahr, aus der er fürchtet, nicht wieder herauszufinden.

Nun gab es in Chartres im frühen Mittelalter ein geistli-

*Ihr sollt wissen,
dass all unsere Vollkommenheit
und all unsere Seligkeit darin liegen,
dass der Mensch
durch und über alles Geschaffene und Zeitliche
und alles Wesen hinausgehe
und in den Grund hinabsteige,
der ohne Grund ist.*

MEISTER ECKHART

*Welche Tiefe des Reichtums,
der Weisheit und Einsicht Gottes!
Wie unergründlich sind seine Gedanken,
wie unerforschlich seine Wege!
Wer hat des Herrn Absicht erkannt?
Wer ist sein Ratgeber gewesen?
Er ist Ursprung,
ist Kraft und Ziel aller Dinge.
Ihm sei Ehre in Ewigkeit.*

RÖMER 11,33–36

ches Zentrum, die sogenannte »Schule von Chartres«, in der eine auf Christus zentrierte Theologie getrieben und in der zugleich viel Wissen aus der Antike aufgenommen und dem christlichen Denken eingefügt wurde. Die Gelehrten und die Mönche von Chartres fügten an die Schöpfungsbilderwelt hinter dem Westportal innen ein Labyrinth an und zeigten mit ihm einen geistlichen Weg der Anbetung, der vom Portal durch das Mittelschiff bis zum Altar führt. Ich kann nicht anders, als diesen Versuch zu bewundern. Er hat eine Weite und eine Spannkraft, die seither immer wieder verlorengegangen ist.

Später wurde der Christusweg in die Labyrinthe eingezeichnet. In der Kathedrale von Sens aus derselben Zeit wie Chartres fand im 15. Jahrhundert an den Osterfesten ein Spiel statt, in dem im Labyrinth auf dem Fußboden die Höllenfahrt des Christus dargestellt wurde, der den Minotaurus, den Satan, in seiner Tiefe aufsuchte und nach Erreichen der Mitte und nach der Überwindung des Bösen und des Todes aus der Mitte der Hölle auferstand.

Am Labyrinth kann deutlich werden: Ein ähnlicher Suchweg ist mir vorgezeichnet. Ich bin zuweilen der Mitte nah und habe doch noch einen weiten Weg zu gehen. Dieser Weg wird mich wieder von der Mitte wegführen bis an den Rand. Aber wenn ich meine, an den Rand geraten und der Mitte fern zu sein, dann kann sich erweisen, dass ich gerade dort unmittelbar vor meinem Ziel stehe.

Wenn ich auf meinem Labyrinthweg nach Gott frage, dann höre ich: Suche Gott in deiner eigenen Seele. Gehe ich aber in meine eigene Seele, so höre ich: Hier findest du ihn nicht. Er ist draußen bei den Menschen, vor allem bei denen, die deine Hilfe brauchen. Wenn ich aber Gott suche in den Menschen meiner Zeit, dann höre ich: Nicht heute, in der Zukunft suche Gott und sein Reich. Wenn ich mich aber aus meiner eigenen Seele und von den Menschen meiner Zeit entferne und mein Heil und meine Hoffnung in der Zukunft festmache, dann höre ich aufs Neue: Geh nicht so weit fort. Gott ist in dir selbst. Gehe ich aber dann wieder in mich selbst, so höre ich: Kümmere dich um die Menschen, die dich brauchen. Ich gehe also durch eine Kreisform und durchwandere sie in dem Vertrauen, das sei mein mir zugewiesener Menschenweg, und in dem Glauben, dieser Menschenweg habe die Verheißung, an das Ziel, das ich suche, nämlich das Sein in Gott, zu führen.

Was folgt daraus für mich? Auf alle Fälle dies, dass ich mich dort, wo man »recht« hat, nicht ansiedeln kann. Ich habe Andeutungen, Ahnungen, ich höre oder schaue das Eine und das Andere, aber ich kann daraus keine Vorschrift für den Glauben anderer Leute machen. Der Streit unter den Rechthabern scheint mir der Ort, an dem von Wahrheit am wenigsten aufleuchten wird. Gott, so bin ich überzeugt, offenbart sich uns Menschen auf unendlich vielfältige Weise. Wir Menschen aber haben immer nur Teilwahrheiten zu verantworten. Auch wer eine »kirchliche Dogmatik« von mehr als zehntausend Seiten schreibt, drückt damit nur seine Teilwahrheit aus. Die Teilwahrheit, die mir gezeigt ist, ist mir anvertraut. Mehr nicht. Und so bin ich gewiss, mitten in Gott zu sein und Gott bis in alle Geheimnisse meiner Seele hinab in mir zu tragen und im Leben und Tod und all meinem jetzigen und künftigen Schicksal in einer gütigen Hand bewahrt zu sein, unabhängig von dem, was ich verstanden habe.

Wenn mir jemand sagt: Was du in diesem Buch sagst, ist deine Teilwahrheit, dann stimme ich gerne zu. Meine Teilwahrheit, die mich im Lauf meines Lebens dazu gebracht hat, Gott dort zu suchen, wo er mir, auch von allen meinen eigenen Gedanken abgesehen, am glaubwürdigsten begegnet ist – und das war immer wieder in der Gestalt, dem Weg und dem Wort des Jesus von Nazaret. Mir hat sich von Jahr zu Jahr immer klarer erwiesen, dass Jesus in seinen einfachen Geschichten so von Gott spricht, wie es dem abgründigen Geheimnis Gottes angemessen ist: nämlich immer wieder in Bild und Gleichnis von menschlichen Szenen, in denen sowohl Gott als auch ich selbst anwesend sind. Darum habe es Sinn, sich diesem Gott für Zeit und Ewigkeit anzuvertrauen.

*J*enseits von allen!
Wie könnte ich dich preisen?
Wie soll dich rühmen ein Wort?
Denn du bist jedem Wort unsagbar.
Wie soll dich schauen eine Einsicht?
Denn du bist jeder Einsicht unfassbar.
Unbenannt du allein:
denn du schufest jede Benennung.
Unerkannt du allein:
denn du schufest jede Einsicht.
Alles, was reden und nicht reden kann,
preist dich.
Alles, was einsehen und nicht einsehen kann,
ehrt dich.
Denn das gemeinsame Verlangen,
die gemeinsamen Wehen aller
richten sich auf dich.
In dir, dem Einen, bleibt alles;
zu dir drängt alles zugleich.
Allnamiger, wie dich rufen, Einzig Unbenannter?
Welche himmlische Einsicht durchdringt
die über den Wolken liegenden Schleier?
Sei du mir gnädig!
Wie anders könnte ich dich preisen?

GREGOR VON NAZIANZ

Und es hat sich mir in all den Jahren erwiesen, dass der Weg zu Gott letztlich von einer großen Einfachheit ist, abseits von all unseren Denkbemühungen. Dass ich alle meine Gedanken auch niederlegen, aus meiner Gefangenschaft in meinen täglichen Pflichten mit einem kleinen Schritt heraustreten kann und sagen: »Vater im Himmel«. Und dass ich damit am Ziel aller Wege bin.

Am Anfang des Buches lasen wir das Gedicht von Conrad Ferdinand Meyer von jener Sarazenin, die mit zwei Worten, dem Namen des Geliebten und seiner Heimatstadt, an ihr Ziel kam. Es hat uns auf dem ganzen Wege bisher, auf unserer Suchfahrt, die die mystische Erfahrung uns vorzeichnet, heimlich begleitet.

Wir überqueren mit unserem Nachdenken einen Ozean, wenn wir versuchen, ernsthaft von Gott zu reden. Was wir dabei erkennen, sind die Kämme einiger Wellen. Unser heimlicher Traum und unser Ziel ist nicht, am Ende zu wissen, wie Gott ist. Aber wir sind von der Hoffnung geleitet, unsere Liebe werde am Ende von der Liebe Gottes empfangen.

Zwei Namen wissen wir Christen. Den Namen jenes schlichten Mannes, des Meisters aus Nazaret. Und jene große Chiffre für das Bild Gottes, das wir den Christus nennen, in der der unbekannte Gott uns sein freundliches, sein väterliches Gesicht zeigt.

Brauchen wir mehr? Ich meine nicht.

Es gibt eine islamische Geschichte, die über all unser Suchen und Forschen zu lächeln scheint. Sie ist von Hubertus Halbfas überliefert:

> Zu einem Weisen kam eines Tages einer und klagte: Ich suche nun so viele Jahre nach Gott und kann ihn nicht finden. Der Weise sah ihn freundlich an und erzählte:
> Es war einmal ein Mann namens Nasruddin. Der war ein Schmuggler. Er ging immer hin und her über die Grenze, an verschiedenen Zollstellen, einmal mit

einem Esel, einmal auch mit zweien oder dreien. Auf den Eseln transportierte er große Lasten Stroh. Auf die Frage der Zöllner gab er zu, ein Schmuggler zu sein. So durchsuchten sie ihn immer wieder, ihn selbst und vor allem die Strohballen, und manchmal verbrannten sie das Stroh und suchten in der Asche nach dem, was er wohl schmuggelte. Im Laufe der Zeit sahen sie, dass Nasruddin immer reicher wurde. Schließlich wurde er alt, zog in ein anderes Land und setzte sich zur Ruhe. Dort begegnete ihm einer der früheren Grenzwächter und sagte: »Nasruddin, jetzt könnt Ihr es mir ja sagen. Was habt Ihr da immer geschmuggelt, das wir nie gefunden haben?« Nasruddin lächelte und antwortete: »Esel!«
Siehst du, sagte der Weise: So sucht mancher nach Gott, und Gott ist vor seinen Augen.

O Gott,
wenn du unsere Schöpfung heimbringst,
dann öffne das große Tor
für die geschwätzige Rasse der Menschen.

Dann wird die Zeit vollendet sein,
und unsere Fragen
werden ihren Sinn verlieren,
wir werden von ihnen geheilt sein
wie von einer Krankheit.
Denn der Fortschritt des Menschen
besteht in der Entdeckung,
dass seinen Fragen kein Sinn innewohnt.

Ich habe die Weisen dieser Erde befragt.
Sie haben auf die Fragen des vergangenen
Jahres keine Antwort gefunden.
Die aber zu dir heimkehrten,
lächeln heute über sich selbst,
denn als sie die Wahrheit erkannten,
waren alle ihre Fragen
wie ausgelöscht.

Wenn er dich aufnimmt, Mensch,
so heilt er dich.
Er nimmt deine Fragen
mit seiner Hand von dir wie ein Fieber.

Gott,
wenn du deine Schöpfung eines Tages
heimbringst, so öffne das doppelte Tor
und lass uns eintreten in dein Haus,
wo wir nicht mehr nach Antworten suchen,
weil wir glücklich sind.
Denn die Seligkeit ist das Ende der Fragen.
Und unser Friede wird sein,
dich zu verehren.

ANTOINE DE SAINT-EXUPÉRY

Ruhen in Gott

Alles ist gut

Es gibt ein Ziel, das wir mit unserem inneren Menschen erreichen, in dem alles Fragen und Zweifeln zur Ruhe kommt, nicht erst in der größeren Welt, sondern mitten im Tag auf dieser Erde: die Stille der Gegenwart vor Gott, die Stille der Ruhe in Gott, die wir »Kontemplation« nennen. »Kontemplation«, sagt der große spanische Mystiker Johannes vom Kreuz, »ist ein verborgenes, friedvolles und liebeerfülltes Einströmen Gottes.« Es ist die von allem, was uns beschäftigen oder umtreiben mag, gelöste Betrachtung der Nähe und der Fülle Gottes. Im Grunde waren die Erfahrungen meiner Kindheit, von denen ich erzählt habe, schon die ganze Kontemplation.

In dem Wort Kontemplation steckt das Wort »Tempel«, das ja aus dem Lateinischen kommt. Das bedeutet ursprünglich nicht ein Bauwerk, das für Gottesdienste bestimmt ist. Es meinte zunächst einen abgegrenzten, ausgemessenen Bezirk am Himmel. Einen bestimmten Ausschnitt des Sternhimmels, aus dem noch die römischen Auguren ihre Deutungen des Menschenlebens ablasen und vor ihnen die Sterndeuter der ältesten Zeit. Sie gewannen in ihrer Schau am Himmel die Einsicht in die höhere, die göttliche Ordnung, die ihnen das Maß war für das, was auf der Erde gelten sollte. Und weil es auf der Erde gelten sollte, grenzten sie auf der Erde einen entsprechenden Bezirk ab, der sein Maß hatte von dem Ausschnitt am Himmel.

»Tempel« heißt danach auch »Beobachtungsplatz«, »Ort der Schau«, »Platz des Priesters«, der den Himmel betrachtet, und auch »Gesichtsfeld«. Und erst danach wurde das Wort zum Ausdruck für ein Gebäude, in dem gefeiert wurde, was am Himmel zu sehen war: nämlich der Zusammenhang zwischen oben und unten, zwischen Himmel und Erde, die Zusammengehörigkeit von göttlicher und menschlicher Welt. Die Silbe, »kon« bedeutet »zusammen«. Kontemplation ist also die Schau des Gemeinsamen, das der Welt, der Erde, dem

Dasein und dem Menschen selbst eigen ist, die Schau der Ganzheit und der Sinnfülle, die Schau Gottes und des Menschen in ihrer dichten Verbindung. Die Welt ist eine in sich, ein Einvernehmen ist zwischen Gott und Mensch, und alles ist gut, wie es auch sei. Und alles führt zu dem Ziel, das Gott der Welt und uns Menschen gesetzt hat.

In der Bibel ist dieser Gedanke in der Erzählung ausgedrückt, wie Mose von Gott die Weisung empfängt, das Heiligtum der Wüstengeneration, das heilige Zelt, genau nach dem Muster zu bauen, das ihm Gott auf dem Berg gezeigt hatte. »Sieh zu, dass du alles machst nach dem Bild, das dir auf dem Berg gezeigt wurde«, schärft Gott ihm ein. Die Maße sind genau angegeben und jedes Stück der Ausstattung dieses Zelts. Und so auch wird bei Mose das Gesetz, das ihm auf dem Berg gezeigt wurde, zum Maß für das Leben in seinem Volk unten im Tal, das Maß für das heilige Volk, das selbst zu einem Tempel Gottes werden sollte.

Wir stehen heute staunend vor den großen Steinkreisen, die in England und Irland auf den weiten Feldern stehen, wie in Stonehenge oder Newgrange. Wir sehen, dass sie sich am Sonnenaufgang in der Sommersonnenwende ausrichten oder nach anderen Punkten des Mond- oder Sonnenkreises. Der kleine runde Bezirk innerhalb des Steinrings bildet die Maße eines bestimmten Ausschnitts des Sternhimmels ab.

Wenn aber immer schon davon gesprochen wurde, die Bewegungen der Sterne seien etwas wie ein Tanz – der Kirchenvater Basilius der Große im 4. Jahrhundert beschrieb den Kosmos als einen Reigentanz zur Ehre Gottes –, dann hatte der kultische Tanz sein Maß und Muster am kreisenden Sternhimmel. Es ist nicht ganz zufällig, dass in der Orientierungslosigkeit dieser Zeit heute der sakrale Tanz auch von der Kirche wiederentdeckt wird.

Ich bin als junger Mensch, in einer Zeit, in der die Erde eine Hölle war, dem Wort von Leonardo da Vinci begegnet: »Binde deinen Karren an einen Stern.« Und später dem Wort von Raabe: »Sieh nach den Sternen, gib acht auf die Gassen.« Ich hörte damals die für mich entscheidende Botschaft: Die Erde ist nicht verlassen. Der Himmel und die Erde sind nah verbunden. Was oben gilt, gilt auch unten. Ob ich aber unten auf der Erde leben kann, das hängt davon ab, ob ich in diesem Zusammenhang lebe.

Inspiration ist dementsprechend ein Einströmen des Gottesgeistes in einen menschlichen Geist, der dadurch erkennt, wie das Dasein vom Ganzen her geordnet ist, und der Anweisung zu geben vermag für das von Gott gewollte Leben auf dieser Erde. Und Kontemplation ist ein Erwachen. Wenn wir erwacht sind, werden wir die Gegenwart Gottes in uns selbst ebenso ahnen wie im ganzen Universum, das uns umgibt. Das Obere und das Untere werden sich verbinden, das Nahe und das Fremde, das Licht und die Dunkelheit. Wir werden, wenn Gott will, erfahren, wie die Welt und wir selbst in einer beginnenden Verwandlung stehen hin zu dem Ziel, an dem Gott alles in allem sein wird.

Wenn aber das gilt, was ich über die Mandorla sagte, dann ist nichts in dieser Welt wirklich Gott-los, auch der abgespaltene Mensch ist noch immer umgriffen von dem, was Teilhard de Chardin das »göttliche Milieu« nennt, die Anwesenheit Gottes. Alles ist lesbar als eine Art Alphabet Gottes, aus dem nun die Worte entstehen sollen, mit denen wir unser Einvernehmen mit dem anwesenden Gott formulieren. Und unser Dasein wird zur Rühmung. Rühmung bedeutet: Wir heben das Elend dieser Erde auf, wir heben es empor, wir verbinden es mit Gott, wir drücken in diesem Aufheben unsere Dankbarkeit aus für ein Leben in einer dem Tod und der Vergänglichkeit enthobenen Welt.

Dabei kann uns deutlich werden, warum in den Erzählungen über Jesus die Heilungen kranker und beschädigter Menschen einen so großen Raum einnehmen. Denn das Dasein, wie es ist, bedarf einer heilenden Hand, und wir selbst mit unserer kranken und zerrissenen Seele mit ihm. Wer sagt das? Jesus sagt es. Ich sage es ihm hier nach. Und ich sage es, weil ich es so gesehen habe. Und weil es die Wahrheit ist. Ich habe

O Herr, gütiger Vater,
ich begehrte nicht das deine, sondern dich.
Dich selbst will und suche ich.
Es ist gut,
dass du mir gibst, soviel du willst,
und aus mir machst, was du willst.
Du hast Recht und Gewalt über mich,
ich nicht über dich.
Darum will ich unablässig an dich denken
und mein Herz mit deiner Güte stillen.
Ich will weder sein noch nicht sein,
weder leben noch sterben,
weder wissen noch nicht wissen,
weder haben noch entbehren:
Allein was du willst,
wieviel du mir geben willst,
darauf will ich täglich warten.

CASPAR SCHWENCKFELD

mit fünfundsiebzig Jahren ein Alter erreicht, in dem das Gehen der inneren Wege leichter wird und die Aussicht breiter, ein Alter, in dem man leichter über die schweren Dinge nachdenkt und in dem man die Widersprüche in sich selbst und draußen in der Welt nicht mehr für gar so endgültig hält. Man ist seinem Ziel näher und der Wahrheit. Man hat das Recht zu sagen: Betrachte alles und das Ganze. Du wirst sehen: Alles ist gut.

Schweigen

Was geschieht aber dort, wo wir in den Raum der Kontemplation eintreten? Wir können es beschreiben als »Gebet«. Aber was ist das Gebet?

Im allgemeinen ist es für uns ein Reden des Herzens oder ein Reden des Mundes. Dass geredet wird, macht das Gebet aus. Und das ist gut. Wir treten, indem wir sprechen, aus uns selbst heraus und begegnen dem großen Du Gottes. Die Mühe, die wir damit haben, ist aber eben die, dass wir dabei immer etwas sagen müssen, etwas formulieren, etwas, wozu Worte fehlen, in Sprache zu fassen versuchen. Und manchmal werden die gesprochenen Gebete deshalb so leer und so formelhaft. Ich habe aber im Lauf meines Lebens mehr und mehr gefunden, dass ich auch vor Gott sein kann, ohne zu reden. Wenn ich glaube, dass Gott mein Wort hört, dann ist mein Wort im Grunde unnötig. Dann hört Gott auch, was ich denke, ohne es auszusprechen. Dann sieht Gott, was in mir ist, und nimmt mich an, wie ich, ohne Wort, vor ihm anwesend bin, mich vor ihm ausbreite, ohne mich oder irgendetwas in mir zu verbergen. Wenn Menschen um mich sind, die von mir Worte des Gebets brauchen, dann bete ich mit Worten; aber mein eigenes Gebet wurde im Lauf meines Lebens immer leiser, bis es fast nur noch in meiner wortlosen Gegenwart vor Gott besteht, einem wortlosen Hören auf das, was

*M*einst du, o armer Mensch, dass deines
Munds Geschrei
der rechte Lobgesang der stillen Gottheit sei?

ANGELUS SILESIUS

Gott redet, und einem wortlosen Nachsprechen dessen, was Gott mir sagt.

Wir haben in unseren Betrachtungen unterschieden zwischen Gott, wie er uns als Person gegenübersteht, wie er uns hört und sieht, und Gott, wie er uns als Meer umgibt und durchdringt. Ist nun Gott uns gegenüber wie eine Person, so ist die angemessene Weise des Gebets das Hören und das Antworten, die Rede und das Gespräch. Der Ruf und der Dank. Ich nehme dann ein Wort, das von Gott kommt, auf und verlasse mich auf seine Gültigkeit. Ich verlasse mich »auf Gott«.

Bin ich »in Gott«, so weiß ich mich von allen Seiten umgeben und umfangen. Ich bin an einem Ort unendlicher Ruhe und Geborgenheit. Ich verlasse mich selbst und finde mich in Gott. Ich wende mich im schweigenden Gebet von mir selbst weg in die Unendlichkeit Gottes. Ich werde weit und groß.

Es gibt also ein schweigendes Gebet, das ich ein »Gebet der Weitung« nennen könnte, und ein anderes, das »Gebet der Einziehung«: Ich mache mich klein und suche das Wort, das in mir selbst ergeht, das Gott in mir selbst spricht. Und ich versinke dabei in Gott.

Damit aber begegne ich Gott nicht nur in zweierlei, sondern in dreierlei Gestalt. Ich begegne ihm als dem Vater, und ich rede schlicht zu ihm mit meinen vielen oder wenigen Worten. Ich finde ihn in Jesus Christus, der für Gott steht überall, wo ich seine Nähe und seine Unendlichkeit empfinde, und dehne mich in seine große Gestalt. Und ich finde ihn in dem Wehen des Geistes, das durch meine eigene Seele geht und das alles weckt und hervorbringt, das wert ist, ein Ort Gottes zu sein. Ich werde also reden, wenn ich bete. Ich werde schweigen. Und in diesem Schweigen werde ich mich ausdehnen und weit werden über die ganze Welt hin und über die Fülle ihrer Schicksale, ihrer Leiden und ihrer Mühen. Es ist das Gebet, in dem ich für alle Menschen dieser Erde und für alle Geschöpfe vor Gott bin. Und ich werde klein werden, sehr klein. Ich werde mich einziehen, ich werde aufnehmen,

Dass ein Mensch ein ruhiges
und nachdenkliches Leben in Gott hat,
das ist gut;
dass der Mensch ein
mühevolles Leben mit Gott erträgt,
das ist besser;
aber dass man Ruhe habe
mitten im mühevollen Leben,
das ist das allerbeste.
Ein Mensch gehe übers Feld
und spreche sein Gebet und erkenne Gott,
oder er sei in der Kirche und erkenne Gott:
erkennt er darum Gott mehr,
weil er an einer ruhigen Stätte weilt,
so kommt das von seiner Unzulänglichkeit her,
nicht aber von Gottes wegen;
denn Gott ist gleicherweise
in allen Dingen und an allen Stätten...

MEISTER ECKHART

horchen und empfangen, mich auffüllen mit der Kraft aus dem Geist Gottes.

Ich halte Gott einfach mein krankes Ich hin und wünsche mir, er möge mich berühren. Ich halte ihm mein schwaches und müdes Ich hin und wünsche mir, er möge es mit seiner Kraft füllen. Meine ungenauen und flackernden Gedanken halte ich ihm hin und wünsche mir, er selbst möge die Worte des schweigenden Gebetes in mir sprechen. Und so werde ich selbst ein in Zeit und Vergänglichkeit nicht mehr gefangener Mensch, der den Schritt in die Ewigkeit tut.

Wenn ich schweigend vor Gott anwesend bin, finde ich darum auch näher zu mir selbst. Aber wichtig ist dabei nicht, dass ich mich selbst finde, sondern dass ich selbst so unwichtig werde, dass Gott in mir gegenwärtig sein kann. Und immer wird dabei, wenn es denn gegeben wird, ein Wort das Wichtige sein, das zwischen Gott und mir hin und her geht, eines, das in der Gestalt von Sprache ergeht, oder eines, das sich der Sprache entzieht.

Darin liegt nichts, das selbstverständlich wäre. Es kann lange Zeiten des Schweigens und Wartens geben, in denen keine Stimme ergeht, und Zeiten, in denen es sinnlos zu sein scheint, auf ein Wort von Gott zu hoffen. Die alten Meister reden darum von den »Wüstenzeiten«, die der Betende durchwandern müsse, analog der Wüstenwanderung des Volkes Israel, die es durchstehen musste, ehe es das verheißene Land erreichte.

Im Gebet ohne Worte ruhen wir im einfachen Bewusstsein: Gott ist. Er ist da. Wir denken nicht darüber nach, wer oder was er sei, sondern wurzeln ein in ihn als in einen festen Grund. Meister Eckhart hat gesagt: »Genauso weit, wie wir in Gott sind, so weit sind wir im Frieden.«

Es liegt darin auch eine wunderbare Entlastung für unser ganzes Leben. Wir brauchen nichts Großes zu werden, wir brauchen weder berühmte noch geniale Menschen oder auch Heilige zu sein, sondern nichts als achtsame Tänzer nach der Musik Gottes.

*Die wirkliche Liebe beginnt,
wo keine Gegengabe mehr erwartet wird.
Und wenn es darum geht,
den Menschen die Menschenliebe zu lehren,
kommt der Übung des Gebetes
vor allem deshalb solche Bedeutung zu,
weil das Gebet ohne Antwort bleibt.*

ANTOINE DE SAINT-EXUPÉRY

Dabei können wir erfahren, was Segen ist. Dass nämlich das Dasein leuchtet. Dass es strahlt. Dass es die starken Farben der Schönheit und der Sinnhaftigkeit trägt. Wer das einmal erfahren hat, der weiß, dass die Dankbarkeit und der Lobpreis im Grunde das einzig sinnvolle Gebet sind. Und dass die Freude am Dasein, die Freude an allem, was ist, aus der Dankbarkeit erwächst. Denn im Dank fügt sich das Dasein von seinen beiden Polen her. Von Gott, dem Geber der Erfahrung, und mir, dem Erfahrenden, her wird es ganz, und wir entdekken, was der Epheserbrief die »vielfarbige Weisheit Gottes« nennt. Die Fülle des Lebens. Den Reichtum, der uns mit unserem Leben in dieser Welt gegeben ist. Die Vielfarbigkeit auch jedes einzelnen Menschen, mit dem wir zu tun haben, die Vielfarbigkeit jedes Tages, den wir auf dieser Erde zubringen. Ich könnte auch sagen: die Vielsprachigkeit Gottes, der in allem zu uns spricht. Ich könnte auch sagen: die Musik, die in allem ist, die durch alles hindurch klingt von der harmonia mundi Keplers bis zu der Musik, die ich in mir selbst höre. Und ich könnte auch sagen: Das Leben ist ein Tanz, mit dem wir Geschöpfe auf die Musik antworten, die wir hören, die durch uns hindurchgeht. Und diese Musik will uns verbinden mit allen Menschen, auch den Andersdenkenden, den Andersglaubenden, den Anderslebenden. Unser Tanz aber wird sich um die eine Mitte bewegen, die wir Gott nennen, von dem die Musik dieses Daseins ausgeht.

Schauen

Den Weg des schweigenden Gebets nennen die Mystiker die »unio mystica«, das innerste Einssein mit Gott. Dieses innerste Einssein ist nicht so sehr ein himmlisches Ziel, in ihm liegt vielmehr der Sinn unseres Weges auf dieser Erde. In diesem innersten Einssein rühmen wir Gott. »Mein Leib und Seele freuen sich in dem lebendigen Gott«, sagt der Psalm (84,3).

Je mehr wir uns nach oben wenden, umso mehr
werden sich die Worte versagen.
So wie wir jetzt, wenn wir in das
alles Erkennen übersteigende Dunkel eindringen,
nicht einmal mehr Wortkargheit,
sondern überhaupt Wortlosigkeit
und Un-Denkbarkeit finden.
Denn steigt unser Wort von oben
zu den untersten Dingen ab,
so wird es, je tiefer der Abstieg,
im gleichen Verhältnis ausführlicher.
Nun aber,
wenn wir von den Dingen unten zu dem,
was über allem ist, hinaufsteigen,
wird es immer karger.
Und nach Vollendung des Aufstiegs
wird es ganz tonlos sein
und ganz vereinigt mit der Stille.

DIONYSIUS AREOPAGITA

Unser Auge ist offen, und wir schauen. Unser Auge aber und das, was es schaut, sind eins. »Wir schauen, und wir werden verwandelt in das, was wir schauen«, sagt Paulus (2. Korinther 3,18).

Die Geistes- und Kunstgeschichte der Religionen haben immer wieder versucht, für Gott ein Symbol zu finden, das zugleich zeigt, wie Gott die Mitte und zugleich das Umgreifende allen Seins sei. Sie zeigten sein Geheimnis als Kreis, als Rad, als Rose oder Rosette. Gemeinsam ist diesen Bildern der Gedanke, Gott sei ebenso im noch so kleinen Zentrum der Dinge wie in der Peripherie der Welt gegenwärtig, er ruhe in sich und bewege doch alles, er sei fasslich und unfasslich zugleich. So stehen über den Portalen vor allem der französischen Kathedralen die großen Rosetten, oft so gestaltet, dass sie einer Blume mit zwölf Blütenblättern oder einem Stern mit zwölf Strahlen gleichen. Und wenn wir Dante auf seinem Weg in die obere Welt, in die Herrlichkeit Gottes begleiten, sehen wir mit ihm, wie Gott sich dem geistigen Auge öffnet wie eine riesige, leuchtende Rose mit unendlichen Blättern.

Wenn das geschieht, schließt sich für uns endgültig der große, volle Kreisbogen und gibt uns eine leuchtende Ahnung von dem, was sein wird, damit wir Gelassenheit und Gewissheit finden auch in unserer Sorge um diese Erde und um die Menschen auf ihr.

Da bleibt nur die Anbetung, das Sein in Gott. Da lassen wir, was unsere Gedanken bewegt, in Gott ruhen. Da lassen wir alle Bilder, die uns vor Augen stehen, einsinken in Gott. Da geben wir, was wir über das Gottesreich gedacht haben, Gott zurück, wie Christus am Ende das Reich ihm zurückgeben wird (1. Korinther 15,27–28). Da legen wir unsere Fragen und Sorgen Gott in die Hände und nehmen aus seinen Händen wieder, was er uns als seine Antwort zugedacht hat. Paulus sagt einmal:

*»Die Ruhe Gottes
macht alles ruhig.
Und wer sich in Gottes Ruhe
hinablässt,
ruht.«*

Bernhard von Clairvaux

Was aber kein Auge gesehen und kein Ohr gehört hat
und in keines Menschen Herz gekommen ist,
das hat Gott denen bereitet,
die ihn lieben.
1. Korinther 2,9

Was kein Auge sieht und kein Ohr vernimmt, was kein Herz sich erdenkt, das macht Gott aus denen, die sich seiner Liebe anvertrauen. Sie tun dies und versuchen jenes und wissen, dass das Geringe, da und dort in aller Einfachheit getan, die Welt vom Tode zum Leben bringt.

Und wenn uns eines Tages – nach allen Schrecknissen dieses Jahrhunderts – wieder und noch schrecklicher das Grauen überfällt, das Geschrei des Krieges und der tausendfache ökologische Tod, dann gebe Gott, dass der große leuchtende Bogen, das Zeichen des Bundes Gottes mit den Menschen, vor unseren Augen über der Erde stehen bleibt als Zeichen einer Rettung, auf die wir durch alles, was geschieht, hindurch zugehen.

Ich werde einmal sterben. Vielleicht ist es gar nicht so lange bis dahin. Aber das Ganze der Welt wird leben, solange Gott es mit Leben segnet. Auch ich werde weiterleben, in einer anderen Gestalt und mit einer anderen Leiblichkeit. Meine Seele hatte einen Körper, der aus allem bestand, was in dieser Welt lebt und ist. Die ganze Erde war mein Körper. Und ich werde wieder eine Welt als meinen Körper empfangen. Man mag sie »geistig« nennen, aber das würde vermutlich irreführen. Gott wird mir wieder einen Segen zusprechen und sagen: Lebe! Sei lebendig und tu' das Deine in der größeren Welt, die ich dir zeige.

Gib mir den Frieden des Stalles,
sprach ich zu Gott,
der eingebrachten Ernte.
Lass mich sein,
da ich mein Werden vollendet habe.
Ich habe mein Werk
im Walde begonnen und war trunken
vom Lobgesang der Bäume.

Ich komme zu dir
nach der Art des Baumes,
der sich entwickelt, wie es
den Kraftlinien seines Samenkornes entspricht.
Mein Gott, ich bin alt nun
und spüre die Schwäche der Bäume,
wenn der Winter kommt.
Ich komme zu dir,
denn ich habe in deinem Namen
den Acker bestellt.
Dein ist die Saat.

Antoine de Saint-Exupéry

Der große Advent

Wir gehen auf einen Advent, eine Ankunft zu. Das ist immer schon christlicher Glaube gewesen. Nicht, dass wir irgendwo ankommen – das ist weniger wichtig –, sondern dass etwas Erlösendes, ein Erlöser, bei uns ankommt. Die Adventslieder der christlichen Geschichte reden in einer sensiblen Bildersprache davon, und diese Bildersprache ist von einer zarten und tiefen Mystik bestimmt.

Da ist zunächst das Bild einer Tür.

> Machet die Tore weit
> und die Türen in der Welt hoch,
> dass der König der Ehren einziehe, sagt der Psalm (24,7.9).

Und das christliche Lied spricht ihm nach:

> Macht hoch die Tür,
> die Tor macht weit.

Advent – dieses Fest hatte es von jeher mit Türen zu tun. Ihm liegt der Glaube zugrunde, dass diese Welt uns Menschen nicht einschließt wie mit Mauern oder Wänden, sondern dass es Türen gibt. Türen, durch die wir ins Freie treten, oder Türen, durch die uns etwas entgegenkommt aus einer anderen Welt, etwas Neues und Reines und Heiliges. Wir feiern die Tatsache, dass einer gesagt hat: »Ich bin die Tür«, und er werde kommen, um dem Leid und Elend dieser Erde ein Ende zu machen.

Dass die Tore an unseren Kirchen von jeher so groß und so schön gestaltet werden, ist ein Ausdruck dieses Glaubens. Wenn wir sie durchschreiten, erwarten wir, dass uns ein festlicher Raum aufnimmt und dass etwas in uns geschieht, das uns frei und heil macht. »Adventliches Leben« – das ist kein Standpunkt, sondern das ist ein Ausblick.

Advent heißt: Es kommt uns der entgegen, der uns gezeigt hat, Gott sei nicht in irgendeiner Ferne, sondern nah bei uns wie ein Mensch, der uns besucht, so nah wie ein Bruder, der mit uns lebt und leidet, so nah wie ein Mensch, der uns liebt. Und dieses Lied vom Besuch und von der Begegnung sagt uns: Der, der kommt, geht unseren Weg mit uns, und sei dieser Weg noch so schwierig, und sei es über diesem Weg noch so dunkel, und sei er noch so weit. Er zeigt uns ein Ziel, ein großes Ziel und ein schönes, bis zu dem Punkt, an dem uns aufgeht: Nun ist alles gut. Es hat alles seinen Sinn gehabt.

Und wenn um uns her alles beweist: Es wird nur schlimmer, die Katastrophen, die auf uns zukommen, sind unausweichlich, dann sagen wir: Nein, die Katastrophen sind nicht das Letzte. Wir haben eine Zukunft vor uns, und die hängt zum Glück nicht von der Macherei der Menschen und ihren Torheiten ab. Die Zukunft wird ein großes Licht bringen und unser Weg im Licht enden. Die Zukunft ist eine Tür.

Die Lieder unseres Advent gehen weiter. So fordert ein Psalm auf:

> Tochter Zion, freue dich,
> jauchze laut, Jerusalem!
> Sieh, dein König kommt zu dir.
> Sacharia 9,9

Im Grunde ist der christliche Glaube eine Liebesgeschichte. Liebe verschafft man sich ja nicht, man erlebt sie, man ist von ihr überwältigt, man ist in ihr glücklich. Wer je eine wirkliche Liebesgeschichte erlebt hat, weiß, dass sich dabei alles ändert, dass da plötzlich alles wie in Wärme und Helligkeit getaucht ist. Wer liebt, fängt an zu glauben – sonst kann er nicht lieben. Und wer glaubt, lebt wie ein Liebender.

Und so ist die »Tochter Zion« in dem Lied, das wir im Advent singen, ein Bild der Menschenseele. Es ist tief charakteristisch für die ganze Bibel, dass die Beziehung zwischen Gott und uns Menschen in ihr als die Geschichte einer Liebe geschildert wird (so Jeremia 31,3), einer Liebe zwischen Mann und Frau, die einander begegnen, die miteinander einen Weg gehen (so Hosea 2,21 f; 14,5), und dass das Ziel des Menschenlebens im Bild eines Hochzeitsfestes geschildert wird (so Mattäus 22,2 und öfter).

Wer aber liebt und geliebt wird, ängstigt sich nicht (1. Johannes 4,18). Er fürchtet niemand und hasst niemand. Er begegnet allen Menschen frei und ohne Sicherung oder Gewalt. Er ist ja geliebt. Er darf zu sich selbst sagen: Es ist gut, wie ich bin. Ich bin sogar schön, sonst könnte ich nicht geliebt sein. Und wieder ist es die Sprache einer alten und feinfühligen Liebesmystik, in der wir dies dem alten Lied nachsingen.

Und noch eins. Ein anderes Lied singt:

> Maria durch einen Dornwald ging,
> der hat in sieben Jahren kein Laub getragen.
>
> Was trug Maria unter ihrem Herzen?
> Ein kleines Kindlein ohne Schmerzen.
>
> Als das Kindlein durch den Wald getragen,
> da haben die Dornen Rosen getragen.

Maria – das ist der Mensch, der den neuen Menschen in sich trägt. Und mit diesem neuen Menschen, der in ihm lebt, geht er durch einen Dornwald, der in sieben Jahren kein Laub getragen hat, der also aus kahlem, stachligem Dickicht besteht. Das Lied sagt: Die Welt, wie wir sie täglich erleben, hat mit einem Dickicht mehr gemeinsam als mit einem Garten. Aber durch Gefahr und Schmerzen tragen wir den neuen Menschen, der wir selbst sind.

Das Lied spricht die Sprache des Märchens. Es sagt: Auf dem Grund deiner Seele will ein Leben entstehen. Eine schöpferische Kraft. Eine Freiheit. Ein Vertrauen. Und all das empfängst du. Du kannst es dir nicht selbst geben. In dieser neuen Kraft und Freiheit gehst du durch den dornigen Wald, und du wirst erleben, dass sich der ganze Wald verwandelt. Dass da die Rosen aufbrechen. Warum also solltest du die Dornen fürchten?

Es kommt ja nicht darauf an, wie groß die Kraft ist, die du selbst aufbringst, sondern ob die Kraft dieses Kindes in dir anfängt, sich auszuwirken. Ob die Güte Gottes aus dir zu den Menschen kommt. Ob du mit deiner Hingabe den Menschen beistehst. Du bist ein freier Mensch mit offener Zukunft. Du kannst Zwänge durchbrechen, du kannst für die Sprachlosen reden. Du kannst das Unrecht beim Namen nennen. Dir bleibt im Dickicht der Täuschungen die Wahrheit, in der unendlichen Dunkelheit das Licht und am Ende in der grundlosen Tiefe des Todes das Leben. Am Ende wirst du erkennen, dass an den Dornen Rosen aufgegangen sind.

Und noch ein letzter Schritt. Im Choral heißt es:

> Wie schön leuchtet der Morgenstern,
> voll Gnade und Wahrheit von dem Herrn,
> uns herrlich aufgegangen.

Wir haben, so sagt das Lied, auf unserem Weg über diese nächtliche Erde einen Stern vor uns, und wir gehen auf ihn zu. Der Morgenstern zeigt den Ort an, an dem die Sonne aufgehen wird. Dieser Stern, der uns auf unserem dunklen Weg führt, ist Christus. Und die Sonne, das Licht Gottes, wird dort aufgehen, wo der Stern stand, der im Sonnenglanz des neuen Tages seinen eigenen Glanz an die Sonne abgibt.

Das Lied sagt: Es mag dir widerfahren, was will. Es führt dich einer durch deine Jahre. Ihm darfst du anvertrauen, was dir Leid und Kummer macht, Sorge und Angst. Was dir als dein Schicksal zufällt, fällt dir aus einer guten Hand zu. Was dir schwer aufliegt, ist dir auferlegt durch einen großen wissenden Willen. Einer, der dich liebt, führt dich in den Tag. In der Tat: Der christliche Glaube ist eine Liebesgeschichte.

Alles ist vergänglich, auch die Vergänglichkeit

Gott, du Geist der Welt,
aller Dinge und Kräfte und Wesen,
die Erde fasst dich nicht und nicht der Weltraum.
Möge mein Herz dich empfangen.
So verbinden sich an der Stelle, an der ich bin,
dein Himmel und deine Erde.

Gerühmt seist du,
Ursprung und Quelle alles Lebendigen.
Im Abglanz unserer Lichter
und im Spiegel unserer Bilder
schaue ich dein Licht.
Lass mich ein Licht sein in dir.
Du bist der schaffende Geist
in allem Lebendigen.
Atme du in mir,
verwandelnde Kraft.

Wie könnte ich dich sehen,
den Unendlichen, den Einen?
Wenn du alles sein wirst in allem,
werde ich eins sein mit mir
und eins in dir.

Ich warte also.
Die Zeit bindet mich nicht.
Ich schaue frei in die kommende Welt,
hoffend, träumend,
und weiß: Ich werde sein in dir.

Ich lebe in einer dunklen Welt.
Ich lebe von deinem Licht,
dem Licht in meiner Dunkelheit.
So kann Trost ausgehen
von mir.

Ich dürste nach dir.
Du bist die Quelle.
Ich schöpfe aus dir, bis ich selbst Quelle bin,
aus der Leben quillt für deine Erde.

Ich nehme deine Fülle auf
und bewahre das Wenige dankbar,
das Raum hat in meiner Hand.

Ich lebe aus deinem Segen.
Erfülle mich, Geist aus Gott,
und wandle mich aus deiner Kraft.

Gott,
alles ist vergänglich. Du bleibst.
In dir vergeht auch die Vergänglichkeit.
Am Ende wirst du
alles in allem sein. In Ewigkeit.

Anhang

Verzeichnis der zitierten Autorinnen und Autoren

Wo der Familienname klar ist, findet man den Zitierten dort. Bei Namen, die mit einem Herkunftsort verbunden sind, unter dem Namen, nicht unter dem Ort. Zum Beispiel **Nikolaus** von Kues, **Gregor** von Nyssa, **Hildegard** von Bingen.

Adelard von Bath
* Um 1090   † nach 1160.
Englischer scholastischer Philosoph. Er übersetzte arabische wissenschaftliche Werke ins Lateinische. Verband die platonische mit der aristotelischen Philosophie. Er führte die astronomischen Studien und die Geometrie ins Mittelalter ein. Stand für die Freiheit der Forschung gegen jede Art Bevormundung.   S. 287

Adorno, Theodor W. (Früher: Theodor Wiesengrund)
* 1903 in Frankfurt   † 1969 in Visp im Wallis
Deutscher Philosoph, Soziologe und Musikkritiker. 1934–1949 im Exil. Seit 1949 Universität Frankfurt. Die von ihm vertretene kritische Theorie wirkte auf die Studentenbewegung. Als Komponist schrieb er Lieder und Orchesterstücke. Das Buch »Minima moralia« erschien 1951.
   S. 92

Arndt, Johann
* 1555 bei Köthen   † 1621.
Die Blütezeit der evangelischen Mystik war das 16. und 17. Jahrhundert. Johann Arndt steht an ihrem Anfang, zusammen mit Johann Gerhard. Seine »Vier Bücher vom wahren Christentum« haben tief in die evangelische Frömmigkeit der folgenden Jahrhunderte hineingewirkt, vor allem haben sie die Väter des Pietismus, die selbst großenteils der mystischen Tradition zuzurechnen sind, stark bestimmt. Er erhielt von seiner Obrigkeit Schreibverbot und schied schon mit fünfunddreißig Jahren aus dem geistlichen Amt aus.   S. 57

Augustinus, Aurelius
* 354 in Tagaste (Numidien)   † 430 in Hippo Regius.
Nach verschiedenen Versuchen, in Philosophien oder Religionen Fuß zu fassen, 381 vom Ambrosius getauft, 396 Bischof von Hippo. Sein bekanntestes Werk seine »Confessiones« (398), sein wirksamstes »Der Gottesstaat« (426), in dem er die Weltgeschichte als Kampf zwischen Reich Gottes und Reich der Erde beschrieb. Wirkte intensiv und nachhaltig auf die Frömmigkeitsgeschichte des Abendlandes ein.   S. 307

Balthasar, Hans Urs von
* 1905 in Luzern   † 1988.
Katholischer Theologe. 1940–1948 Studentenpfarrer in Basel, danach freier Wissenschaftler und Verleger. Schrieb umfangreiche Werke zur Theologie, zum Beispiel »Theodramatik«.   S. 355

Beginen
Frauen, die sich unabhängig von Ordensregeln und von Männerorden Gott weihten. 1230 vom Papst als Lebensform anerkannt. Sie lebten ohne klösterliche Einbindung in den sogenannten Beginenhöfen des Mittelalters, beschäftigt meist mit Krankenpflege und Sozialarbeit. In ihren weit verbreiteten Gemeinschaften wuchs eine stark emotionale Liebesmystik, die ihnen in ihrer Verbindung mit konkret zugreifendem sozialem Willen oft Verfolgungen durch Kirche und Obrigkeit eintrug.

Bernanos, Georges
* 1888 in Paris   † 1948 in Neuilly.
Französischer Dichter. Versuchte eine religiöse Erneuerung auf katholischer Grundlage. Höhepunkt seines Schaffens: »Tagebuch eines Landpfarrers« (1936) und »Die begnadete Angst« (1949).   S. 53

Bernhard von Clairvaux
* um 1090 auf Schloss Fontaine bei Dijon   † 1153 in Clairvaux.
Stammte aus burgundischem Adel. Ab 1112 Mönch in Citeaux, 1115 Gründer des Klosters Clairvaux, prägte den Orden der Zisterzienser nachhaltig. Mystiker mit weitem Einfluss, Ausleger des Hohenliedes im mystischen Sinn, Prediger und Politiker von weitreichender Wirkung.   S. 38, 43, 381

Blumhardt, Johann Christoph
* 1805 in Stuttgart   † 1880 in Bad Boll.
Pfarrer in Möttlingen. Dem württembergischen Pietismus zugehörig, Begründer einer Erweckungsbewegung, die ab 1852 von Bad Boll ausging. Wirkte auf den religiösen Sozialismus sowie auf die dialektische Theologie.   S. 347, 356

Blumhardt, Christoph
* 1842 in Möttlingen   † 1919 in Bad Boll.
Theologe und Politiker. Sohn von Johann Christoph Blumhardt. Begründer des religiösen Sozialismus. Wurde aus dem Kirchendienst entlassen, als er der SPD beitrat (1899). Von 1900 bis 1906 Abgeordneter des württembergischen Landtags.   S. 347, 356

Bodelschwingh, Friedrich von
* 1831 in Lengerich   † 1910 in Bethel.
Evangelischer Theologe. Zunächst Pastor der deutschen Gassenkehrer und Lumpensammler von Paris. Ab 1872 Leiter der »Bodelschwinghschen Anstalten« in Bethel. Gründete Arbeiterkolonien, auch in Berlin, 1905 in Bethel eine theologische Hochschule, 1905 die Hoffnungstaler Anstalten in Berlin, 1906 die Bethel-Mission in Afrika.   S. 281

Böhme, Jakob
* 1575 bei Görlitz   † 1624 in Görlitz.
Deutscher Mystiker und Theosoph. Schuhmachermeister in Görlitz. Trat zum ersten Mal mit dem Buch in Erscheinung: »Aurora oder Morgenröte im Aufgang«. Trotz Schreibverbots durch die Kirche schrieb er noch einundzwanzig weitere Bücher. Er beschäftigte sich vor allem mit der Frage nach dem Bösen und löste sie so, dass er das dunkle, negative Prinzip in Gott selbst wiederfand. Schrieb in visionären Bildern und oft rätselhafter Sprache. Er veröffentlichte erstmalig philosophische Bücher in deutscher Sprache und galt danach als »der deutsche Philosoph«. Er war für die Jahrhunderte nach ihm etwa ebenso bestimmend wie Meister Eckhart für das ausgehende Mittelalter.   S. 65, 67, 172, 217

Brüder vom gemeinsamen Leben
Eine religiöse Gruppierung des Mittelalters, die mit der »Devotio moderna« verbunden war, einer religiösen Erweckung, die von dem Holländer Geert Groote ausging und nach Innerlichkeit des Glaubenslebens strebte. Ihren charakteristischen Ausdruck fand sie in Thomas von Kempens »Nachfolge Christi«. Verbreitet vor allem in Holland und Deutschland. Sie bedeuteten viel für die Verbreitung geistlicher Literatur und für den religiösen Unterricht. Bei ihnen wuchs unter anderen Nikolaus von Kues auf.   S. 356

Buber, Martin
* 1878 in Wien   † 1965 in Jerusalem.
Jüdischer Religionsphilosoph und Erforscher des osteuropäischen Chassidismus. Schuf zusammen mit Franz Rosenzweig eine neue Übersetzung der Hebräischen Bibel ins Deutsche. Er lehrte seit 1923 jüdische Religionswissenschaft an der Universität Frankfurt. Sein Werk »Ich und Du« beeinflusste auch die christliche Theologie. Lebte von 1938 bis 1951 als Lehrer für Philosophie in Israel.   S. 173

Claudius, Matthias
* 1740 in Reinfeld in Holstein   † 1815 in Hamburg.
Dichter, Theologe und Jurist. Herausgeber des »Wandsbecker Boten«, eines volkstümlichen Blattes von politischem und literarischem Charakter. Lyriker von tiefer Frömmigkeit (»Der Mond ist aufgegangen«).
S. 140

Dante Alighieri
* 1265 in Florenz   † 1321 in Ravenna.
Italienischer Dichter. Autor der »Göttlichen Komödie« (1313–1321), die in den drei Teilen »Inferno«, »Purgatorio« und »Paradiso« ein großes Gesamtbild des geistlichen und politischen Denkens seiner Zeit darstellt. 1302 wurde er von den an die Macht gelangten Guelfen als Parteigänger der Ghibellinen für Lebenszeit aus Florenz verbannt und lebte von da an im Exil.
S. 170, 309

David von Augsburg
* um 1200 in Augsburg   † 1272 ebenda.
Franziskaner. Einer der ersten mystischen Schriftsteller in deutscher Sprache, bedeutender Prediger und Seelenführer, beeinflusste die franziskanische Schule, die spanische Mystik und die »Devotio moderna«. Arbeitete als Novizenmeister, dann als Visitator.
S. 102

Denck, Hans
* 1495 oder 1500 in Heybach, Obb.   † 1527.
In den Jahren 1526 und 1527 Führer der Wiedertäuferbewegung. Lehrte die Wiederbringung aller (apokatastasis panton), verwarf die protestantische Rechtfertigungs- und Prädestinationslehre. Lehnte alle kirchlichen Zeremonien ab und behielt nur Taufe und Abendmahl. Lehrer an der Sebaldusschule in Nürnberg, wurde 1525 aus der Stadt verwiesen. Starb als in sich zurückgezogener Mystiker, von den Verfolgungen zermürbt, in Basel.
S. 176

Deutsche Theologie, Eine
Eine verbreitete und sehr wirksame mystische Schrift nannte sich »Eine Deutsche Theologie«, die von einem unbekannten Frankfurter im 15. Jahrhundert geschrieben war. Luther gab sie als junger Mann neu heraus und ließ sich von ihr tief bestimmen. Man versteht den Weg Luthers nicht, wenn man seinen Ausgangspunkt in der mystischen Spiritualität nicht kennt. Sie hat ihn befähigt, später die Christusmystik des Paulus bis hin zu seiner Gnaden- und Rechtfertigungslehre neu zu formulieren. Vergleiche »Theologia Deutsch«.
S. 175

Dionysius Areopagita
Christlicher Schriftsteller des 5. oder 6. Jahrhunderts, Verfasser theologisch-mystischer Schriften, der auch mit durch die fingierte Identität mit dem in Apostelgeschichte 17,34 genannten »Dionysius, einem vom Areopag« großen Einfluss gewann. Schloss an Gregor von Nyssa an im Sinn der theologia negativa und dem hierarchisch geordneten Stufenbau des Seins. Sein Einfluss auf die Scholastik und Mystik des Mittelalters war von großer Breite und Kraft. S. 85, 240, 379

Dostojewskij, Fjodor Michailowitsch
* 1821 in Moskau † 1881 in Petersburg.
Russischer Dichter. Anfangs Sozialist und Atheist, als solcher zum Tode verurteilt, kurz vor der Hinrichtung zu vierjähriger Verbannung nach Sibirien begnadigt. Verfolgte danach panslawische Ideen. Gilt als der Schöpfer des psychologischen Romans. Werke: »Die Brüder Karamasoff« (1880), »Raskolnikoff« (1866), »der Idiot« (1869) und andere.
S. 318, 337

MEISTER **Eckhart**
* 1260 in Hochheim bei Erfurt † 1328.
Dominikaner. 1302 erhielt er in Paris die Magisterwürde und heißt von da an »Meister«. Lehrer an der dortigen Universität. Ordensprovinzial in vielen Bereichen. Ab 1314 in Straßburg, wo er die elsässischen und schweizerischen Frauenklöster betreute. 1326 angeklagt wegen Verbreitung irriger Lehren. Er begab sich 1327 an den Hof des Papstes in Avignon, um sich zu rechtfertigen. Starb dort noch vor seiner Verurteilung. Wohl der bedeutendste deutsche Mystiker. Prediger und Autor vieler Schriften. Nach Eckhart wird Gott »ohn Unterlass« in der Seele geboren, dies aber fordert klares Nachdenken, konsequente Asketik und Verzicht auf Rausch und geistliche Träumerei. Er kann für den, der sich heute der Mystik nähern will, noch immer Lehrmeister sein. S. 18, 21, 24, 49, 110, 113, 132, 170, 221, 228, 261, 263, 276, 311, 358, 375

Einstein, Albert
* 1879 in Ulm † 1955 in Princeton, NY.
Physiker. Nach Tätigkeit am Patentamt in Bern Professor in Zürich und Prag, danach in Berlin. Entwickelte 1905 die spezielle Relativitätstheorie. Mit dieser und einigen anderen Theorien revolutionierte er die gesamte Physik. Einstein bezog als Pazifist auch zu politischen Fragen Stellung. Nobelpreis für Physik 1921. Emigrierte 1933 in die USA.
S. 16

Eliot, Thomas Stearns
* 1888 Saint Louis, USA   † 1965 in London.
Dichter, bedeutend für die amerikanische Literatur, besonders die Lyrik, und für die Entwicklung der englischen Sprache. Er gilt als christlicher Humanist. Wichtigstes Werk »Der Mord im Dom« (1935). S. 242

Fénelon (François de Salignac de la Mothe-Fénelon)
* 1651 auf Schloss Fénelon (Dordogne)   † 1715 in Cambrai.
Französischer Mystiker. Priester. 1689 Erzieher des französischen Thronfolgers, Erzbischof von Cambrai. Verfasser pädagogischer Schriften. Befreundet mit Madame de Guyon, beeinflusst von deren quietistischer Mystik. 1699 von Papst Innozenz XII. verurteilt. Aber 1704 der führende Kirchenmann in Frankreich. Wichtiger Seelsorger und politischer Erzieher. Wirkte auf den deutschen Pietismus.

Fox, Matthew
* 1940.
Amerikanischer Dominikanerpater. 1995 wegen seines Engagements und seiner Publikationen aus seinem Orden ausgeschlossen. Direktor des »Institute in Culture and Creation Spirituality« am Holy Names College in Oakland, Kalifornien. Weithin wirksamer Erneuerer der christlichen Spiritualität im Sinn einer kosmischen Mystik.
S. 74, 87, 189

Frank, Sebastian
* 1499 in Donauwörth   † 1542 in Basel.
Prediger und Schriftsteller. Lehnte alles dogmatisch geprägte Christentum ab und geriet in Gegensatz zu den Lutheranern. Wandte sich den Wiedertäufern zu. Vielfach verfolgt und vertrieben (aus Nürnberg und Straßburg) verbrachte er sein Leben in unruhiger Wanderschaft. Vorkämpfer für religiöse Toleranz. Arbeitete nach Verlust des geistlichen Amts 1532 als Seifensieder in Esslingen, ab 1533 als Drucker in Ulm bis zu seiner Vertreibung auch aus dieser Stadt. Vorläufer von Gottfried Arnold. S. 176

Franz von Assisi
* 1181 als Giovanni Bernardone in Assisi   † 1226 ebenda.
Italienischer Ordensstifter. Nach Verlassen seiner reichen Familie arbeitete er in der Pflege von Aussätzigen. Seit 1209 schlossen sich ihm einige Gefährten an. Er schuf mit ihnen zusammen den Orden der »Minderen Brüder«, 1210 von Papst Innozenz III. gebilligt. Gründete mit Klara von Assisi die parallele Schwesterngemeinschaft und danach einen dritten Orden. Prägte durch seine Einfachheit, seine Glaubwürdigkeit und

seine tiefe Frömmigkeit die christliche Spiritualität durch alle Jahrhunderte seither. 1220, erkrankt und erblindet, gab Franziscus die Leitung seines Ordens ab und lebte in großer Armut als Einsiedler.

Franz von Sales
* 1567 auf Schloss Sales bei Annecy † 1622 in Lyon.
Ab 1602 Bischof von Genf. Gründete mit Frau von Chantal den kontemplativen Orden der Salesianerinnen. Seelsorger, Erzieher und Lehrer einer stillen, innerlichen Mystik. Vertrauter vieler verfolgter Mystiker seiner Zeit. S. 27, 60

Frisch, Max
* 1911 in Zürich † 1991 in Zürich.
Schriftsteller. Neben Dürrenmatt bedeutendster Vertreter der modernen Schweizer Literatur, vor allem des Romans. Für seine Figuren ist charakteristisch, dass sie aus einer falschen Rolle und aus der als entfremdend empfundenen Wirklichkeit des eigenen Seins auszubrechen versuchen. Er vermittelt zugleich humanitären Anspruch und eine pessimistische Darstellung der Wirklichkeit. S. 195

Gogh, Vincent van
* 1853 in Groot-Zundert bei Breda † 1890 in Auvers sur Oise.
Niederländischer Maler von fundamentaler Bedeutung für die Malerei des 20. Jahrhunderts. Schuf Bilder von ekstatischer Ausdruckskraft. Nach Anfällen geistiger Verwirrung Aufenthalt in der Heilanstalt von Saint Remy, wo seine bedeutendsten Gemälde entstanden. 1890 begab er sich nach Auvers, wo er sich das Leben nahm. S. 35 f.

Gregor der Große
* 540 in Rom † 605 ebenda.
Ab 590 Papst. Eine der maßgeblichen Persönlichkeiten, die die christliche Antike an das abendländische Mittelalter weiter vermittelten. Bedeutender Politiker. Durch seine liturgischen Reformen einigte er das geistliche Leben der Kirche. Nach ihm heißt der »gregorianische Gesang«. S. 211

Gregor von Nazianz
* 330 in Kappadokien † 390 ebenda.
Bischof. Griechischer Kirchenlehrer. Schriftsteller. Gehört mit Basilius dem Großen und Gregor von Nyssa zu den führenden Theologen des 4. Jahrhunderts, beteiligt am ersten Konzil zur Glaubenslehre von der Dreieinigkeit Gottes. S. 213, 361

Gregor von Nyssa
* 335 in Caesarea Mazaca † 394 in Nyssa.
Bischof und führender Theologe. Jüngerer Bruder von Basilius dem Großen. Schuf das nizänische Glaubensbekenntnis (Konzil von Nizäa 325) und gestaltete die Lehre von der Trinität Gottes. Verteidigte dieses Bekenntnis kirchenpolitisch und literarisch. Gilt als »Vater der christlichen Mystik«. S. 356

Guyon, Jeanne Marie Bouvière de la Mothe
* 1648 in Montargis † 1717 in Blois.
Französische Mystikerin, Schriftstellerin, schrieb über Kontemplation und die »interesselose Liebe« als Ziel des spirituellen Lebens. Ihre Bücher wurden indiziert, sie selbst wiederholt in der Bastille gefangen gesetzt. Lebte vor allem mit Bischof Fénelon in geistigem Austausch. Gilt als Vertreterin des Quietismus. S. 172, 177

Hahn, Johann Michael
* 1758 in Altdorf, Württ. † 1819 auf Gut Sindlingen.
Landwirt. Religiöser Grübler. Schriftsteller. Seelsorger mit großem Wirkungskreis. Gründer der theosophisch-chiliastischen Gruppe des biblizistischen Pietismus, der »Hahnschen Gemeinschaft«, die um 1960 etwa zwölftausend Mitglieder an vierhundert Orten in Württemberg und Baden hatte. Für ihn war die Natur ein geistiges Wesen, das der Erlösung bedurfte zusammen mit allem Geschaffenen. So war er überzeugt, auch der Erdkörper habe Empfindungen, wie auch jede Pflanze empfinde und leide. Im Zusammenhang einer ganz eigenständigen Bibelauslegung war für ihn kennzeichnend die Ablehnung einer ewigen Hölle und der Glaube an die Wiederbringung aller Dinge, auch der Bösen und aller Kreatur, in Gott. S. 348, 354

Al **Halladsch** Mansur
Hingerichtet 922.
Bedeutendster frühislamischer Mystiker, dem Sufismus zugehörig. Lehnte dogmatische Lehre und formale Glaubenspflichten ab und gelangte zu pantheistischen Aussagen, die ihn in tödlichen Gegensatz zur islamischen Orthodoxie brachten. Gestorben durch Kreuzigung. S. 199

Hammarskjöld, Dag
* 1905 in Jönköping † 1961 bei Kinshasa durch Flugzeugabsturz.
Schwedischer Diplomat. 1953–1961 Generalsekretär der UNO. Versuchte, die UNO als friedenstiftende Macht in der Welt durchzusetzen. Wie seine posthum erschienenen Tagebuchaufzeichnungen, unter dem Titel »Wegmarken« 1963 erschienen, zeigen, Mystiker von großer Gedankentiefe und Lauterkeit. S. 187, 207, 272f., 284, 329, 350

Hegel, Georg Wilhelm Friedrich
* 1770 in Stuttgart † 1831 in Berlin.
Deutscher Philosoph, lehrte seit 1818 in Berlin. Schuf eines der bedeutendsten philosophischen Systeme der abendländischen Philosophie auf der Grundlage von Aufklärung, philosophischer Kritik und geschichtlichem Bewusstsein. Galt als Staatsphilosoph Preußens. Wirkte vor allem auf dem Weg seiner Anwendung durch Feuerbach, Karl Marx und Friedrich Engels in der Sozialgeschichte des 19. und 20. Jahrhunderts weiter.
S. 195

Heidegger, Martin
* 1889 in Meßkirch † 1976 in Freiburg.
Deutscher Philosoph. Schüler Husserls. Durch sein Hauptwerk »Sein und Zeit« wurde er zum führenden Vertreter der deutschen Existenzphilosophie. Er wirkte stark auf die evangelische dialektische Theologie (Barth und Bultmann) und auf die thomistische Theologie (Karl Rahner).
S. 195

Hildegard von Bingen
* 1098 † 1179 in Kloster Rupertsberg.
Deutsche Mystikerin. Visionärin. Dichterin. Geistliche Schriftstellerin. Naturwissenschaftlerin und Politikerin von großer Ausstrahlungskraft und Wirksamkeit. Ihre Visionen wurden später von anderen in Bildern dargestellt. Gründete das Kloster Rupertsberg bei Bingen. Wurde kurz vor ihrem Tode von der Kirche exkommuniziert, weil sie einen jungen Aufständischen auf dem Boden ihres Klosters beerdigen ließ.
S. 169f., 228, 259, 293

Hölderlin, Johann Christian Friedrich
* 1770 in Lauffen a. N. † 1843 in Tübingen.
Deutscher Dichter. Bestimmt einerseits durch die Französische Revolution, andererseits durch philosophische Studien, die ihn mit Hegel und Schelling verbanden. Ab 1796 Hauslehrer bei Bankierfamilie Gontard in Frankfurt am Main. Susette Gontard, die er unglücklich liebte, spielte als »Diotima« eine wichtige Rolle in seinem Leben und Werk. Dichter von selbständigem, hymnischen Stil auf der Basis der mythologischen Bildwelt der griechischen Antike. Ab 1806 geistig zerrüttet, lebte von da an in privater Pflege in Tübingen.
S. 214

Ignatius
† 117.
Bischof von Antiochien am Orontes. Unter Kaiser Trajan gefangen genommen und nach Rom gebracht, verurteilt zum Tod durch wilde Tiere. Theologe, der vor allem an die Theologie des Paulus anschloss.

Schrieb auf dem Transport nach Rom berühmte und wichtige Briefe an Gemeinden, mit denen er verbunden war, und in denen sich alles um die Passion Christi sammelt. Für die Theologie der frühen Kirche von größter Wichtigkeit.

Johannes vom Kreuz (Juan de la Cruz)
* 1542 in Fonticeros (Avila)   † 1591 Ubeda (Jaén).
Spanischer Mystiker, Kirchenlehrer und Dichter. Seit 1563 Karmelitermönch. Schloss sich unter dem Einfluss der Terese von Avila der strengen Richtung der unbeschuhten Karmeliter an. Seine mystischen Schriften stellen das wohl bedeutendste System der neuzeitlichen Mystik dar. Seine schweren Leiden unter der Verfolgung der offiziellen Kirche gaben seiner Theologie der »dunklen Nacht« ihr Gepräge. Seine Schriften gehören zum Grundbestand jeder christlichen Leidensmystik.
S. 67, 83, 160, 172, 201, 250, 299

Ionescu, Eugen
* 1909 in Alt (Rumänien).
Französischer Dramatiker rumänischer Herkunft. Lebte ab 1914 in Paris. Einer der Hauptvertreter des absurden Theaters. Seine surrealistischen Dramen, meist Einakter, wollen provozieren und schockieren. Sie sind als Anti-Theater gewollt und dienen der Aufdeckung des gedankenlosen und seelenfremden kleinbürgerlichen Lebens. Seine Hauptthemen sind Vergänglichkeit, Tod und Absurdität.   S. 48

Jüngel, Eberhard
* 1934 in Magdeburg.
Evangelischer Theologe. Seit 1969 Professor für Systematische Theologie in Tübingen. Von 1961 bis 1966 Dozent für Neues Testament und Systematische Theologie in Berlin/Ost.   S. 333

Juliane von Norwich
* 1343   † 1413.
Englische Mystikerin, wahrscheinlich Rekluse, das heißt Einsiedlerin bei St. Julias in Norwich. Visionärin. Schrieb »die sechzehn Offenbarungen der göttlichen Liebe«, beeinflusst von dem damals erschienenen mystischen Werk »Wolke des Nichtwissens«. Ihre »Schauungen« führten sie nicht in irgendeine Traumwelt hinauf, sondern zur Passion Christi und zur Compassio mit ihm. Ihr Werk ist ein Buch der Schöpfungsspiritualität, der Liebe zur Erde und des Glaubens an die Gegenwart Gottes in allen Geschöpfen.   S. 305, 316, 356

Jungclaussen, Emmanuel
* 1927 in Frankfurt an der Oder.
Evangelisches Elternhaus. Konversion zum Katholizismus, Studium der katholischen Theologie, Priesterweihe 1953. 1955 Eintritt in die Abtei Niederaltaich. Er gehört zu den Mönchen, die nach dem Ritus der Ostkirche leben. Seit 1989 Abt des Benediktinerklosters Niederaltaich. Verfasser zahlreicher Bücher, gesuchter Exerzitienmeister und Prediger. Pionier der ökumenischen Verbindung zur Orthodoxie wie zu den Kirchen der Reformation. S. 132

Jungk, Robert (Robert Baum)
* 1913 in Berlin † 1996.
Wirtschaftspublizist und Zukunftsforscher. 1934 ausgebürgert, lebte in Prag, Zürich und London, seit 1950 amerikanischer Staatsbürger. 1968 Professor in Berlin. Er behandelt in seinen Büchern vor allem die ethischen Probleme, die von der heutigen technischen Welt gestellt werden.
S. 283

Kaléko, Mascha
* 1912 in Polen † 1975 Schweiz.
Als Tochter eines russischen Vaters und einer österreichischen Mutter in Polen geboren, studierte sie in Berlin. Seit 1930 Feuilletons für die »Vossische Zeitung« und das »Berliner Tagblatt«. Ihre Gedichte machten sie rasch bekannt und beliebt. 1933 und 1934 erschienen ihre ersten Gedichtbände. 1938 wegen ihrer jüdischen Herkunft Exil in den USA, wo sie bis kurz vor ihrem Tod lebte. S. 231

Kepler, Johannes
* 1571 in Weil der Stadt † 1630 in Regensburg.
Evangelischer Theologe, Mathematiker und Astronom. Ab 1600 in Prag lebend als Astronom Rudolfs II. Fand die drei später nach ihm benannten Keplerschen Gesetze, entwickelte die Optik des Fernrohrs. Später Mathematiker in Linz. Ab 1628 in Diensten Wallensteins. S. 322

Kierkegaard, Sören A.
* 1813 in Kopenhagen † 1855 ebenda.
Dänischer Theologe, Philosoph und Schriftsteller. Seine christliche Existenzdeutung brachte Kierkegaard in ihrer subjektivistischen Radikalität in Gegensatz zur lutherischen Kirche seines Landes. Seine Gedanken trugen später wesentlich zur Entstehung der dialektischen Theologie bei. S. 29

Kraus, Karl
* 1874 in Jicin, Ostböhmen   † 1936 in Wien.
Österreichischer Schriftsteller, Sprach-, Kultur- und Gesellschaftskritiker. Publizierte in seiner Zeitschrift »die Fackel«. Autor vor allem von satirischen Aphorismen, Epigrammen, Glossen, Essays und Gedichten. Kämpfte gegen die »Verlotterung der Sprache« und gegen den Verfall der Kultur.   S. 87

Kutter, Hermann
* 1869   † 1931.
Pfarrer in Zürich. Gilt neben Ragaz als der bedeutendste christliche Verfechter des religiösen Sozialismus. Verband die christliche Reichgotteserwartung mit dem sozialen Zukunftsglauben. Beeinflusst vom jüngeren Blumhardt. Hat mit seiner theozentrischen Theologie der dialektischen Theologie vorgearbeitet.   S. 356

Leonardo da Vinci
* 1452 in Vinci bei Florenz   † 1519 in Chateau de Cloux bei Amboise, Frankreich.
Italienischer Maler, Bildhauer, Baumeister und Naturforscher. Bei Verrocchio ausgebildet. Wirkte vor allem in Mailand, Florenz und Rom, am Ende in Frankreich. Von umfassender Wirkung auf die Architektur und Technik des 16. Jahrhunderts. Universalgenie wie keiner seiner Zeitgenossen. Suchte nach einer neuartigen Synthese von Kunst und Wissenschaften.   S. 255

Luther, Martin
* 1482 in Eisleben   † 1546 ebenda.
Reformator der deutschen Kirchen. Augustinermönch, Bibelübersetzer, Autor vieler bedeutender theologischer Schriften, die vor allem der Auslegung der Heiligen Schrift dienten. Kämpfte gegen die Missstände in der katholischen Kirche und für die Freiheit des Glaubens. Seine sprachliche Arbeit legte den Grund für eine überregionale deutsche Hochsprache.   S. 172, 174, 216, 269

Mechthild von Magdeburg
* 1210 in Niedersachsen   † 1282 in Helfta (Eisleben).
Deutsche Mystikerin. Lebte als Begine unter dominikanischer Leitung in Magdeburg. Zog sich gegen Ende ihres Lebens zu den Zisterzienserinnen im Kloster Helfta zurück. Bedeutende Mystikerin, Kritikerin ihrer Zeit und der Kirche.   S. 170, 303

Menuhin, Yehudi
* 1916 in New York.
Geiger. Gründete 1957 sein Musikfestival in Gstaad. Lebt für Frieden und Verständigung zwischen den Völkern, vor allem auch zwischen Juden und Deutschen, nicht nur durch seine Kunst, sondern auch durch allgemeine kulturelle und politische Mitwirkung.   S. 291

Merton, Thomas
* 1915   † 1968.
Französisch-amerikanischer Trappistenmönch, der seinen Weg in dem Buch »Der Berg der sieben Stufen« beschrieb. Er war nicht nur Mystiker im Sinne der westlichen und zugleich der fernöstlichen Tradition, besonders im Sinne des Zen, sondern auch in sozialen Fragen engagiert und Mitwirkender der amerikanischen Friedensbewegung. Gegen Ende seines Lebens zog er sich auf klostereigenem Boden in eine Einsiedelei zurück. Wegbereiter der neuen Spiritualität in vielen Klöstern der USA und ihrer konfessionsüberwindenden Bemühungen.   S. 40, 50, 79, 81

Meyer, Conrad Ferdinand
* 1825 in Zürich   † 1898 in Kilchberg.
Dichter. Entstammte einer vornehmen Patrizierfamilie. Ausgedehnte Reisen, umfangreiche Studien. Schrieb vor allem historische Erzählwerke, die sich durch seine Einfühlung in den Geist vergangener Zeiten und die meisterhafte Charakterisierung der Gestalten und Stoffe auszeichneten. Starb in geistiger Umnachtung.   S. 33f.

Miller, Alice
* 1923.
Schweizerische Schriftstellerin und Pädagogin. Untersucht die Ursachen und Folgen von Misshandlungen von Kindern.   S. 51

Morgenstern, Christian
* 1871 in München   † 1914 in Meran.
Schriftsteller. Schrieb Kabaretttexte für Max Reinhardts »Überbrettl«. Wurde bekannt durch seine humoristische Sprachschöpfung »Galgenlieder«, »Palmström«, aber auch durch seine sensible Lyrik. Stand Rudolf Steiner nahe. Wegen Tuberkulose lebte er ab 1910 in Südtirol.
S. 230

Nikolaus von Kues
* 1401 in Kues an der Mosel   † 1464 in Todi.
Kirchenrechtler, Philosoph, Bischof, Kardinal. Bestimmt durch die platonische Scholastik des Albertus Magnus und das mystische Denken

des Raimundus Lullus. In Rom tätig für eine Reform des Klerus und eine allgemeine Kirchenreform. Einer der ersten Humanisten in Deutschland. Auch einer der bedeutendsten Mathematiker seiner Zeit. In seinen mystischen Schriften erweist er sich als Schüler Meister Eckharts. Er zeigt dort drei Prinzipien, die für uns heute wieder wichtig werden könnten: die Coincidentia oppositorum, das heißt, in Gott fallen alle Gegensätze zusammen und vereinen sich in ihm. Die Implicatio, das heißt, in Gott faltet sich die Vielfalt der Welt ein. Und die Analogie zwischen der Struktur des Menschen und der Struktur der Welt. S. 100

Noël, Marie
* 1883 in Auxerre † 1967 ebenda.
Französische Schriftstellerin. Bedeutende Mystikerin. Schrieb Gedichte und Erzählungen, vor allem seit 1920 ihr Tagebuch »Notes intimes«, das ein Dokument ihrer schweren und dunklen Erfahrungen in ihrer Auseinandersetzung mit Gott darstellt. Wenn ein moderner Mensch Gott ganz ernst nimmt, wenn er sich nichts vormacht und doch an ihm festhält mit seiner ganzen Kraft, entsteht eine Menschengestalt wie die der Marie Noël. Sie ist exemplarisch die an Gott leidende Zeitgenossin. Wir zitieren sie darum besonders oft. S. 136, 142, 151, 153, 155, 157, 160, 163, 165, 167, 169, 171, 183, 184, 223, 238

Origenes
* ca. 185 in Alexandria † ca. 253 in Tyros.
Leiter der alexandrinischen Schule. Bedeutendster Lehrer der frühen griechischen Kirche. Vorbild und Wegbereiter des Mönchstums. Während der Verfolgung unter Kaiser Decius starb er an der Folge von Folterungen. Wegen seiner an den Neuplatonismus anklingenden Lehre von der Kirche nicht anerkannt. Autor bedeutender mystischer und spekulativer Schriften und Bibelauslegungen. Lehrte unter anderem die Wiederbringung aller, die »Apokatastasis panton«. S. 356

Picasso, Pablo
* 1881 in Malaga † 1973 in Mougins, Südfrankreich.
Spanischer Maler, Grafiker und Bildhauer. Wegbereiter und wichtigster Repräsentant unter den modernen Malern, in jeder seiner vielen verschiedenen Schaffensperioden jeweils eine Periode moderner Kunst prägend. S. 55

Porete, Margarete
* 1250 in Hennegau † 1310 durch öffentliche Verbrennung in Paris.
Begine. Wurde zur Zeit der berüchtigten Templerprozesse von der Inquisition angeklagt und nach hartnäckiger Weigerung, ihre mystische Leh-

re zu widerrufen, hingerichtet. Von ihren Lehren ist nur Andeutendes überliefert. Nach zeitgenössischen Angaben wurde ihr mystischer Libertinismus vorgeworfen. S. 138, 172

Ragaz, Leonhard
* 1868 in Tamins, Graubünden † 1945 in Zürich.
Schweizerischer evangelischer Theologe. Ab 1906 Mitbegründer der religiös-sozialen Bewegung. Professor der Theologie. Widmete sich der Bildungsarbeit in den Arbeitervierteln. Nach 1918 führend in der internationalen Friedensbewegung. S. 356

Rahner, Karl
* 1904 in Freiburg † 1984 in Innsbruck.
Katholischer Theologe. Jesuit. Ab 1960 beteiligt an der Vorbereitung des Zweiten Vatikanischen Konzils. Er rezipiert die traditionelle katholische Dogmatik auf der Grundlage der modernen Anthropologie und des heutigen Existenzverständnisses. Wohl der bedeutendste katholische Theologe dieses Jahrhunderts. S. 128

Roth, Eugen
* 1895 in München † 1976 ebenda.
Schriftsteller. Schrieb sprachlich virtuose Gedichte von melancholischem Witz und ironischer Distanz, auch Essays, Erzählungen und Kinderbücher. S. 341

Ruysbroeck, Jan van
* 1293 in Ruisbroek bei Brüssel † 1381 in Groenendaal bei Brüssel.
Flämischer Mystiker, Prior der Augustiner-Propstei Groenendaal. Hauptwerk: »Zierde der geistlichen Hochzeit«. Seine Mystik ist Christusmystik mit strengen moralischen Regeln. Hochangesehener Lehrer und Seelsorger seiner Zeit, der die wahre Mystik gegen die Verirrungen der Sekte vom »freien Geist« in Schutz nahm. S. 164, 205

Sachs, Nelly
* 1891 in Berlin † 1970 in Stockholm.
Deutsch-schwedische Dichterin aus jüdischer Familie. Sie floh 1940 nach Schweden und gestaltete in ihrem der biblischen Psalmendichtung und der jüdischen Mystik zugewandten Werk das Schicksal ihres Volks. Nobelpreis für Literatur 1966. S. 144

Saint-Exupéry, Antoine de
* 1900 in Lyon † 1944 als Flieger über dem Mittelmeer durch Absturz.
Französischer Schriftsteller, der seinen Beruf als Flieger zum leitenden

Thema seines Schaffens machte. Er versteht das Fliegen als kosmische Einsamkeit und fordert den Ausgleich der modernen Zivilisation durch humane Maßstäbe. Christ, der der Mystik nahestand.
S. 76f., 364f., 377, 383

Schibli, Abu Bekr asch
* 867   † 946.
Hoher Verwaltungsbeamter in Bagdad, Dichter und Mystiker, schloss sich später dem von der islamischen Orthodoxie als häretisch verfolgten Kreis um al Halladsch Mansur an. Mit seinen Liedern gab er den Gedanken seines Meisters volkstümlichen Ausdruck. S. 319

Schleiermacher, Friedrich Daniel Ernst
* 1768 in Breslau   † 1834 in Berlin.
Evangelischer Theologe und Philosoph. Erziehung in Anstalten der Herrnhuter Brüdergemeine. 1796 Prediger an der Berliner Charité, wo er mit den Romantikern um die Brüder Schlegel Freundschaft schloss. Ab 1804 Professor in Halle und Berlin. Bedeutendster evangelischer Theologe des 19. Jahrhunderts. S. 124

Schmid, Clarita
* 1906, Schweiz   † 1990 im Kloster Baldegg, Schweiz.
Lehrerin, Franziskanerin. S. 183

Schumacher, Ernst Friedrich
* 1911   † 1977.
Philosoph. S. 92

Schweitzer, Albert
* 1875 in Kaysersberg bei Colmar   † 1965 Lambarene (Gabun).
Elsässischer evangelischer Theologe, Musiker, Philosoph und Arzt. Gründete 1913 das Urwaldhospital Lambarene und wirkte dort als Missionsarzt. Schrieb wichtige Werke zur Theologie. Friedensnobelpreis 1952. S. 55, 289

Schwenckfeld, Caspar von
* 1489 in Ossig bei Liegnitz   † 1561 in Ulm.
Reformatorischer Theologe und Mystiker. 1525 Bruch mit Luther. Seine Lehre stand dem Neuplatonismus nahe. Gott kann sich nur an die Seele wenden, nicht an die widergöttliche Gesamtexistenz des Menschen. Wollte die Urgemeinde wiederherstellen und sonderte sich so von der Gesamtkirche ab. Seine Anhänger leben heute vor allem in den USA.
S. 176, 371

Seuse (Suso), Heinrich
* 1295 in Konstanz † 1366 in Ulm.
Mystiker, Dominikaner, Schüler Meister Eckharts. Er ging von allerlei übersinnlichen, auch ekstatischen Erfahrungen aus und führte das Leben eines »Dieners der himmlischen Minne« oder »Dieners der ewigen Weisheit«. Seelsorger in Nonnenklöstern, der eine Verbindung von Liebes- und Leidensmystik lehrte und dabei von großem Einfluss war. Auch er musste sich gegen die Anklage der Ketzerei wehren, wurde am Ende von Disenhofen, wo er Prior war, nach Ulm strafversetzt.
S. 197

Silesius, Angelus (Johann Scheffler)
* 1624 in Breslau † 1677 ebenda.
1653 zum Katholizismus übergetreten. 1661 Priester. Sein Hauptwerk sind die »geistreichen Sinn- und Schlußreime« (1657) mit dem späteren Titel »Cherubinischer Wandersmann«. Der Einfluss von Weigel und Böhme ist spürbar. Hauptthema die Überwindung des Zwiespaltes zwischen Gott und Mensch durch mystische Versenkung.
S. 120, 216, 236, 248, 252, 255, 265, 324, 373

Spee von Langenfeld, Friedrich
* 1591 in Kaiserswerth † 1635 in Trier.
Theologe und Dichter. Jesuit. Beichtvater vieler in Hexenprozessen zum Tode verurteilter Frauen. Starb bei der Krankenpflege an der Pest. Verfasser mystischer Lieder. Widerstand den Hexenprozessen in seinem wichtigen Buch »Cautio criminalis«, durch das die Befreiung von diesem Wahn mitbewirkt wurde.
S. 170

Strindberg, August
* 1849 in Stockholm † 1912 ebenda.
Schwedischer Dichter und Maler. Führte als Dramatiker den Naturalismus in Schweden ein. Vorläufer des Expressionismus. Sein Werk und Leben war gekennzeichnet von einer selbstzerstörerischen Skepsis und Menschenverachtung.
S. 193

Symeon, der Theologe
* 949 in Galata in Paphlagonien † 1022.
Byzantinischer Mystiker. Mönch, 1009 ins Exil geschickt, wo er starb. Größter geistlicher Schriftsteller seiner Zeit. Vertrat eine klare Christusmystik und gab ihr Gestalt in einer Mystik der Eucharistie. Seine Hymnen sind bis heute gültig und viel gelesen.
S. 97

Tauler, Johannes
* um 1300 in Straßburg   † etwa 1361.
Dominikaner. Prediger und Seelsorger in Straßburg und Basel. Schüler und Fortsetzer der Mystik Meister Eckharts. Schrieb Anweisungen zu einem mit Gott geeinten Leben. Er war der Mittelpunkt der »Gottesfreunde«. Askese war für ihn der Weg zu Gott, und die Anwendung der mystischen Einsicht auf das Leben der Sinn mystischer Bemühungen. Er wirkte stark auf den jungen Luther.   S. 106, 108, 110, 218

Teilhard de Chardin, Marie-Joseph Pierre
* 1881 bei Clermont-Ferrand   † 1955 in New York.
Jesuit. Paläontologe und Anthropologe. 1922 Professor in Paris, zwischen 1923 und 1946 Forschungsreisen nach China, wo er an der Entdeckung des Pekingmenschen beteiligt war. Unternahm den Versuch, moderne Naturwissenschaft, Geschichte und christlichen Glauben in Einklang zu bringen. Nach ihm ist die »eigentümliche Energie der Kosmogenese« die Liebe. Das Ziel ist die »Christifikation des Kosmos«. Sein eigentliches Thema ist das in der katholischen wie in der evangelischen Theologie fast vergessene des kosmischen Christus. Hier wird man seine Gedanken fortsetzen müssen.   S. 71, 172f., 203, 299

Teresa von Avila
* 1515 in Avila   † 1582 Alba de Tormes.
Spanische Mystikerin. Kirchenlehrerin. Sie reformierte den Karmeliterorden in der neuen Gemeinschaft der »unbeschuhten Karmeliter«. Befreundet mit Johannes vom Kreuz. Gründete mit ihm zusammen viele neue Frauenklöster. Bedeutend sowohl als menschliche Gestalt von großer Strenge und zugleich Freiheit wie auch als Reformerin des spanischen Ordenslebens. Begründerin der karmelitischen Mystik. Ihr wichtigstes Buch »Von der Seelenburg«.   S. 31, 75, 170

Tersteegen, Gerhard (eigentlich Gerrit ter Steegen)
* 1697 in Moers   † 1769 in Mülheim/Ruhr.
Kaufmann und Bandwirker, Seelsorger und Dichter des Pietismus. Seine Wirkung in der evangelischen Kirche und darüber hinaus kann nicht hoch genug geschätzt werden. Er verblüffte seine Zeitgenossen damit, dass er in seinem Buch »Auserlesene Lebensbeschreibungen heiliger Seelen« fünfundzwanzig Biografien ausschließlich katholischer Christen vorstellte, die alle gekennzeichnet waren vom Geist der mystischen Frömmigkeit.   S. 196

Theologia Deutsch
Mystische Lebensanleitung, um 1430 von einem unbekannten Verfasser, vielleicht von »Johannes de Frankfordia«, dem »Frankfurter«, unter dem Einfluss Meister Eckharts und der Gottesfreunde geschriebene Schrift über die mystische Vereinigung mit Gott. Die erste Gesamtausgabe veröffentlichte Martin Luther 1518. Vergleiche »Eine Deutsche Theologie«. S. 175

Thomas von Kempen
* 1379 in Kempen † 1471 im Kloster Agnetenberg bei Zwolle.
Den »Brüdern vom gemeinsamen Leben« in den Niederlanden zugehörig. Bekanntester Vertreter der »Devotio moderna«, einer religiösen Erneuerungsbewegung, die auf persönliche innerliche Christusfrömmigkeit zielte. Seine »Nachfolge Christi« gehört zu den wichtigsten geistlichen Schriften des ausgehenden Mittelalters und der gesamten Neuzeit.
S. 179

Tschechow, Anton
* 1860 in Taganrog † 1904 in Badenweiler.
Russischer Schriftsteller. Dramatiker, der den kritischen Realismus in Russland abschloss und zu Impressionismus und Symbolismus hinführte. Gestalter zeitnaher Themen, besonders von Phänomenen der Dekadenz, die er kritisch mit einer gewissen Neigung zur Resignation und Melancholie beschreibt. S. 149

Walser, Robert
* 1878 in Biel (Schweiz) † 1956 in Herisau.
Lyriker und Erzähler, gilt als Vorläufer Franz Kafkas. Schildert in meisterhafter Kurzprosa das Paradoxe und Phantastische. S. 158

Weigel, Valentin
* 1533 in Großenhain † 1588 Zschopau.
Lutherischer Pfarrer. Gelangte durch Paracelsus zu einer mystischen Spiritualität, der ihn dahin bestimmte, die äußere Kirche zu verwerfen und sich gegen Krieg und Todesstrafe zu wenden. Nachwirkungen bei Jakob Böhme und G. W. von Leibniz. S. 176, 267

Weil, Simone
* 1909 in Paris † 1943 in Ashford, England.
Aus jüdischer Familie. Französische Philosophin. Arbeitete im Befreiungskomitee de Gaulles. Sozialpolitisch setzte sie sich für die Humanisierung der Arbeit in einer von Gott gestifteten Ordnung ein. Grundlegend ist ihr mystisches Denken und dessen praktischer Vollzug durch Übernahme der Fabrikarbeit in das eigene Leben.

Quellennachweis

Vorbemerkung: Trotz intensiven Nachforschens war es nicht in allen Fällen möglich, die genaue Quelle bzw. die Rechteinhaber ausfindig zu machen. Das nachfolgende Verzeichnis ist also nicht lückenlos. Für Hinweise sind wir dankbar. An dieser Stelle danken wir für die freundlicherweise erteilten Abdruckgenehmigungen.

Adorno, Theodor W. aus: Minima Moralia © Suhrkamp Verlag Frankfurt am Main, 1970
Blue Cloud aus: Käthe Recheis/Georg Bydlinski, Weißt du, daß die Bäume reden? Verlag Herder, Freiburg 20. Auflage 1993.
Saint-Exupéry, Antoine de aus: Gesammelte Werke. © Karl Rauch Verlag, Düsseldorf
Fox, Matthew aus: Schöpfungsspiritualität. Kreuz Verlag, Stuttgart 1993. Vision vom Kosmischen Christus. Kreuz Verlag, Stuttgart 1991
Hammarskjöld, Dag: 7 Sprüche aus: ZEICHEN AM WEG. Deutsche Ausgabe © 1967 Droemer Knaur Verlag, München
Hehaka Sapa aus: Recheis/Bydlinsky, a. a. O.
John, Calvin O. aus: Recheis/Bydlinsky, a. a. O.
Jungclaussen, Emmanuel: © Herder Verlag, Freiburg
Kaléko, Mascha aus: Verse für Zeitgenossen. rororo 4659, S. 49, © Gisela Zoch-Westphal
Merton, Thomas aus: © Benziger Verlag, Zürich
Miller, Alice: © Suhrkamp Verlag Frankfurt am Main
Noël, Marie aus: Erfahrungen mit Gott. Matthias-Grünewald-Verlag, Mainz, 2/1980
Roth, Eugen aus: Rose und Nessel. Carl Hanser Verlag, München 1951. Mit freundlicher Genehmigung der Eugen Roth-Erben.
Sachs, Nelly aus: Fahrt ins Staublose. © Suhrkamp Verlag Frankfurt am Main, 1961
Schmid, Clarita: Mit freundlicher Genehmigung von Sr. M. Martine Rosenberg, Kloster Baldegg
Schwarzer Hirsch aus: Recheis/Bydlinsky, a. a. O.
Teilhard de Chardin, Pierre aus: © Walter Verlag, Zürich
Walser, Robert aus: Die Gedichte. © Suhrkamp Verlag Frankfurt am Main, 1986

Stichwortverzeichnis

Advent 384
Alles ist Klang 300
Allversöhnung 353
Anfechtung 159, 162
anwesend sein 73
Apokatastasis panton 353
Auferstehung 332
christliche Ethik 320
Christus in uns 119
Christusmystik 262
concentratio 72
Depression 178
Diesseits 340
Dreieinigkeit Gottes 264
Dualismus 224
dunkle Nacht der Seele 159, 161, 180
Elia 185
Ende der Hölle 351
Erde 290
Erfahrung des Schattens 148
Erfahrungen 56
Erleuchtung 131, 217
Ewigkeit 344, 354
Finsternis, Macht der 154, 237
Freiheit 202
Gebet 372
Geburt aus Gott 264
Geist Gottes 129, 133, 257, 300
Geruchssinn 63
Gipfelerfahrung 308
Gott in der Höhe 219
Gott in der Tiefe 219
Gott, das Licht 235
Gott, das Meer 194
Gott, das Nichts 215
Gott, der Allmächtige 229
Gott, der Ankommende 208
Gott, der Ferne 208
Gott, der Leidende 229

Gott, der Nahe 208
Gott, die Finsternis 235
Gott, die Fülle 215
Gott, die Person 194
Gottesmystik 262
Grenzen unserer Erkenntnis 200
Heimkehr des Bösen 353
Heiterkeit 114
Herausforderungen 56
Himmelfahrt 325
himmlische Musik 321
Höllenfahrt Christi 353
Inspiration 278, 370
Jenseits 340
Kontemplation 368
kosmischer Christus 298, 315
kosmischer Tanz 306, 308–310
Labyrinth 357
Leib Christi 123
Leichtigkeit 114
Leiden 176
Leidens- und Auferstehungsmystik 126
Licht, das überhelle 236, 240
Macht der Finsternis 154, 237
Machtverzicht Gottes 233
Mandorla 314
Mensch, ein Mittler 243
Menschensohn 275
Mut zum Sein 112
Mystik des Paulus 135, 145
Mystikfeindlichkeit 204
mystische Empfindung 16
mystische Erfahrung 186, 188
mystische Überlieferung 20
mystische Spiritualität 37
neue Geburt 253
Nichts, das 215–219
Pan-en-theismus 198
Paulus 118

Pfingsten 136
Prophetie 41, 188
Raum geben 78
Raum und Weg 80
Rechtfertigungslehre 143
Reich Gottes in der Seele 105
religiöse Erfahrung 26, 62
Religiöse Suche 90
resignatio ad inferos 164
Satan 237
Schöpferische Energie 310
Schöpfung der Welt 296
Schweigen 372
Segen 378
sinnliches Wahrnehmen 62
Sohn Gottes 268
Sorglosigkeit 111
soziale Gerechtigkeit 224
Spiritualität 343
Sprache der Bilder 98
Stellvertretung 278
Suche nach Wahrheit 91

Tanz, der kosmische 306, 308–310
Taufe 251
Theismus 204
Transpersonalität 200
Übungen 72
unio mystica 378
Unmittelbarkeit 23
Vater-Mystik Jesu 103
Verdrängung des Mystischen durch die Kirchen 189
Verfolgungen 168
Visionen 119
Wandlung 251
Weihnachtsgeschichte 226
Weltende 345
Weltvollendung 338
Wendung nach innen 70
Wort von Gott 68
Zeichen des Kreuzes 227
Zeit 344
Zeiten des Übergangs 14
Zukunft der Welt 349

6 7 8 9 10   06 05 04 03 02

© 1997 Kreuz Verlag GmbH & Co. KG Stuttgart, Zürich
Ein Unternehmen der Verlagsgruppe Dornier
Postfach 80 06 69, 70506 Stuttgart, Tel. 07 11 – 78 80 30
Sie erreichen uns rund um die Uhr unter www.kreuzverlag.de
Umschlaggestaltung und Foto: Ulrich Ruf, Freiburg
Satz: W. Röck, Weinsberg
Druck und Bindung: Kösel, Kempten
Die Schreibweise entspricht den Regeln der neuen Rechtschreibung.
ISBN 3 7831 2180 9

Jörg Zink blickt zurück

Jörg Zink
Sieh nach den Sternen, gib acht auf die Gassen
408 Seiten, Hardcover
ISBN 3 7831 2163 9

Jörg Zink, der große evangelische Theologe und Publizist, blickt zurück auf die 80 Jahre seines Lebens. Ein Zeitdokument und gleichzeitig ein sehr persönliches Buch!

KREUZ: Was Menschen bewegt.
www.kreuzverlag.de